多元政治
角逐与妥协

英国内生型政治演进模式

李小园·著

Multiple political contest and compromise

British internal
political evolution model

学林出版社

图书在版编目（CIP）数据

多元政治角逐与妥协：英国内生型政治演进模式/
李小园著.—上海：学林出版社，2013.4
ISBN 978 - 7 - 5486 - 0510 - 2

Ⅰ.①多…　Ⅱ.①李…　Ⅲ.①政治体制—研究—英国
Ⅳ.①D756.1

中国版本图书馆 CIP 数据核字(2013)第 062659 号

多元政治角逐与妥协
——英国内生型政治演进模式

作　　　者——李小园
责任编辑——李西曦
封面设计——鲁继德

出　　　版——上海世纪出版股份有限公司　学林出版社
　　　　　　　地址：上海钦州南路81号　　　电话/传真：64515005

发　　　行——中国图书进出口上海公司
　　　　　　　地址：上海市广中路88号　　　电话：36357888

字　　　数——23万

书　　　号——ISBN 978-7-5486-0510-2/D · 15

目　　录

引　　论

　　宪政是现代政治文明的基本制度形式,是人类政治生活实践经验的结晶。在现代世界,几乎所有成功的民主法治国家,都是在形成了比较成熟的宪政体制之后,才最终实现了公共权力的有效制约和公民人权的有效保障。

　　宪政(constitutionalism)是立宪政体的简称,是指由社会多数人制定的或被多数人承认的宪法性法律(通常指成文宪法)所确定的公共权力的组织、相互关系、职责权限、活动规则以及旨在保护公民权利的政治体制。① 宪政包含两个基本层面的内容,即约束公共权力与保障公民权利,而保障公民权利从根本上讲也取决于公共权力能否得到有效的制约。就此而言,宪政即限政,就是要把公共权力关入法律的笼子,用宪法和法律为公共权力设立严格的边界和运作规则。正如哈耶克指出的那样:"宪政的根本就在于用恒定的政制原则限制一切权力。"②

　　绝大多数国家走向宪政的第一步,都是制订一部得到广泛认可的宪法,对政府拥有的权力及其边界作出明确的界定,对权力运作的程序和规范进行严格限制。就此而言,没有宪法就没有宪政。但是,宪法的制订决不等于宪政的实现。英国宪法学家戴雪指出:"从来政府以一纸公文宣布人身自由应有权利的存在,并非难事。最难之事是在如何能见诸实行。倘若不能实行,此类宣布所得无几。"③宪法文本只是纸上的规则,即使政府宣誓将严格奉行和恪守

---

① 周光辉:《论宪政的基本精神及其思想蕴涵》,《社会科学战线》1994 年第 6 期。
② [英]哈耶克:《法律、立法与自由》(第 2、3 卷),中国大百科全书出版社 2000 年版,第 317 页。
③ [英]戴雪:《英宪精义》,中国法制出版社 2001 年版,第 262 页。

宪法,也不能保证宪法能够得到有效的贯彻和执行。只有体现宪法精神的一整套宪政制度能够有效地运转起来,宪法的规则得到了权力运作的主体和公众的普遍接受,公共权力违反宪法的行为能够得到及时的制止,宪政才能得以真正实现。

英国是最早建立宪政体制的国家,这一体制已经保证了英国政治秩序数百年的稳定和活力,其有效性和成熟性一直受到广泛公认,甚至被当作是宪政体制的楷模。然而,恰恰是英国,从来没有一部集中阐述宪政原则的成文宪法。可以说,几百年来,英国创造了没有成文宪法却有发达的宪政的奇迹。立足于英国独特的宪政经验,美国法学家卡尔文·达伍德总结出了一条“宪政规律”:“没有(宪政)传统的支持,一部成文宪法不过是一纸空文;而有了那种传统,一部成文宪法就没有必要。”①

独具一格的立宪模式及其获得的巨大成功,使英国宪政道路一直成为世界宪政史上最具魅力的研究课题之一。英国没有其他国家那样的成文宪法,却有着最为悠久的宪政传统,有着最为深厚的宪政精神之根。英国宪政的稳定性和有效性,深刻地根植于其悠久而发达的宪政文化之中,根植于其在历史长河中积累的极其丰富的限制公共权力和保障公民自由权利的政治习俗和政治惯例之中。

一、政治文化的功能

“文化是体制之母。”②一种社会制度能否得到有效的运转,从根本上讲,取决于这种制度安排能否得到这个社会的文化传统,特别是受这种文化传统深刻影响的社会公众的价值观念、行为方式等的有力支撑。有道是“徒法不足以自行”。没有深入人心的宪政理念,没有一切以宪法为准则的政治博弈方式,没有誓死捍卫宪法的社会力量,再完美的宪政制度设计,都不过是个空架子。不理解一个国家的文化传统,就无法真正了解这个国家的政治制度的实际运作。如果说制度框架是硬件的话,文化就是让硬件运转起来不可或缺的软件。正如有学者指出的那样,作为观念、思想和心理形态的政治文化比处于表面层次的制度形态具有更广泛的作用范围、更深刻的影响和更为强韧的历史惰性。一个国家、一个民族的政治文化一旦形成,便以其无形的力量渗透

---

① [美]肯尼·汤普森:《宪法的政治理论》,三联书店1997年版,第87页。
② [美]劳伦斯·哈里森:《文化为什么重要》,塞缪尔·亨廷顿、劳伦斯·哈里森编:《文化的重要作用——价值观如何影响人类进步》,新华出版社2002年版,第16页。

于政治生活的一切领域,对国家政治生活产生不可估量的影响。政治文化作为社会政治系统和社会政治行为在个体心理导向领域中的系统表现,对于政治制度的巩固和稳定、对于国家政治生活和谐一致比其他任何因素具有更为重要、更为深远的影响。①

文化无影无形,却无所不在。罗威勒曾经说过:"在这个世界上,没有别的东西比文化更难捉摸。我们不能分析它,因为它的成分无穷无尽,我们不能叙述它,因为它没有固定形状。我们想用文字来规范它的意义,这正像要把空气抓在手里似的;当着我们去寻找文化时,它除了不在我们手里以外,它无处不在。"②学者们有关文化的定义有数百种之多。国内比较有代表性的看法是:"文化有广狭义,广义文化可分为三个层次:表层的器物文化;中层的制度文化;深层的精神文化。而文化的狭义,专指人类实践重大精神创造活动长期积淀而成的社会心理、价值体系、思维方式、人伦观念、审美情趣等。"③

二战以后,大批原先欧美国家的殖民地纷纷独立,并通过移植发达国家的政治制度而快速建立起现代政治制度体系。然而,这些制度实施的实际效果却往往天差地别,相当大一部分国家甚至因此陷入了严重的政治混乱。于是,在比较政治学领域,从文化背景的视角来探索现代政治体系巩固和有效运转的社会基础的政治文化研究,成为一大显学。1956 年 8 月,美国著名政治学家阿尔蒙德在《政治学杂志》上发表的《比较政治体系》一文中,首次明确提出了"政治文化"的概念,用以分析、比较各种不同的政治体系。阿尔蒙德认为,政治文化是生活在具体的政治体系中的社会个体的一种特定的政治行为模式,研究政治体系必须以研究政治行为作为切入点,深入发掘蕴藏于人们行动背后并引导与驱动人们政治行为的动因。1963 年,阿尔蒙德和维巴合著出版了《公民文化》一书。通过分析比较英国、美国、西德、意大利、墨西哥五个民主政治国家的政治文化,两位研究者发现,一个国家的民主制度能否顺利运作,深受该国政治文化的影响,英美两国之所以能维持稳定的民主制度,关键在于这两个国家存在一种以参与型为主体的政治文化,即"公民文化"。在阿尔蒙德等人的倡议下,比较政治学领域刮起了一场政治文化研究热。

70 年代以后,政治文化研究范式受到了一些批评,并趋于冷寂。80 年代后期,西方再次兴起了政治文化研究热。英格尔哈特(Ronald Inglehart)在 20世纪 80 年代末期发表了题为《政治文化的复兴》的文章,1990 年又出版《发达

①　杨宁:《论政治文化建设在政治稳定中的作用》,《政治学研究》1997 年第 6 期。
②　复旦大学学报编辑部:《断裂与继承》,上海人民出版社 1987 年版,第 100 页。
③　萧萐父:《中国传统哲学概观》,《武汉大学学报》1999 年第 6 期。

工业国家的文化转变》一书。英格尔哈特批判了理性选择理论忽视文化因素的倾向,强调文化因素在政治生活中具有不可替代的作用。通过跨国分析研究,英格尔哈特发现各国政治文化之间的差异是稳定的,特殊的政治文化条件关系到经济和民主制度的稳定程度。民主与经济相关,经济又与文化因素相关,因而"文化因素可能在政治和经济发展之间发挥着重要作用"。

90年代后期,帕特南(Robert Putnam)用社会资本(social capital)概念来分析政治制度的社会基础,进一步推动了政治文化的比较研究。帕特南对意大利南北地区的政治制度进行了长达20年的跟踪、比较研究,写成了《使民主运转起来》一书。帕特南发现,意大利南北方民主政治制度的运作成效存在着极大的差异,而这种差异同南北方的政治文化,特别是社会资本的差异有着密切的关系。在北方,存在着大量的社会组织,大多数公民关心社区事务,且彼此信任,与政府也有着相当多的互动关系;而在南方,很少有人去关心公共事务,人们之间普遍缺乏信任。北方的社会关系更多的是横向的交流合作关系,而南方的更多的是纵向附属关系。也就是说,北方居民比南部居民更富有公共精神,拥有更多的社会资本。"这里所说的社会资本是指社会组织的特征,诸如信任、规范以及网络,它们能够通过促进合作行为来提高社会的效率。"①帕特南的研究得出了一个重要结论,那就是社会资本是使民主运转起来的关键。

在西方的比较政治文化研究中,虽然不同的学者对政治文化的理解各有侧重,但关注的重点都是人们的政治情感、政治态度及政治认知。阿尔蒙德和维巴在《公民文化》一书中提出:"当我们提到一个社会的政治文化时,我们所指的是在其国民的认知、情感和评价中被内化了的政治制度。"②在1978年出版的《比较政治学》一书中,阿尔蒙德指出:"政治文化是一个民族在特定时期流行的一套政治态度、信仰和感情。这个政治文化是由本民族的历史和现在社会、经济、政治活动进程所形成。人们在过去的经历中形成的态度类型对未来的政治行为有着重要的强制作用,政治文化影响各个担任政治角色者的行为、他们的政治要求内容和法律的反应。"③在此,阿尔蒙德明确地把政治文化的基本内容归纳为政治态度、政治信仰和政治感情。

西方的比较政治文化研究对20世纪80年代以来的中国政治学研究产生了很大的影响。大体上,国内学者对政治文化的理解与西方学者基本相近。

---

① [美]罗伯特·帕特南:《使民主运转起来》,江西人民出版社2001年版,第195页。

② [美]加布里埃尔·阿尔蒙德、西德尼·维巴:《公民文化》,浙江人民出版社1989年版,第7页。

③ [美]阿尔蒙德:《比较政治学:体系、过程和政策》,上海译文出版社1987年版,第29页。

如王沪宁认为政治文化包括政治认识性成分、政治情感性成分、政治价值性成分、政治理想性成分等四个方面的变量。① 俞可平认为政治文化是包括政治认识取向、政治态度取向、政治信仰取向、政治情感取向、政治价值取向等五个部分的政治取向模式。② 徐大同认为："所谓政治文化，主要是指人们在长期的社会生活和实践中所形成的各种政治思想、理论、价值观念等的总积淀。"③ 马庆钰认为，政治文化是指从一定思想文化环境和经济社会制度环境中生长出来的、经过长期社会化过程而相对稳定地积淀于人们心理层面上的政治态度和政治价值取向，是政治系统及其运作层面的观念依托。④

政治文化中的政治认知，涉及政治主体对政治现象的了解、认识，反映的是政治主体的政治知识水平及其拥有的政治信息量。政治情感是人们在政治生活中形成的感受与体验，如对政治和政治活动的同情、亲近、感激、向往、轻视、疏远、冷漠、愤怒等。政治信仰是政治主体对政治理想和政治目标的信服与忠诚。在政治学中，"'信仰被定义为认知再加上特别的可靠感，这种可靠感把信仰和未被相信的认知加以区别。'因此，信仰可能是真，也可能是伪。但是错误的信仰至少是一种信仰，因为从逻辑上说，它的真和假独立于信仰者的心理肯定。"⑤政治态度是政治文化的核心，反映的是政治主体对政治现象的基本取向。态度是"一个人以赞同或反对的方式评价他周围世界的某些方面的先存倾向。也即，态度是指赞成或不赞成，喜欢或不喜欢一些社会事物和自然事物的先存倾向。"⑥大部分学者都在政治态度的意义上来研究政治文化。如阿尔蒙德和维巴合著的《公民文化》一书的副标题就是"五国的政治态度和民主"，他们认为，"'政治文化'一词代表着特定的政治取向——对于政治制度及其各个部分的态度，对于自己在这种政治制度中的作用的态度"⑦。

政治文化是政治变革及其成效的重要决定因素之一。西方学者已经通过国家间的比较研究，形成了多种分析框架。阿尔蒙德和维巴以英、美和墨西哥等国的比较研究为基础，对政治文化和民主政治之间的关系做了深入考察，认为"一个稳定的、有效的民主政府的发展，不仅仅依赖于政府和政治的结构：

① 王沪宁:《比较政治分析》,上海人民出版社 1987 年版。
② 俞可平:《权利政治与公益政治》,社会科学文献出版社 2005 年版。
③ 徐大同、高建:《试论中国传统政治文化的基础与特征》,《新华文摘》1988 年第 1 期。
④ 马庆钰:《政治文化属性探析》,《江苏行政学院学报》2007 年第 2 期。
⑤ [美]艾伦·艾萨克:《政治学:范围与方法》,浙江人民出版社 1989 年版,第 242 页。
⑥ [美]艾伦·艾萨克:《政治学:范围与方法》,浙江人民出版社 1989 年版,第 275 页。
⑦ [美]加布里埃尔·阿尔蒙德、西德尼·维巴:《公民文化》,浙江人民出版社 1989 年版,第 15 页。

它还依赖于人们对政治程序的取向——依赖于政治文化,除非政治文化能够支撑一个民主的系统,不然,这个系统成功的机会是很渺茫的"①。阿尔蒙德将政治文化区分为三种类型②:在地域型政治文化中,人们从来没有感觉到自己是一个国家的"公民",他们不关心政治事务,认识不到自己对政治体系可能施加的影响或应该承担的义务,对政治能力和政治功效毫无感觉。"在这些社会里没有专业的政治角色;头人、酋长、'道士'都扮演着政治、经济、宗教等多重角色,这些社会的成员对于那些角色的政治取向还未与他们的社会和宗教取向区别开来。地方的态度取向,对于由政治系统所发动的变迁,比较欠缺期望。"③在臣属型政治文化中,人们虽然意识到他们是"公民",是政治体系组成的一部分,但他们是被动地接受政府行动而不是主动地影响政府行动,其政治能力和政治功效是低层次的。当人们习惯于把自己看作被驯服的客体而不是积极的参与者时,民主就难以扎根。在参与型政治文化中,人们不仅认识到他们是国家的"公民",而且积极参与政治,相信自己只要努力去做就能够在某种程度上影响政治事务。显然,一个社会只有在观念上普遍认同了民主价值和民主政治的游戏规则,公众较为普遍地完成了从臣民、顺民到公民的转变,民主政治体制才能得到有效的运作和巩固。

亚历克斯·英克尔斯对阿根廷、智利、印度、以色列、尼日利亚和巴基斯坦六国进行了比较研究,描述出了现代人格的大致轮廓:容易接受新事物,对社会变革持开放态度;关心社会形势,对外部出现的问题与争端有形成或持有观点的意向;具有民主倾向,较多了解周围的态度与观点,并能积极获取对不同见解做出评价的事实与信息;着眼于现在或未来,重视教育、技能和新知识,强调行动的计划性和秩序性,有较强的时间感、尊严感、效能感、抱负感、责任感和分配公平感,对人类变革和控制环境的能力充满信心。基于比较研究的经验,英克尔斯提出:"如果一个国家的人民缺乏能够赋予先进制度以生命力的广泛的现代的心理基础,如果掌握和运用先进制度的人本身在心理、思想、态度和行为上还没有经历一场向现代性的转变,那么失败和畸形的发展就是不可避免的",因此,"忽视了现代化进程所需要的那种类型的人,不去讨论他们的心理特征是否能够适应现代社会的要求,是否跟得上现代社会的节奏,从方法论的角度来说,就是严重的错误,因而也不可能对现代化的各种问题做出满意的解答"④。

---

① [美]加布里埃尔·阿尔蒙德、西德尼·维巴:《公民文化》,浙江人民出版社1989年版,第586页。
② [美]阿尔蒙德:《比较政治学:体系、过程和政策》,上海译文出版社1987年版,第29页。
③ [美]加布里埃尔·阿尔蒙德、西德尼·维巴:《公民文化》,浙江人民出版社1989年版,第29页。
④ [美]里尔·布莱克编:《比较现代化》,上海译文出版社1996年版,第14页。

美国学者霍华德·威亚尔达在其主编的《民主与民主化比较研究》一书中深入地探讨了不同的政治遗产、文化传统、历史机遇，以及经济、社会发展条件和政治发展境遇，对一个国家民主政治发展道路及其制度建设的深刻影响。他认为世界各国都是根据本国的历史传统、文化和制度以及社会发展的需要创造着本土的民主。如欧洲更强调社会民主，更倾向于把民主建立在社群主义而不是个人主义基础上，认为平等不能仅仅限于政治或法权意义上的平等，还应体现在社会和经济领域。俄国的民主在具体的运作中，对权威的崇拜和集权化的倾向一直与自由分权民主相矛盾。拉丁美洲的民主，由于经济欠发达、长期的殖民统治、罗马天主教会的信仰，不重视法制，更强调领导者个人的影响力，认同社会有机论和法团主义，强调权威、纪律、等级制和自上而下的决策方式。亚洲的民主受儒教影响深远，强调一致、纪律、秩序、荣誉、教育、家庭义务、团队精神、共同体意识和精英作用等等。伊斯兰地区的民主，宗教组织和宗教法起决定性作用，而非洲的民主目前仍受到贫困、饥饿、疾病、战争和族群冲突等问题的困扰。①

二、宪政文化的要素

同文化概念类似，宪政文化也有广义和狭义之分。广义的宪政文化泛指与宪法有关的制度安排、组织机构、思想意识。狭义的宪政文化，则是指在长期的宪政实践过程中积淀形成的国民有关宪法的价值信念、思维方式、政治态度及政治情感。

一个国家的宪政文化总是在长期的政治生活实践中积累形成的，而宪政文化的生成，反过来又会对政治生活的方方面面产生深刻影响。因此，近些年来，学者们越来越倾向于把宪政文化理解为一种能够有效支持宪政体制的运作的政治生活方式。如张千帆认为，宪政应该是一种公民生活的方式，是一种民族的文化、道德与习俗在法律运作中的体现。② 王人博认为，宪政是一种文化成果，一种从传统衍生出来的生活方式，它蕴涵着人民主权、服从法律、尊重个人价值和尊严、自由、平等、容忍等许多文化的因素。③

一般认为，宪政的理念融汇了自由主义、民主主义、共和主义和法治主义四种思潮的精髓。④ 自由主义指明了政府的目的，要求划分政府权力与个人

① [美]威亚尔达霍：《民主与民主化比较研究》，北京大学出版社2004年版，第171页。
② 张千帆：《西方宪政体系》（上册），中国政法大学出版社2000年版，第10页。
③ 王人博：《宪政文化与近代中国》，法律出版社1997年版，第532页。
④ 高秦伟：《宪政建构理性主义与经验主义》，《河北法学》2004年第8期。

自由的界限。民主主义解决了主权的归属及政府的合法性问题。共和主义确定了政府的组织形式,以分权实现控权与限政。法治主义主张法律体现人的尊严和自由,并以这样的法律限制政府。当然,宪政并非此四种思潮的简单累积,而是集四者之长,在相互激荡中融为一体。正如学者天成所指出的那样:"假如从宪法中抽掉共和主义,得到的将是纯粹民主政体,自由、法治(包括宪法)将陷入危险之境。但共和主义也需要民主的批判。没有民主,将出现贵族的专横。共和主义、民主主义都需要自由主义、法治主义的批判。共和主义的政体要求代议机构审议决定政策并实行分权制衡,无论议会还是总统、法官,都需要基于自由主义,经由法治防止其专横。没有自由主义,共和、民主便迷失了目的,我们将返回古代没有个人权利观念的共和,国家虽然也可能有法律但法治无从谈起。最后,如果抽掉了法治,自由主义便没有必要的表现形式,而流于书斋中一厢情愿的空想,政府的行为既无限界又不可预期。"①共和、民主、法治、自由虽然在历史时序上先于宪政,但宪政在逻辑上要先于民主、共和、自由、法治,宪政更强调限政与对基本权利的保障。

自由主义是宪政文化的灵魂。萨托利写道:"无论过去和现在,立宪制度事实上就是自由主义制度。可以说,自由主义政治就是宪政——动态地看待自由的法律概念以求解决政治自由问题的宪政。这就说明了我们撇开自由主义而不是民主主义——就无法谈论政治自由的原因。我们今天所享有的政治自由是自由主义的自由,自由主义性质的自由,而不是古代民主政体下那种变化不定、令人生疑的自由。"②自由主义作为宪政的思想底蕴,它为宪政提供了制定宪法、实施宪政的基本观念,即权利导向。宪政的根本目的即是保障个人的权利,个人权利中最根本的是自由,或个人的自由权利。自由主义在承诺人民主权原则的基础上,将个人自由作为宪政运作的逻辑起点,以限制权力作为制定宪法的基本思路。

民主主义要解决的是政体的合法性问题,即"主权在民"。除了民主政治所建构的委托代理逻辑,世俗化的现代政治体系几乎无法为政治统治的合法性提供有效的论证。换言之,"民主现已成为唯一具有普遍正当性的政府形式"③。在现代世界,即使是政治独裁者也会千方百计地把自己装扮成民主价值的追求者,宣称自己超乎一切的政治权威来自于人民的授权。"几乎每个人都声称自己是民主人士。全世界所有的政治制度都把自己说成是民主制

---

① 天成:《论共和国》,王炎主编:《宪政主义与现代国家》,三联书店2003年版,第210页。
② 萨托利:《民主新论》,东方出版社1993年版,第313页。
③ [美]霍华德·威亚尔达:《民主与民主化比较研究》,北京大学出版社2004年版,"前言"第1页。

度,而这些制度彼此之间无论是在言论还是在行动方面都常常迥然不同。民主似乎使现代政治生活变得合法化:因为一旦宣称它是'民主'的,那么,法规的制定和法律的实施似乎就是合理的和正当的。"①

民主往往与自由相提并论,但两者并不是一个东西。正如有学者指出的那样:"自由民主中的自由所关注的是这种政体应以个人的自由和权利为中心,对国家的权力加以限制;民主关注的则是国家权力的归属。结合起来看,自由民主意味着权力来自人民,但应受到限制,即人民及其代表在立法和决策的方式和范围上都应受到限制,如所立之法必须经过正当的立法程序,所立之法的内容不得超越宪法和法律所规定的范围,如不得通过立法来剥夺人的基本自由和权利。自由与民主相互结合互相强化。个人自由是否得到保障,政府权力是否受到限制,是区别自由民主与其他民主类型的根本尺度。"②如果说民主关注权力由谁行使,那么自由关注的是权力如何行使的问题,即权力行使方式的正当性问题,它意味着权力行使的主体无论是谁,哪怕是人民自己,也都不得成为强制与专横的理由。

共和主义是宪政理念的重要组成部分。共和主义强调的是合众(共)、和谐(和)与平衡(权力制衡),核心要义是对国家权力进行分权制衡,以保护少数,对民主可能产生的多数专制加以制约。共和主义的另一要义,是强调公民积极参与公共事务,承担公民政治责任和道德义务。按照哈贝马斯的阐释,共和主义与自由主义代表了两种不同的民主范式,两者对公民角色、民主功能及其过程都有着不同的理解。自由主义眼里的公民权利是一种消极权利,是确保公民在法律范围内追求自己的利益,免受外部干预的自由。而共和主义理解的公民权利主要是政治参与、政治交往的权利,强调公民只有积极参与政治实践才能成长为一个具有责任感的主体。与此相适应,对于民主的功能,自由主义者强调的是其保护性、工具性的价值,即维护个人权利、制约公共权力、防止多数暴政等等,而共和主义者则强调民主参与对于塑造公民角色、实现政治共同体之"善"的非工具性价值。此外,"根据自由主义观点,政治本质上是一场争夺人们可借以控制行政权力的职位的斗争"③,而共和主义热衷于在公共领域和政治过程通过广泛的政治交往、对话、协商来形成政治共识。

法治主义是宪政文化的基石,它所坚持的是以法律作为所有政治行为的基本准则。法治社会的基本特征是:社会秩序主要表现为法律秩序,社会生活

①　[英]戴维·赫尔德:《民主的模式》,中央编译出版社2004年版,第1页。

②　刘军宁:《共和·民主·宪政——自由主义思想研究》,上海三联书店1998年版,第223页。

③　[德]哈贝马斯:《在事实与规范之间》,三联书店2003年版,第335页。

的基本方面和主要的社会关系均纳入法律规范的调整范围,法律具有普遍的约束力和最高的权威性。实现这一目标的关键在于能否将公共权力置于法律的约束之下。① 在宪政文化的视域下,法治主义的核心,是将权力纳入法律的牢笼。一方面,法治主义要求明确界定政府的职责和权力,明晰公共权力的边界范围;另一方面,法治主义主张以严密的法律制度来约束公共权力的运作,将公共权力纳入程序性、规范性的轨道。

自由主义、民主主义、共和主义和法治主义相互耦合,共同构成了现代宪政文化。尽管这四大主流政治思潮有着不同的视角和关注的焦点,但核心问题都是如何有效约束和控制公共权力的运作,保障公众的权利和自由,这正是宪政文化的根本所在。

三、宪政文化与宪政实践的互动

宪政文化对于宪政实践有着极为深刻的影响。从英国现代政治体系成长的历程中不难看出,虽然宪政体系的基本制度框架,是在近代资产阶级革命中建立起来的,但英国在宪政体制远未建立起来之前,其政治文化中的许多重要的思想传统和政治习俗,就为催生宪政体制提供了重要的思想资源。这些思想资源在英国人民争取自由权利的斗争实践中逐步强化为英国人的基本政治信念,指引着英国政治变革的方向,制约着政治变革的方式。

英国宪政文化传统对宪政实践的影响,首先表现在其特定的政治认知、政治态度对政治实践及政治制度建设总体思路的制约上。人类政治思考的一个核心问题是:如何有效地控制公共权力,避免它伤害民众的政治权利。而控制权力同控制所有社会行为的一样,基本方式无非是自律与他律两种途径。任何政治制度建设,总是隐含着某些基本的观念的预设。自律的控权思路对人性持有更为乐观的预设。相反,正如学者周光辉分析的那样,在人类的政治思想发展史上,主张实行法治的思想家对人性的看法及表述上尽管存在着差异,但有着一个共同的基本点,就是认为人是不完善的,人性是有缺陷的。人的不完善性一方面表现在人的认识活动要受到环境和条件的制约,而且,人的理性能力本身也具有不完备性、非至上性,甚至荒谬性;另一方面,人又是有需求、欲望和冲动的,特别是人与人之间的利益需求也具有相悖的一面。在资源短缺的情况下,人可能为了追求自身的利益,侵害他人或社会的利益,违背社会正义。因此,为了防止个人对他人及社会的侵害,为了消除或减少政治生活

---

① 周光辉:《论宪政的基本精神及其思想蕴涵》,《社会科学战线》1994 年第 6 期。

的任意性,建立一种稳定的社会期待,这就需要制定规则,将个人的独特的意志和行为置于非人格化的普遍的支配力量之下。而能起到这种作用的,只能是具有明晰性、确定性和非人格化的法律。法律制度的作用从根本上说,就在于创造为个人的自由所必需的政治条件。在一定意义上讲,每一种政治制度都是针对人的某种不完善而设计的。①

英国之所以能够成为宪政的先行者,同其政治文化传统中存在的对人性缺陷的深刻认识和警觉,有着密切的关系。在中世纪,占据英国文化主导地位的基督教文化的核心内容,包括"原罪说"等对人性持悲观态度的观念,就曾成为人们质疑专制权力的重要信念支撑,并对近代自由主义思潮的形成产生了重要影响。正是这样一种根深蒂固的对人性中隐含的缺陷的警觉,使包括英国在内的西欧社会在争取自由权利的过程中,从一开始就没有过多地围绕完善自律机制来思考权力的有效控制问题。既然人性的局限是无法超越的,世间不存在公而忘私的圣贤,也没有任何人可以通过后天的修炼达到这样一种境界,那么,要避免专制统治者滥用权力,伤害民众的根本途径,就是健全法治,严格限制权力的运作。与人性缺陷观念相适应,英国限制王权的早期宪政文化还有一个重要观念,同样对宪政实践产生了重要的影响,那就是对权力腐蚀性甚至恶的规定性的认识。自由主义的奠基人洛克就曾明确提出:"谁认为绝对权力能够纯洁人们的气质和纠正人性的劣根性,只要读一下当代或其他任何时代的历史,就会相信适得其反。"②这里,非常清楚的是,一个人不可能因为掌握了公共权力就突然变成了神明,相反,权力巨大的社会影响力,往往会诱使统治者恣意妄为,从而极大地放大人性中隐含的恶的因素。这就是英国阿克顿勋爵所概括的政治铁律:权力导致腐败,绝对的权力绝对导致腐败。

英国宪政文化传统对宪政实践的影响,另一个突出表现,是悠久而根深蒂固的法治信仰,直接规范着政治变革的方式,推动着以法律约束公共权力的宪政体制的建设。英国著名宪法学家戴雪曾经总结指出:"自诺曼征服以来,英格兰的政治制度呈露两件异彩,它们的存在与运行足以使英国所有制度别异于他国所有。两件异彩中之第一件是:中央政府在通国之中居于至尊地位。当民族历史初期,这种国家的权威集中于君主一人的身上;因此之故,元首所有权力实足以代表国家所有。英王在此不但是保安的靠山,而且是法律的渊源……两件异彩中第二件与第一件甚相关切:它是法律的至尊性,或称法律主

---

① 周光辉:《论宪政的基本精神及其思想蕴涵》,《社会科学战线》1994 年第 6 期。

② 洛克:《政府论》下篇,商务印书馆 1964 年版,第 56 页。

治。这是我们的政治所有怪异性质;法院有一条老规矩最能将此项性质表白清楚,即是:这种法律是最贵国宝,为君主所有;全国人民以至君主本身都须要受治于法。倘使法律不能为政,以至全国无法律,必至全国无君主,复无任何遗产可言。"①

英国宪政实践历程充斥着纷繁复杂的政治博弈,多元政治力量合纵连横,彼此展开激烈的角逐。然而,耐人寻味的是,各方参与政治角逐的基本目的,不是建立自己的专制统治,而是维护或争取自己的权利。由此,政治博弈呈现出来的不是你死我活、赢家通吃、赶尽杀绝的残暴,而是在法律的框架内以相对和平的方式最大限度地争取自己的权利。这不仅大大地减少了政治斗争的血腥味,更重要的是,这种斗争方式开创了一种以和平合法的方式追求和捍卫自由权利的传统,并从中发展出了一整套政治游戏规则,为建立现代宪政体制奠定了坚实的基础。显然,这样一种政治博弈方式,正是英国悠久的法治主义传统结出重要成果。英国现代学者哈耶克对此作了很好总结:"正是由于英国较多地保留了中世纪盛行的有关法律至上的理想——这种理想在其他地方或国家则因君主专制主义的兴起而遭到了摧毁——英国才得以开创自由的现代发展进程。"②

---

① 戴雪:《英宪精义》,中国法制出版社2001年版,第227-228页。
② 哈耶克:《自由秩序原理》(上册),三联书店1997年版,第204页。

第一章
内生型政治发展模式及其文化渊源

  英国是现代政治文明的发源地,被称为现代政治制度的"博物馆",几乎所有的现代政治制度,如宪政制度、议会制度、内阁制度、政党制度、文官制度等等,都可以在英国找到其原型。由于没有可资借鉴的经验与教训,英国人几乎是摸着石头过河,逐步探索出了一整套现代政体的制度架构。"当欧洲宗教机构和封建割据势力肆虐之际,他们已经建立了独具特色的司法陪审制和地方管理体制;当欧洲封建专制主义普遍加强时,他们又发动资产阶级革命,摧毁封建主义根基"[①]。可以说,英国渐进式的现代政治成长历程,为我们理解现代民主政体的发展逻辑及其支撑条件提供了具有典范性意义的个案。更具特殊意义的是,英国尽管是现代民主政治的发源地,但其现有政治体制却仍然表现出了许多不同其他国家的特征。这些特征与英国的文化历史传统有着密切的关系。英国现代民主政体的发展历程表明,虽然民主价值具有普适意义,现代民主政治体制也有许多共性的内容,但一个国家的民主政治体制的具体实现形式,及其成长的道路,却与这个国家的历史发展过程,与民族的文化历史传统有着深刻的内在联系。

一、英国现代政治体系成长模式的典型意义

  理论界通常把世界各国的现代化模式区分为两大类型:一类是"内源"、"先发"型现代化,一类是"外源"、"后发"型现代化。前者的现代变革

---

  ① 阎照祥:《英国政治制度史》,人民出版社 1999 年版,第 1 页。

的动力主要来自内部,变革的步伐领先于其他国家,而且,变革是在市场力量主导下,以自下而上甚至放任自流的方式自发地展开的。① 大部分西方国家的政治现代化均属于"内生型政治现代化模式"。其基本特征是:政治现代化的动力主要是来自该国和地区社会内部,其特定的经济、政治和文化关系造成了这三个子系统之间的某种特定的张力。这种特定的张力经长期的历史运演,积淀到一定程度,就会要求其政治系统发生质的变化:其政治体制从传统走向现代。② 这其中,英国作为世界上第一个现代化国家,第一个建立现代宪政体制的政治共同体,一直被看作是内源型现代化模式的最重要的典型甚至标准,英国的现代政治变革进程也因此倍受关注,成为各国探索和思考本国现代发展道路的重要参照系。

1. 现代政治体系相对独立、平稳的演进历程

人们之所以将英国现代政治变革历程和变革方式视为内源型政治现代化模式的典范,首先当然是因为英国在政治变革进程中建立的诸多政治制度要件,如宪政制度、议会制度、内阁制度、政党制度、文官制度等,都具有无可争议的原创性。对于后发国家甚至相当一部分不是走在现代化最前列的西方国家来说,无论其政治发展怎样坚持自主性原则,也无论其政治文化传统对政治发展道路的选择构成什么样的制约作用,它们在面临政治变革道路及政治制度建设的方案选择时,早发国家的经验和制度建构事实上已经构成了重要的政治参照,直接影响着这些国家政治变革目标的确定及变革方式的选择。而对于英国来说,其政治变革的整个历程几乎都不存在一个预先设定的整体目标,更不存在什么政治变革"路线图",其建构的各种对后发国家产生重要影响的制度要件,都是在解决具体的政治问题过程中产生的结果。正因为英国政治变革既没有什么成熟的经验可供借鉴,更没有现成的政治制度可供移植,因而其建立的种种重要政治制度,在很大意义上都是原创性的。而一旦英国的现代政治体系初步成型,并在保持政治秩序动态稳定、保障公民权利和自由,以及促进经济发展和社会进步方面显示出巨大成效,英国从边陲岛国迅速崛起,成为世界霸主时,英国所建立的政治制度就成为后发国家构想本国的政治发展目标的重要依据,英国政治变革的历程及其经验就成为各国面对种种政治选择时仿效、借鉴的重要对象。

更具有特殊性的是,英国是在一个相对独立的经济、社会、政治环境下,比

---

① 参见罗荣渠:《现代化新论:世界与中国的现代化进程》,北京大学出版社1993年版。

② 孙立平:"后发外生型现代化模式剖析",《中国社会科学》1991年第2期。

较平稳地完成了政治体系的现代变革。对于绝大多数后发国家来说,外部因素始终是影响政治变革进程的重要因素,有时甚至是决定性因素,本国的政治发展往往与它们同周边国家的关系密切地交织在一起。而英国的政治发展历程虽然或多或少也有外部因素的影响,但其独特的地理环境却构建出了一个相对独立的政治生态系统。地理环境是政治活动的客观场域,会以各种方式对政治生态以及政治变革方式产生深刻的制约作用。英国是大西洋中的群岛国家,其地理位置的最大特色,是既游离于欧洲大陆,又非常接近欧洲大陆,英吉利海峡和多佛尔海峡同欧洲大陆相望,多佛尔海峡最窄处不足 33 公里。在世界航海事业还很不发达,欧洲的经济、文化中心还在地中海沿海的时候,英国作为曾经的罗马帝国的边疆属地,处在世界体系的边缘位置。

岛国的地理环境给英国政治发展带来的一个最大影响,是在世界航海业还比较落后,现代武器还没有出现以前,海洋为英国提供了天然的安全屏障,使英国长期免受战争威胁,以致诺曼征服以来从无入侵者扭转其社会发展进程的事件发生。由于地处边陲,罗马帝国的政治控制以及罗马教廷的宗教控制也比欧洲大陆国家弱很多。这样,英国的政治问题在很长的历史时期里都是一个国内政治问题,其政治变革进程较少受到外部因素的干扰,得以按照自身的逻辑平稳地发展、演变,从而充分地展示其现代政治体系内源式成长特征。与此同时,英国虽然是个岛国,但欧洲大陆相隔并不遥远,西欧主要河流大都注入英吉利海峡,英国与西欧主要港口联系都相当密切。英国人的主体原先是欧洲大陆的日尔曼人,在文化上也保持着同欧洲的密切联系。可以说,独特的地理环境赋予了英国"进可攻退可守"的地域优势,它既可以充分汲取欧洲大陆先进文化的养分,在国力强盛的时代利用靠近大陆的有利位置参加欧洲的政治、经济活动;又可以在实力不济的时代以海峡为天然屏障,使本国免受战争涂炭,免受外部势力的干扰。

由于长期处在欧洲经济文化的边陲,加上气候恶劣、土地贫瘠、生存不易,特定的岛国地理环境塑造出了英国人较强的忧患意识和抗争精神。"面对怒涛的大海一连数周等待风浪平息的远航水手;出自于在恶劣气候和贫瘠土地上奋力耕作的农夫;出自于在世界各地活动的冒险家以及在强敌面前毫不退缩的士兵。艰苦的生活和严峻的国际环境(先后与西班牙、荷兰、法国等国交战)使英国人养成了勇敢、机智、耐心、目光远大、坚忍不拔、善于自我克制的美德。"①而相对平稳的社会发展历程,则使英国人形成了以稳健、审慎、理性、

---

① 钱乘旦、陈晓律:《在传统与变革之间——英国文化模式溯源》,浙江人民出版社1991年版,第348页。

独立、灵活、保守、调和、谦卑、妥协、隐忍、克制等特质为核心的不列颠式的"岛国心态"。一方面,他们在政治上"容易安于现状,重视传统经验,不易受极端观念、理想主义和个人感情的支配,乐于遵循、服从某些古板陈旧的、约定俗成的习惯法和规定",久而久之,逐渐形成了念旧守成的群体心态。另一方面,相对独立安定的社会人文环境,促使他们在政治上"注重保持自身特色,善辟蹊径,自成体系,在政治制度的建设中造就自己的风格特点"①。

正如科学实验往往需要人为地营造一种真空环境,以便深入了解实验对象在不受外界影响的情况自身运动或发展演变的规律一样,人们也期望找到一块社会生活的"飞地",来观察社会生活变迁的内在规律。从某种意义上说,英国的独特的地理环境使得英国的政治发展最大程度地保持了自身的相对独立性和平稳性,英国的现代政治发展历程也因此成为人们观察和总结内源式政治发展规律的典型样本。

2. 政治变迁的内在动力机制

内生型政治发展模式区别于外源式发展模式的最重要的特点,是政治发展的主要动力不是从外部输入,而是根植于社会内部各种因素交互作用共同形成的特定局势。就英国而言,现代政治体系的成长,并非政治领域孤立的现象,而是经济生活、社会生活和政治生活相互作用、相互制约的结果。英国之所以成为第一个建立现代政治体系的国家,同 15 – 18 世纪英国经济社会及政治生活的一系列重大突破有着直接的关系,现代政治的发展甚至可以理解为经济、社会及政治生活变迁的自然产物。

从经济方面来看,15、16 世纪英国的毛织业、采矿业、冶金业得到了较快的发展,资本主义经济已经在封建社会内部生根发芽。这其中有几个因素极大地促进了英国现代资本主义体系的发展。一是新航路的开辟,海外市场的不断扩大,极大地促进了国际贸易的发展,带动了英国羊毛和呢绒工业的发展。同时,随着国际贸易的主干线从地中海转移到大西洋,英国由于自身特殊的地理地位,凸现出了在国际贸易体系中无可替代的重要位置,英国由此逐步确立自己在世界航运、国际金融中的重要地位。二是殖民地的开辟和对外掠夺为英国资本主义形成和发展提供了不可或缺的资本积累。伴随着海外贸易的发展,英国的海上军事实力也逐步发展起来,殖民地的开辟和对外掠夺随之成为获取工业资源、倾销工业品的重要途径。正如马克思、恩格斯指出的那样,资本原始积累与殖民扩张这两者是不可分割的。"随着美洲和通往东印

---

① 阎照祥:《英国政治制度史》,人民出版社 1999 年版,第 2 页。

度的航线的发现,交往扩大了,工场手工业和整个生产运动有了巨大的发展。从那里输入的新产品,特别是进入流通的大量金银完全改变了阶级之间的相互关系,并且沉重地打击了封建土地所有制和劳动者;冒险的远征,殖民地的开拓,首先是当时市场已经可能扩大为而且日益扩大为世界市场——所有这一切产生了历史发展的一个新阶段。"①三是海外贸易的不断扩大,大量黄金白银流入欧洲,诱使英国土地贵族转变经营理念,开始用强制手段驱除佃农,圈占土地从事养羊,掀起了一场"圈地运动"。英国的圈地运动起于 15 世纪,到 17 世纪达到了高潮,其规模和力度远远超过了法国、德国。圈地运动虽然给农民带来了灾难性的痛苦,却加剧了英国自然经济的解体,为英国资本主义工业经济和农业经济发展提供了大批的雇佣劳动力,促进了资本主义农场的建立和工业资本主义的发展。与此同时,由于大批农民失去土地,不得不进入城市谋生,反过来又极大地促进了英国城市化的进程。可以说,英国在资产阶级革命爆发以前,整个经济和社会生活早已资本主义化了,资产阶级革命完成的只是政治制度适应经济社会生活变迁的变革而已。

16 世纪中叶到 17 世纪初,圈地运动的扩大以及资本主义经济形式向农村的广泛渗透,还促进了英国社会阶级结构的重大变化。封建贵族日益没落,资产阶级化的新贵族逐步崛起。新贵族是圈地运动的主要推行者,他们不再依赖土地榨取封建地租,而是用资本主义方式经营牧场或农场,获得企业式的利润。他们既是封建制度的既得利益群体,又是新生的工业经济和资本主义经济的获益者。随着新贵族在经济和政治上的崛起,他们开始逐步在英国政治舞台上扮演起重要角色,成为资产阶级在政治上的代理人,并给英国资产阶级革命打上自己深刻的烙印。

同样也正是在这个时期,宗教改革运动与新教原则的确立,在很大意义上完成了英国资产阶级的社会价值革命,并为资产阶级政治革命提供了重要的精神动力。在中世纪的欧洲,天主教是封建专制的精神堡垒。因而反对天主教精神枷锁的宗教改革构成了现代化进程的重要组成部分。欧洲宗教改革最先发生在德国,但最早结出果实的却是英国。在 16 世纪末和 17 世纪初,英国在宗教改革后又出现了清教运动,其主旨是反对繁琐和奢华的天主教仪式,要求按加尔文教的教义进行改革,确立新教原则。新教伦理在英国现代化中起到了非常重要的作用。新教精神迎合了新贵族和新兴资产阶级的价值准则,特别是追求世俗经济利益的愿望,是资本主义经济在价值取向和精神信仰上的反映。恩格斯曾对此作了深刻的分析,他指出,英吉利民族"是截然相反的

_____

①　《马克思恩格斯选集》第 1 卷,人民出版社 1995 年版,第 110 页。

东西的合一","他们比任何其他民族都关心彼岸世界,可是与此同时,他们生活起来却好像此岸世界就是他们的一切;他们向往天国丝毫不妨碍他们同样坚信这个'赚不到钱的地狱'。因此,英国人怀着持久的内心不安——一种无法解决矛盾的感觉,这种不安促使他们走出自我而行动起来。矛盾的感觉是毅力的源泉,但只是外化了的毅力的源泉,这种矛盾的感觉曾经是英国人殖民、航海、工业建设和一切大规模实践活动的源泉。"①

当禁锢思想的闸门被打开之后,17 和 18 世纪的英国也迎来了科学与人文思想的重要突破。中世纪末兴起的文艺复兴思潮对英国的思想文化产生了极为深刻的影响。英国不仅诞生了以牛顿力学为代表的近代科学思想,以亚当·斯密为代表的为资本主义经济的合理性进行全面阐释的古典经济学,而且涌现出了一大批经验主义哲学家。在英国资产阶级革命前后,霍布斯、洛克、休谟等一大批启蒙政治思想家,不仅以社会契约论为资产阶级政权提供了全新的政治合法性解释,而且对英国现代政治体系进行了缜密的思考,为资产阶级政治革命做好了思想准备。

可以说,17 至 18 世纪的英国同时具备了走向政治现代化的多种必备条件。正如恩格斯指出的那样,在英国,"16 世纪和 17 世纪创造了社会革命的一切前提,结束了中世纪,树立了社会的、政治的、宗教上的新教原则,建立了英国的殖民地、海军和贸易,并使日益增长而且已经相当强大的中间阶级同贵族并列";"在 17 世纪,商业和工场手工业不可阻挡地集中于一个国家——英国"②。科学技术和思想观念的重大突破、经济基础和社会结构的深刻变革,以及政治制度的逐步完善等等,各种现代性因素相互激荡、相互支撑,共同形成了一个环环相扣的社会变革进程。有学者这样描述了英国现代化的自然历史过程:随着农业商品化的出现和工场手工业的繁荣,16 世纪英国就发生了宗教改革;到 17 世纪,新教精神就在英国发生了深刻的影响,它成为人们发财致富和资产阶级扩大再生产的巨大精神动力;当资产阶级源源不断地创造着财富,国内市场已经不能满足其发展需求的时候,它开始向海外扩张,并成功地建立起一个又一个殖民地。随着市场的扩大和贸易的发展以及殖民地的开辟,手工工场已经不能满足现代化迅速发展的要求之时,启蒙运动与科学革命开始了,科学革命和启蒙运动在英国的成就最为显著。法兰西斯·培根提出的"知识就是力量"首先在英国得以验证,牛顿的发明为英国的现代化提供了科学的支撑和伟大动力,随之而来的是一系列科学发明,特别是瓦特发明的蒸

---

① 《马克思恩格斯选集》第 1 卷,人民出版社 1995 年版,第 19 – 20 页。

② 《马克思恩格斯选集》第 1 卷,人民出版社 1995 年版,第 25、113 页。

汽机,最终使机器生产代替了传统的手工生产,进而是机器大工业的产生。这样,在英国,经济的发展、市场的成熟、文化的变迁、人的思想观念的变革、殖民地的开辟、科学技术的巨大进步、社会政治经济的变革,几乎是同一个历史过程,所以,英国成为经济、政治、文化变革同步进行的典型内源型的现代化国家。[①]

当上述变革均已发生并结出重要果实时,政治体制的变革也就成为水到渠成的事情。近代资本主义经济体系的成熟,城市化的快速发展,社会公众视野的开阔,中产阶级队伍的壮大,以保障个人权利和限制公权力为核心的启蒙主义政治思潮的传播,共同汇聚成了推动政治体制变革的强大动力。而经济社会的持续、平稳发展又决定了社会各阶层对政治变革更容易持审慎的态度,不希望出现激烈的政治动荡,改革而不是革命成为政治变革的共同呼求。这样,以"光荣革命"为标志的资产阶级政治革命,实际上不过是顺应经济社会发展客观要求,顺应社会各阶层的愿望所进行的政治体系的渐进式改良,其发生以及变革内容、变革方式都有着深刻的经济社会基础。

3. 政治变革进程的演进性特征

同后发国家的许多政治制度来源于对他国制度的借鉴、移植,政治制度的建设具有较强的人为设计色彩不同的是,英国在政治变革进程中由于缺乏可资借鉴的参照系,其建立的种种政治制度在人类政治生活史上都具有重要的原创意义。这种原创严格地讲都不是人为设计的产物,而是社会各种因素相互作用、各种政治力量长期博弈的产物。

之所以说近代以来英国所形成的政治制度都不是人为设计和建构出来的,是因为这些制度在英国都不是全新的东西,都有着相当悠久的历史传统。如议会协商的精神源自英国悠久的政治协商传统,议会制度本身也有相当长的发展演变历史;以宪法限制公权力的种种限政制度安排,源自"王在法下"的法治思想传统;司法独立和地方自治可以追溯到12、13世纪,如此等等。英国资产阶级革命完成的政治变革,不是对传统政治秩序的颠覆,不是对旧的政治制度的决裂,而是根据长期的政治博弈经验对这些由来已久的制度的完善和规范。换言之,英国并不需要对政治制度体系进行全盘设计和改造,它只需要在碰到问题时去改进某个具体的政治制度安排,从而在代复一代的积累中实现政治体系的渐进演变。

更重要的是,英国的政治结构一直就具有多元政治的属性,没有一种政治

---

① 杜艳华:《马克思恩格斯对英国现代化起源的科学论证》,《浙江大学学报》2009 年 2 期。

势力能够完全控制政治局势,可以随心所欲地操纵政治,或者按照自己的意愿来设计、建构一种政治体系。在此,王室集团、贵族阶层、教会势力、商人阶层以及后来的城市市民,相互之间围绕如何争取和捍卫自己的权利展开了错综复杂的政治博弈。而作为每一次大的政治博弈的结果的政治制度变革,实际上都是特定时期多元政治势力所达致的相对均衡的反映,是各方政治妥协的产物。这同一些后发国家某一特定的政治集团长期操纵整个政治变革过程,甚至直接以强制性的方式从他国移植政治制度的情形形成了鲜明对照。

如果从1215年的大宪章事件算起,即使截至"光荣革命"建立宪政体制,英国现代政治体系的成长也经历了400多年。相对于许多国家在几十年间完成政治体系的现代化的经历,英国政治体系的变革可以说是非常漫长的。这就是早发国家的优势所在。因为没有先进的政治体系作为参照系存在,因而也不可能有人谋求急切的政治变革,政治领域的问题有几百年的历史来慢慢消化,可以一步一步地解决。当然,政治体系的渐进式演进也需要具备一定的社会条件。一般来说,在一个政治结构比较僵化、封闭的国家,容易形成赢者通吃的政治博弈格局,比较难以形成政治妥协以及以此推动政治渐进改良的格局。英国的一个独特的优势,是在多元政治力量的角逐下,社会结构相对开放,富有弹性,社会各阶层之间较少有你死我活的仇视、对抗心理。托克维尔对此有过深刻的揭示,他提出中世纪晚期,"有一个事实使得英国在所有现代国家中显得独特,并且惟有它才能使人们理解英国法律、英国精神以及英国历史的特殊性……使得英国不同于欧洲其他国家的并不是它的国会、它的自由、它的公开性、它的陪审团,而是更为特殊、更为有效的某种东西"。这个"更为特殊和更为有效"的东西就是:"英国是真正将种姓制度摧毁而非改头换面的唯一国家。在英国,贵族与平民共同从事同样的事务,选择同样的职业,而更有意义的是,贵族与平民间通婚。""如果忘掉那些旧名称,抛开那些旧形式,人们便会发现",英国的"封建制度已基本废除,各个阶级互相渗透,贵族阶级已经消失,贵族政治已经开放,财富成为一种势力,法律面前人人平等,赋税人人平等,出版自由,辩论公开。所有这些新原则在中世纪社会中都不存在。然而,正是这些新事物一点一滴巧妙地渗入这古老的躯体,使之复苏和免于瓦解,并在保持古老形式的同时,灌输新鲜活力。"①

正是这样一种相对开放的社会结构,使得社会各阶层能够对政治生活形成一些最基本的共识,不会谋求政治体系的全盘性改造,而更愿意通过协商、妥协来实现自己的目标。这就为渐进改革的政治发展方式奠定了适宜的社会

---

① [法]托克维尔:《旧制度与大革命》,商务印书馆1992年版,第122页、57-58页。

基础。从历史来看,英国社会所形成的最重要的政治生活共识,就是法律至上的思想传统。法律也因此成为政治博弈的基本规则,成为政治变革的底线。英国现代政治变革进程一个突出特点是,是法治先于民主。一般认为,晚至中世纪晚期,英国的法律制度就发生了重大变革,"法律的现代化在英格兰来得格外早","统一化和现代化法律制度的突破早早地就在英格兰(和诺曼底)发生了"。① 需要指出的是,西方近现代法治追求的是法律形式合理性,因而英国率先完成的法律现代化意味着英国较早地完成了特殊主义价值向普遍主义价值信念的转型。"人们之所以能够从小群体过渡到定居的生活共同体并最终过渡到开放社会和步向文明,实是因为人们学会了遵循某些同样的抽象规则。"②正是这样一种政治共识,这样一种得到各方尊重的政治规则,使英国得以通过政治妥协实现政治改良,按照本国经济生活、社会生活、政治生活的自然演变及其相互支撑、相互制约的内在规律,实现政治体系循序渐进的演进。

二、内生型政治发展模式的基本规定

作为一种内生型的发展模式,英国的现代政体是在多种社会因素共同作用下自发、渐进地生长出来的。各种政治势力的长期角逐,社会因素的支持或阻碍,文化历史传统根深蒂固的影响等等,都对英国的政治制度及其发展演变过程产生了重要作用。这种自生自发的发展历程,使英国内生型的政治发展模式表现出了许多独特的个性,为后发国家探索适合本国国情的政治发展模式提供了有益的启示。

1. 政治体系发展的历史延续性

英国现代政体的发展是一个内生的客观历史过程,而不是一个以与历史传统决裂的方式来建构一种全新的政治体系,或者全面植入一种外来的政治制度的过程,因而现代英国政体在很大程度上是传统因素与现代因素的混合物。正如英国历史学家汤因比指出的那样:"英国顺利在旧瓶里装进了新酒还不至于引起旧瓶爆炸。"③有学者甚至指出:"在英国,传统和现代处处表现出的和谐,也许在世界上,没有哪一个地方可以像英国那样,是传统和现代结

---

① [美]R. C. 范·卡内冈:《英国普通法的诞生》,中国政法大学出版社 2003 年版,第 116 页。

② [英]弗里德利希·冯·哈耶克:《法律、立法与自由》第 2、3 卷,中国大百科全书出版社 2000 年版,第 507 页。

③ [英]汤因比:《历史研究》,商务印书馆 1986 年版,第 300 页。

合得最好的。"①这样,英国的政治体制就呈现出了一个极为独特的景观:一方面,英国是几乎所有现代政治制度的发源地,是其他国家建立现代政体效仿对象,在政治现代化进程中英国的政治制度一直被视为是最先进或者说最现代的;另一方面,恰恰是英国的政治制度体系保留了最为丰富的传统因素,以至直到今天英国政治仍然给人留下了相当深厚的守旧印象。

　　英国的政治体制框架主要由宪法制度、君主制度、议会制度、内阁制度、政党制度构成,其中每一种制度都可以视为是传统与现代的混合体。现代宪政的核心是用宪法和法律严格界定政府的权力,规范其运作,以实现保障公民权利的目的。虽然制订宪法并不等于实现宪政,但绝大部分立宪国家都以制订宪法为宪政建设的起点,并将限政的政治原则及设计思路体现在一两个宪法性文件之中,使公共权力的边界得以明晰。然而恰恰正是作为现代宪政发源地的英国,却是一个没有成文宪法的立宪国家。英国不成文的宪法,主要形式包括规范性宪法文件、不成文宪法惯例和宪法判例,及一向被认为是"动态的宪法"的行政法。规范性宪法文件,是议会在各个不同历史时期通过的有关宪法性安排的成文立法,主要有 1215 年《大宪章》、1628 年《权利请愿书》、1679 年《人身保护法》、1689 年《权利法案》、1701 年《王位继承法》,以及其他重要的宪法性文件,如 1707《与苏格兰联盟法》、1832 – 1884 年的《改革法》、1911 年和 1949 年《议会法》、1918 和 1928 年《人民代表法》、1931 年《地方政府法》、1937 年《国王大臣法》等等。这些成文宪法文件在数量上仅占全部宪法的一小部分。宪法惯例是那些未经国家立法规定,却在国家政治法律生活中对各权力机构作出制度性安排、起着宪法作用并得到社会认同的制度和准则。② 宪法惯例在英宪中占有很大的比重,它的便利性及适度的弹性在很大程度上决定着宪政的安排与运行。宪法判例是英国高级法院基于普通法和立法解释所作的有关宪法性案件的判决,这些重要的宪法判例构成英宪的主要内容。构成英国"不成文宪法"的法案、判例、惯例,数量繁多,形式多样,甚至内容也存在自相矛盾的地方。问题在于,英国人似乎也从来没有觉得这种状况有何不妥,是否影响了宪政体制的运作。更重要的是,世界上也几乎没有人会否认英国是一个宪政国家。英国著名宪法学家詹宁斯就曾据此提出:"一个国家的宪法,不论其为何物,都是建立在默认的基础上的,宪法性法律和宪法惯例实质上是一致的,尽管它们存在着一些无关紧要的区别。"③

---

① 钱乘旦:《第一个工业化国家》,四川人民出版社 1988 年版,第 6 页。
② [英]戴雪:《英宪精义》,中国法制出版社 2001 年版,第 261 页。
③ [英]W. I. 詹宁斯:《法与宪法》,三联书店 1997 年版,第 242 页。

英国是最早发生资产阶级革命的国家,但英国革命并没有像后来的法国大革命一样完全颠覆君主制度,而是一直保留了君主制度。国王是英国政治体系的一个重要组成部分,发挥着不可缺少的作用。世袭的英王作为超阶级、超党派的君主,是国家统一和民族团结的象征,对政党之争起着重要调节作用。每当议会里的政党因各自的利益而发生严重分歧,英王居中斡旋对于调节政党冲突,避免政治危机就显得非常重要。从法律上讲,英王是国家元首,是一个集立法、行政及司法权于一身的宪法机关。在立法权上,英王与议会上院、下院共同构成完整的立法机关,上、下两院所制定的法律必须经英王签署才能正式成为法律,而且议会上下两院都要听命于英王,英王有权召集议会开会,也可以在议会到期前解散议会。在行政权上,英王有权挑选人选组成内阁,内阁的重要文件需要英王签署,内阁作出的重要决定,内阁首相都需要向英王汇报。在司法权上,英王被认为是"司法正义的源泉",英王任命高级法官,并享有赦免权。在外交上,英国与外国缔结的条约都是以英王名义进行的。在军事方面,英王是英国武装部队的总司令,英国的对外战争必须以英王的名义进行宣战。

然而名义上作为"国家的化身"的英王,实际行使的权力在很大程度上只是象征性的。马克思曾经一针见血地指出:"英国宪法是一座颠倒过来的金字塔,塔顶同时又是底座。"[1]法律赋予英王的权力,实际上都是由内阁和议会行使的,而那些必须由女王亲自行使的权力,英王也只是履行一个形式上的批准程序。英王所享有的名义上至高无上的权力,在实际行使过程中都受到其他国家机关的限制。[2] 在立法权的行使上,英王只能被动地签署由议会两院通过的法律,而没有美国总统那样的否决权,解散议会的权力也只能依内阁首相的要求行使;在行政权上,英王只能任命在议会下院选举中获得多数席位的政党(多数党)的领袖为内阁首相,并任命由内阁首相提名的人员为内阁成员。对内阁重要文件的签署,同两院通过的法律一样,仅是履行形式上的手续,并且在履行这一手续时还需要有首相或负责的内阁大臣副署以承担相应的责任;在司法权方面,高级法官提名权由上议院行使,英王也只是履行形式上的任命权,而且自从 1701 年王位继承法规定司法独立原则后,高级法官一旦任命,英王就不能控制甚至是不能影响法官的行为;在外交方面,英王也只能依首相的要求行事;在军事方面,由于在和平时期未经议会同意维持常备军

---

① 《马克思恩格斯全集》第 1 卷,人民出版社 1956 年版,第 682 页。

② 参见邵自红、肖明辉:《议会主权与有限议会——英国制约议会下院的措施》,《四川师范大学学报》2004 年第 5 期。

为非法,所以没有议会的授权,英王也无军可领。这一切都说明了英国的"王权实际已经等于零"①。事实上,英王需要根据首相和重要的大臣的建议执行职务,其一切重要活动,均由内阁安排。也许在很多国家的人们看来,英王这种"临朝不理政"的象征性权力根本没有保留的必要,但在英国人看来,既然君主制度实际并不妨碍内阁和议会对权力的掌控,也就没有必要废除它,更何况这种象征性权力也发挥了一些内阁政府无法发挥的作用。

英国开创了议会两院制的先河,其议会制度为后来许多国家实施代议制提供了模本。英国议会由上、下两院组成。其中上院有司法权、倡议法案权,以及审查、修改和搁置法案的权力,而下院有立法权、监督政府财政和行政的监督权。同其他西方国家相比,英国议会制度有两个显著特征,一是上议院议员不由选举产生,而是由贵族世袭或国王任命。议会上院的历史可以追溯到英国的割据时代,其成员都不是通过民选产生的。除宗教界成员外,世俗成员基本上都是贵族。二是上、下院的权限划分不均等,下院权力明显大于上院。因为上议院不是由民选产生,不具有群众基础,也与当代民主趋势的要求不符,所以其职权与下院相比,非常弱小。在两院通过法案的过程中,下议院对议案进行第一次审议,上议院对下议院通过的法案进行第二次审议。这种制度安排既可以保证议员能够在立法过程中直接或间接地反映选民的切身愿望和要求,促进立法活动不断适应经济社会的发展,同时又借助于上议院的稳定性和保守性来平缓下议院议员因定期选举而可能出现的短视、偏激倾向,实现两院取长补短,相得益彰。英国议会制度的独特结构,同样反映了英国政治注重创新与稳定、进取与保守相平衡的传统。它既尊重了上院浓厚的贵族院传统,又通过两院之间不均衡的权力架构,顺应了民主政治的潮流。

英国内阁制度的显著特色是实权内阁。内阁由议会下院组织,由议会下院中的多数党领袖出任内阁首相,由内阁首相选择内阁成员。内阁成员必须是下院议员,如果首相要让非议会下院成员进入内阁,则需要经过补选,让其成为下院议员。由此,首相集三重身份于一身:政府首脑、议会领袖、党魁,这种制度保证了内阁成员及议会多数派与首相保持一致,为首相和内阁操纵议会提供了有利条件。正是在这个意义上,恩格斯将英国内阁看成是议会下院的执行委员会。②虽然法律上规定,英国下院可以组建和解散政府,可以通过对内阁的不信任案而迫使内阁总辞职,但由于下院受控于内阁,这种现象实际上很难发生。内阁与议会下院意见不一致时,内阁首相也可以提请英王解散

---

① 《马克思恩格斯全集》第 1 卷,人民出版社 1956 年版,第 682 页。
② 《马克思恩格斯全集》第 1 卷,人民出版社 1956 年版,第 684 页。

议会,若议会下院被解散,此后内阁的去留问题却依然不由内阁决定,而是交由下一次选出来的议会决定——如果内阁仍未获得新一届议会的信任,就只能集体辞职。这说明议会还是掌握着最后的控制权。可以说,英国的内阁制度在多元政治格局中有效地建立起了一个权力中心,保证了英国政治的统一性。

英国是现代政党制度的发源地。早在17世纪下半叶,英国就出现了两大政治集团,即辉格党和托利党。英国政党制度同议会内阁制度紧密结合,执政党和反对党在形式上界限分明。由于上议院议员不由选举产生,两党的竞争核心是争夺下议院议席,因为只有获得多数席位的政党才能成为执政党,有权组阁,并由该党的领袖担任内阁首相,掌握政府权力。选举中未获得多数的政党便是在野党或反对党。反对党负有监督政府的责任,可以组成有各部大臣的"影子内阁"。依照反对党制度的惯例,反对党在监督执政党时不能只顾自己的利益一味攻击,还必须提出相应的具有建设性的替代性政策。这就既发挥了监督作用,又保证了政策的连续性。同时,"影子内阁"制度也保证了一旦执政党下台,影子内阁可以立即取而代之,有利于保持政府运行的连续性。尤其值得注意的是,英国的两大政党之间的政治斗争,并不像有些国家那样针锋相对,而是有相当深厚的政党共识。每逢发生政治经济危机或者面临对外冲突与战争,各大政党总能偃旗息鼓、自觉休战,为了本国宪政制度的长治久存和国家的安全而配合。①

综上所述,虽然英国是现代宪法制度、议会制度、内阁制度、政党制度的发源地,但英国几乎在每个重要政治制度上都保留了自己尊重的历史惯例,注重保持改良创新与稳定秩序之间的平衡的特色,形成了英国政治体制独特的风格。

2. 现代政治体系成长的渐进性

英国政治体系的变革遵循了典型的渐进改良的路线,其现代政治体系发展历程之漫长,是世界各国中是相当少见的。如果以1215年为起点,英国的现代政治文明发育过程迄今已经历了8个世纪的历程,即使截至1644年资产阶级革命,建立现代宪政体制,也经历了4个半世纪。从1215年颁布《自由大宪章》确立法律至上、限制王权,到1688年"光荣革命"确立议会主权,实行君主立宪制度,英国政治制度的完善又经历了四百余年。可以说,构成英国现代政体的每项重要政治制度的确立都是以持续而渐进的方式实现的,都经历了

---

① 阎照祥:《英国政治制度史》,人民出版社1999年版,第411页。

曲折的演进历程。

以宪法制度为例,作为一个重视宪法惯例的国家,"英国宪法是'历史地'发展起来的"①。英国著名宪法学家布莱斯曾经指出:"英国宪法是任何作者也作不出透彻说明的一组智慧的产物,它所具备的性质是它在几个世纪中逐渐浸染而成的。"②英国的许多宪法惯例的形成都可以追溯到上千年前,并经历了错综复杂的演变进程。1215年的大宪章虽然形成了限制王权的制度,但其后资产阶级和新贵族与王权的斗争依然相当曲折。1455年至1485年三十年的红白玫瑰之战,传统贵族势力受到极大削弱,国王乘机确立了专制君主的统治。即便在"光荣革命"之后,仍不能认为议会已经成为英国政治权力的中心,18世纪末至19世纪初,国王对选举的结果还有相当大的影响,首相和大臣实际上都是由国王推荐。

从宪法的形式来看,资产阶级革命先后通过了一些宪法性文件,创设了一些宪法性惯例,如1641年和1694年的《三年法案》、1653年的《施政条例》、1679年的《人身保护法》、1689年的《权利法案》、1701年的《王位继承法》。这些宪法性法律文件逐步扩大了议会的权力,确立了议会至上的原则,确立了君主立宪政体,同时也界定了公民的权利。但实际上,从《大宪章》到《王位继承法》,英国宪法的形成历时近五个世纪。更重要的是,作为不成文宪法的重要组成部分,英国大批的宪法判例、惯例都是在长期的宪法运作实践中积累起来的。英国法学家詹宁斯曾将英国借重宪法判例、惯例而灵活运用的宪法制度比作是随着时间"一直生长着的房子,不断地增扩、修缮和部分地重建,使它在世代相传中不断更新,却从未被夷为平地,在新的地基上去重建"。它应政治和经济改革的要求,经数个世纪的审慎选择和各种政治力量的相互碰撞,对"权力进行不断改造、变革和改变分配的过程的结果与延续"③。

再以选举制度为例,从最早的对财产和性别的限制到普选制度的建立,从间接选举到直接投票,从等级投票制到一人一票制,选举制度的许多规定都经历了漫长的过程和复杂的纷争。正如有学者指出的那样,英国普通民众选举权的获得经历了从无到有、从小到大的渐进过程。表现在选举权的财产资格由高渐低,选举程序由不规范的操作到选民自由意志得以体现的规范运作,以及选举权的性别、种族、职业界限的逐步消除。整个过程都是循序渐进的,与那些经过一夜暴风骤雨的革命后,在第二天早晨就宣布建立普选制的国家迥

① 《马克思恩格斯全集》第1卷,第680页。
② 韩大元主编:《外国宪法》,中国人民大学出版社2000年版,第16页。
③ [英]W.I.詹宁斯:《法与宪法》,三联书店1997年版,第6页。

然不同,英国显得从容不迫、步履稳健。作为政治发展中的一个关键因素,选举权的变迁显然应证了总体的渐进模式。①

英国议会选举法颁布于 1406 年,根据其后颁布的 1429 年选举法规,各郡的选举权仅限于年收入 40 先令以上、居住在该地区的土地所有者。都铎时期,不少自耕农和公簿持有农获得了选举权。当时的选举程序极不规范,贿选、利用职权操纵选举权等现象时有发生。到资产阶级革命时期,小资产阶级平等派首次提出了以普选权为中心的议会改革呼声。其纲领性文件《人民公约》要求各选区的议席应按居民人数分配,成年男子应当普遍享有选举权。但这一呼应并没有得到回应。相反,在护国政府时期,选举制度甚至还有所倒退。1653 年 7 月召开的贝本议会的议员是由克伦威尔和军官委员会提名而不是选举产生的,提名的依据则是纳税的数额。同年 12 月发布的《施政纲领》是 1832 年议会改革前规范选举制的唯一正式文件,它规定郡的选民须拥有 200 镑收入以上的地产,结果是当时绝大多数郡的议席都为乡绅把持。据统计,18 世纪中叶英国拥有选举权的选民仅占居民总数的 4%,而且议员的选举方法使得当选的议员不具有代表性。由于采取公开记名投票制,致使选举中舞弊、恫吓、贿赂之风盛行,甚至连买卖议席的现象也司空见惯。②

1832 年的改革废除了部分小选区,重新分配了全国的席位,并且重新规定了选民的财产资格限制。具体标准是:在城镇选区,年收入 10 镑以上的房主和每年交纳 10 镑以上房租的房客有选举权;在各郡,年收入 40 先令以上的地产所有者和 50 镑以上的自由租地农享有选举权。这一改革使全国选民人数增加了 50%,但相对于全部成年人口的比例仍极其微弱。1832 年改革虽然并没有直接触动贵族的特权,但议员的提名制已被选举的原则取代。1837 年,伦敦工人协会向英国国会提出的一份请愿书《人民宪章》,提出凡年满 21 岁的男子都有普选权,选举投票应秘密进行,废除议会候选人的财产资格限制等要求。在这份请愿书上签名的人后来多达 125 万,并因此引发了著名的"宪章运动"。1867 年议会改革进一步降低了选民的财产资格限制,新规定使城市里的每个房主和租户都获得了选举权。在各郡乡村,年收入不少于 5 镑的土地所有者和年交纳地租额不少于 12 镑的佃农也获得了选举权。但租户、矿工、手工业者和居住在没有代表权的城市贫民仍无选举权,大约一半的成年男子和全部妇女仍被排斥在选举权之外。1872 年改革颁布了"秘密投票法",

---

① 徐奉臻:《英国政治现代化的历程及特点——读阎照祥关于英国政治制度史的几本论著》,《史学月刊》2004 年第 10 期。

② 参见汤敏轩:《英国政治发展的渐进模式——以选举权为例兼作政治文化分析》,《江西行政学院学报》2001 年第 2 期。

进一步规范了选举方式和过程。1884年议会改革所颁布的"人民代表制法"，规定无论在郡或自治市,每年只要10英镑价值的任何土地或住房的人即有选举权。这次改革使乡村的农业工人都获得了选举权,选民人数增加了67%,但仍有40%的成年男子和所有妇女未获得选举权。直到1918年通过《人民代表法》,英国才正式规定,凡是在选区有住房且其丈夫有选举权的妇女均有选举权,大学选区内年满30岁的妇女与男子一样有选举权。经过这次改革,英国80%的成年男子享有了选举权,同时妇女第一次得到选举权,基本上实现了广泛的选举制。其后的1928年改革使英国所有的成年人不论男女都享有了选举权。1948年则实现了一人一票制。1969年的"国民代表法"则进一步规定,凡年满18周岁,在其选区内居住满了三个月的英国公民,不分男女,均有选举权,至此英国的普选制最终确立。

如果以普选制度作为政治民主化水平的重要标志,英国的公民选举制可以说表现出欧美各国历史上罕见的蹒跚而行的发展态势。正如阎照祥分析的那样,在封建时代,英国的民主精神常常是一股"细弱的潜流",资本主义时代开启后,其发展也"总是被社会既得利益者所遏制,使英国上层建筑的变化一再显露出滞后性",英国也由此成为世界上"第一个摧毁专制政体的国家,但也是最后建立民主政体的国家之一"。①

3. 政治体制变革突破方式的妥协性

英国之所以形成了持续性和渐进性的政治发展道路,同政治斗争或政治创新的突破方式的妥协性有着密切的关系。在英国,举凡重大政治制度的确立,几乎都是以政治妥协的方式而不是法国大革命那种疾风暴雨式的流血革命完成的。正如有学者总结的那样,综观英国政治现代化的演进轨迹,除了17世纪政治革命,英国极少出现大起大落的历史场面,也没有像近代法国社会那样变化莫测。在英国政治现代化的量与质的变化中,始终保留许多旧传统、旧观念、旧制度和旧习惯,渐进的小步伐改革不仅使英国人实现了自我更新,成为英国和谐稳定发展和取得民族进步的重要形式,而且内聚为英国人头脑中根深蒂固的价值观念及价值取向,构成英国文化模式的重要组成部分。②

同法国、俄国革命相比,英国资产阶级革命独树一帜。英国资产阶级大多由封建贵族转化而来的,同传统政治秩序有着千丝万缕的联系,政治性格相对

---

① 阎照祥:《英国政治制度史》,人民出版社1999年版,第1–5页。

② 徐奉臻:《英国政治现代化的历程及特点——读阎照祥关于英国政治制度史的几本论著》,《史学月刊》2004年第10期。

温和。保守主义政治传统的影响同样使他们更愿意以妥协的方式实现政治变革的目标。因此,资产阶级在革命过程中几乎就没有设想过彻底推翻传统的君主政治秩序,国会军总指挥曼彻斯特伯爵曾经说过一句极具经典性的话:"如果我们击溃了国王99次,他和他的后代仍旧是国王;而国王如果击败我们,哪怕是一次,所有的人都要被绞死,我们的子孙一定要沦为奴隶。"在这样一种政治立场面前,"光荣革命"确立的君主立宪制度就是最理想的结局,而决不是所谓软弱的资产阶级性格所导致的半途而废。

正如有学者指出的那样,在贵族与国王的斗争中,英国贵族们并不像中国专制时代的造反者一样,杀掉国王自己取而代之,而是作为一个整体与国王达成妥协,通过协议规范彼此的行为,由此而形成一种完全不同的政治发展模式。在这种模式的发展中,革命与保守的张力和平衡是其基本政治态势,不同阶级、阶层间的斗争是其主要内容,各政治势力之间的妥协则是发展的常态。在这些不同政治力量之间的斗争中,妥协现象随处可见,其主要表现有议会同国王之间的妥协、封建势力同资产阶级的妥协、议会两院之间和两党之间的妥协及下院各政治势力之间的妥协等等。①

英国现代民主政体的发展史充分表明,民主宪政体制决非一次性革命或政变的成果,更不是几个政治天才设计的产物,而是在漫长的历史过程中多种政治势力角逐最终形成的政治妥协产物。而英国之所以能够成为现代民主宪政的发源地,同其多元化的社会结构有着密切的关系。中世纪的英国,在封建制度的框架下,国王、封建主、教会、城市平民构成了权力的四极,四大政治势力相互制约,展开错综复杂的政治博弈。这种权力结构一方面避免了一元独大的绝对专制统治格局,另一方面通过多方的政治博弈、政治妥协,最终形成了相对均衡的政治局面,最终奠定了现代宪政体制的社会政治基础。

英国的政治发展历程呈现出了特定历史背景下的政治实践方式与民族政治心态及政治思想传统相互促进、相互转化的局面。在特定的历史背景下形成的尊重历史、尊重各方利益的协商传统,以及富有弹性的社会结构和相对均衡的政治格局,使英国人更愿意以协商、妥协的方式来解决政治冲突。反过来,渐进、妥协的改革理念和改革实践,"不仅逐步完善了英国的国家制度,缓解了有产阶级的内部矛盾,还在社会上造成一种民主气氛,赢得了资产阶级学者、机会主义分子的喝彩,使英国不止一次地避免了资产阶级民主革命和无产阶级革命的冲击"②。可以说,在长期的多方政治博弈过程中所积累的丰富的

---

① 龙太江:《政治妥协与西方政治文明》,《人文杂志》2004年第6期。

② 阎照祥:《英国贵族史》,人民出版社2000年版,第206页。

政治协商、政治妥协经验，以及历史上大量的政治妥协的成功事例，使协商、妥协、保守、渐进、改良等成为英国人最重要的政治智慧，成为英国人最为珍视的政治遗产。

英国政治思想家埃德蒙·柏克被称为"现代保守主义之父"，其思想集中地体现了英国政治保守主义的思想精髓。在柏克看来，政治是一门实践性很强的学问，要求政治家具有丰富的政治经验，始终保守审慎的态度，并精于妥协之道。他指出："审慎，在所有事物中都堪称美德，在政治领域中则是首要的美德"，"在国家发生的所有变革中，中庸是一种美德，这种美德不仅和平友善，并且强大有力。这是一种精心选择的、调停纠纷、妥协互让、促进和谐的美德。这种美德显然不同于胆小怯懦与寡断优柔。中庸是一种只有智慧之人才拥有的美德。"①

当中庸、保守成为一种根深蒂固的思想传统时，改良、妥协的思想倾向就会内化为社会各阶层的普遍的政治性格。对于这一点，研究英国政治制度史的专家阎照祥曾经作了相当系统的分析。譬如，英国的君主和王室，虽然一直是政治改革的主要对象，但在历史的大多数时期，君主和王室还是能够直面现实，顺应历史潮流，在不得已的情景下作出让步、妥协，也正是这样一种比较灵活的政治态度使英国王室避免了欧洲大陆国家封建君主由于拒绝妥协和让步而被彻底推翻的命运，成功地将王权保留在英国现代政治体系之中。就贵族而言，他们堪称世界上最富妥协精神和改革意识的特殊群体。在盎格鲁－撒克逊时期，他们既是王权的追随者、服从者、合作者，又是王权的对抗者、挑战者、监督者和制约者；在革命形势面前，他们反对革命，却又能够以渐进的改革推进英国的政治现代化。就中产阶级而言，他们"既对身后的下层阶级保持警惕，又能在扩充和行使政治权力时兼顾各阶层的利益。他们在追求政治目标时所倡导的自由主义、功利主义和激进主义观点都未脱离社会进化论的窠臼，善于采取温和方式调和阶级矛盾，解决社会问题"。而工人阶级长期受工联主义影响，也常常满足于争取实际的经济利益，如果生活水平有所改善，他们便不思革命与暴力。②

4. 政治发展轨道的法律化

英国的政治改良之所以能够以持续、渐进的方式不断向前推进而没有发生中断，政治冲突和政治创新能够以妥协的方式而不是暴力的方式展开，关键

①　[英]埃德蒙·柏克：《自由与传统》，商务印书馆2001年版，第303－304页。
②　阎照祥：《英国政治制度史》，人民出版社1999年版，第2－3页。

在于英国悠久的法治传统为政治博弈、政治冲突建构了一个或多或少得到各方认可的基本框架。

英国具有根深蒂固的"法律至上"传统。在盎格鲁 - 撒克逊时代，英国就有国王违反习惯法而遭处罚的纪录。诺曼征服后，英国封建制度迅速确立。封建制度客观上形成了一种契约化的封建法权关系。这种关系不是一种单纯的绝对支配和服从关系，而是一种以互惠互利为前提的封建契约关系。在此，领主和封臣分别享有某些确定无疑的权利，同时又分别负有某些相对应的确定无疑的义务。这些权利和义务均不见于成文法律，只存在于习俗和惯例之中，但为人们所熟知，分别制约着双方的行为，在实践上起着法律的作用。国王作为领主有权要求贵族按照封地的大小提供数量不等的骑士义务，有权征收继承税和其他封建捐税，有权传召贵族组成法庭，审理国王与贵族、贵族与贵族之间的纠纷案件。同时，国王也有义务率军作战，维护正常秩序，保护贵族们的人身及土地财产安全。反过来，贵族们也有一系列的权利和义务。他们必须效忠国王，提供军役，缴纳各种封建捐税，必须应召出席国王法庭。国王的义务或者说贵族的权利，实际上构成一套约束王权的法律规范。13世纪初的《大宪章》，就是因当时的国王约翰肆意践踏封建法则，激起贵族们的普遍不满，贵族联合行动逼迫约翰签订的。而《大宪章》制订，反过来又强化了法律高于国王权威的地位，使"法律至上"和"王在法下"的观念逐步根深蒂固。

17世纪的资产阶级革命进一步塑造了英国人在法治的框架内寻求政治冲突的解决办法的品格。查理一世因对外战争的需要，企图通过议会征收补助金，由此引起与议会的冲突。1628年议会通过了《权利请愿书》，对国王的行为"约法三章"，试图用法律手段解决问题。因查理一世一意孤行，强迫征税，议会才号召人民拒绝纳税，随后因查理一世宣布解散议会，才导致革命的发生。虽然经历了两次内战，但英国却并没有发生像法国大革命和俄国十月革命那样大规模的、持续不断的流血冲突。更重要的是，在1688年的"光荣革命"中革命的成果得以以法律的形式巩固下来。可以说，英国的政治冲突包括资产阶级革命，总体上还是控制在法制轨道上展开，这既减少了政治的动荡，也有效地保持了法治的传统。自此之后的300多年间，英国历史上再未发生过重大的社会动荡，社会发展始终比较稳定。就此而言，英国人并不太热心于政治大革命，他们"很少有革命经验，从17世纪以来，英国的传统一直是渐进的，革命这件事只是我们从书本上才知道的"①。

悠久的法治传统使英国人形成了注重在法律的框架内寻求解决政治冲突

---

① 王觉非：《英国近代史》，南京大学出版社1997年版，第10页。

的政治性格。正如许多学者指出的那样,整个英国社会,无论是统治者个人行为,还是某一政治机构的设立,都要尽可能地寻找相应的法律依据,以证明其合理性与合法性。这充分体现了英国人"重法轻权"的自觉性。① 这种政治性格和政治变革方式一方面使政治斗争的各方对政治博弈的规则形成了一些基本共识,确立了政治斗争的底线规则;另一方面,正是这样一种政治实践方式,客观上将政治博弈及政治变革纳入了法治的轨道,有效地控制住了政治变革过程中可能发生的政治动荡。

更重要的是,法治的思想传统和在污染框架内化解政治冲突的政治实践方式,在英国已经形成了某种自我强化机制,形成了某种路径依赖现象。"伴随英国政治制度逐步现代化,统治阶级一再运用法律武器建立和巩固其统治地位;不同阶级之间和统治阶级内部的政治斗争多次付诸法律武器,其行为大多能够限制于法律范围之内,或借助法律名义标榜其行为和要求的正义性。"②这种政治博弈方式客观形成了法治传统不断强化的趋势,"使国内各类政治行为能够逐渐公开化、合法化和比较温和地进行,较少诉诸暴力和阴谋行为,常常能以较少的社会代价赢得较多的社会进步,同时又加强了英国政治制度的渐进性、连续性和灵活性特点"③。

三、内生型政治发展模式的政治文化渊源

英国现代政治体系及其发展历程所显示一系列独特的个性,同英国的历史文化传统有着极为深刻的内在联系。从某种意义上讲,正是民族的历史文化传统奠定了英国历史上相对均衡的政治格局,设定了多方政治博弈的规则及政治发展的机制,塑造出了以思想家和政治家为代表的英国国民的政治性格,最终决定了英国能够通过多方政治博弈和政治妥协,以渐进的方式实现现代政治体系的发展演变。

1. "王在法下"的政治传统

英国的"法律至上"传统,植根于日耳曼人的习惯法传统。日耳曼人的习惯法观念强调习惯法体现的是远古先祖的意志,来源神秘而威力强大,任何人不能亵渎和违背它。同时,习惯法具有永恒的效力,它无始无终,与天地同在。

---

① 司马俊莲:《略论英国法治发达之成因》,《法学评论》2006 年第 4 期。
② 徐奉臻:《英国政治现代化的历程及特点》,《史学月刊》2004 年第 10 期。
③ 阎照祥:《英国政治制度史》,人民出版社 1999 年版,第 5 页。

习惯法只能被发现,而不能人为创造。因此,当社会发生新问题时,人们不是去制定新法,而只是在旧法中发掘新的含义。① 这种独特的习惯法理念,在公元5世纪上半叶,被日耳曼人的一支,即盎格鲁－撒克逊人带到了不列颠。在盎格鲁－撒克逊王国中,人们相信,习惯法是先于国家和国王而产生并存在的,国王只能发现和宣布法律,而不能创造和增加法律,"国王本身并不能创造或制定法律,当然也不能够废除法律或违反法律,因为这种行为意味着对正义本身的否弃,而且这是一种荒谬之举,一种罪恶,……"②因此,国王既不能置身于习惯法之外,更不能凌驾于习惯法之上。

诺曼征服也没有改变不列颠原来的习惯法传统和惯例,相反,为得到不列颠当地居民的支持,威廉一世一踏上不列颠的土地,马上宣布尊重和保留原有的习惯法。诺曼征服还带来了分封制,建立起了大大小小的封国,其所形成的契约式的封建法权关系,同样强化了英国人的法治观念。诺曼征服以后,英国逐步形成了普通法体系。普通法就是在习惯法基础上经过专职法官整理的通行全英格兰的法律。在普通法形成之前,英国各地区、各特定阶层、各特定行业都有各自的习惯法。诺曼征服后,诺曼人又带来了自己的习惯法,这使得各地法律判例差异更为明显。威廉一世为了巩固王权,采取了扩大王室司法权的政策。威廉一世及其继承者推行了巡回法庭制度。巡回法庭由王室法庭选派人员组成,判案主要依据国王的敕令和各地习惯法,法官们依据习惯法对判例进行总结,逐步形成了英国普通法。

概括地讲,英国的法治理念有几个显著特色:一是悠久而不间断的法治传统,从盎格鲁－撒克逊王国到诺曼征服后的封建法权和普通法体系,从《大宪章》到资产阶级革命以后确立的完整的宪政体系,英国的法治传统始终没有因为外来政治势力的介入或内部政治冲突被打断,相反,各种政治势力在政治博弈过程中都争先恐后地把法律作为捍卫自己权利的主要武器,并因此而不断地提高了法律的至上地位。二是限制公权力,维护社会成员的合法权利成为法治的核心内容。三是习惯法的传统使得"王在法下"、"法律至上"的信仰真正深入人心。可以说,法律在盎格鲁－撒克逊人的社会生活中享有崇高的权威,由此形成了一系列英国法独有的传统。"英国法观念主要包括:法律属于民众,人民的同意是法律实效性的重要因素;法律是经世代相传的、人民习俗的记录,是以人民的名义公布的;法律是既存的秩序,是被发现的;法律高于王权"等等。③

---

① 乔治·萨拜因:《政治学说史》,商务印书馆1986年版,第247页。
② 哈耶克:《自由秩序原理》,三联书店2003年版,第204页。
③ 司马俊莲:《略论英国法治发达之成因》,《法学评论》2006年第4期。

作为现代宪政体制的发源地,英国近现代政治变革的一个重要趋势,是法治先于民主。基本上在建立竞争式的政党制度和现代选举制度之前,英国限制王权、保障公民权利的宪法体系,以及规范社会行为的普遍法体系已经相当完备,公权力的运作必须严格地限制在法律的框架内等现代法治理念早已深入人心。这种发展模式使得英国的民主政治的发展能够在法治的框架地循序渐进地展开,而始终没有发生重大的政治动荡。

2. 经验主义的思维方式

英国渐进式的政治发展模式,同英国人尊重传统和习惯,注重协商和妥协,热衷改良式进步的政治文化形成了内在的契合。这种政治文化塑造出的国民政治性格最显著的特征,就是具有浓厚的经验主义取向的行为模式。

英国尊重传统、习惯和经验的国民精神,在哲学上的反映就是其著名的经验主义传统。经验主义是相对于唯理主义的一种哲学观,强调一切知识都发源于感官知觉或经验。约翰·洛克是1688年英国光荣革命最重要的倡导者,同时也是西方近代经验论哲学的集大成者。更有意思的是,英国是经验主义的大本营,世界上最著名的经验主义哲学家,如培根、霍布斯、洛克、贝克莱、休谟等,清一色都是英国人,这决不是偶然的。

英国经验主义理性精神在法治上的体现,就是注重判例,习惯法传统和不成文宪法传统的经验主义法治传统。在世界法治发展史上,存在着两种相互并行的思想传统。一种是理性主义传统,倾向于认为凭借人的理性能力,人类可以制定出完美无缺的法律制度,人可以为世界立法,可以通过自己的主观努力建构出一个理想的世界来。另一种是经验主义传统,认为人的理性是极其有限的并且理性本身也是值得怀疑的,唯一可靠的就是人们世代累积下来的经验,因此必须充分尊重习惯法和判例。两种思想传统催生出了当今世界的大陆法系和英美法系。英国正是最为注重经验和习惯的法治国家。在英国,"习惯受着特别的尊敬,并且有一种倾向,认为在适应变动的时代的前提下,习惯最少变动。结果是对于陈旧的制度时时加以修补而不是进行改造,这是英国整个公务生活中表现的最显著的精神。"[1]

3. 保守主义的政治性格

经验主义在政治倾向上的反映,就是保守主义的政治性格。英国是保守主义政治传统的发源地。作为一种政治思想,保守主义最重要的特点是强调

---

[1] ［英］罗威尔:《英国政府》,上海人民出版社1959年版,第13页。

尊重历史和传统。在它看来,历史与传统是人类世代相传的经验与实践智慧的积累,人类正是在尊重历史传统的过程中,通过适度的改良才使文明得到了进步。文明社会的制度体系,乃至整个社会秩序,不是人为设计的产物,而是自然演进的产物,人类不可能同传统决裂,不可能重新通过人为设计而创造出一种完善的社会秩序。为此,保守主义主张以谨慎的态度看待社会变革,认为如果变革不可避免,也必须审慎地进行。

需要指出的是,在英国,保守并不意味着一味守成,拒绝改变,而是强调对变革的进程和方式持稳重态度。当现有的制度尚能维持时,决不轻言变革;当现有的制度已明显不能满足现实需要时,不得不进行必要的变革时,变革也必须审慎,决不轻言打碎、颠覆。"光荣革命"就是保守主义政治倾向的生动写照。首先,贵族们发动这场变革,是在迫不得已的情况下进行的;其次,这场不得不进行的变革,并没有采取激烈的流血革命方式来推翻整个君主政治秩序,而是以温和的宫廷政变方式,以确立君主立宪制度的政治妥协方式完成政治变革。此后的一百多年,"光荣革命"作为保守主义的重要政治遗产,其精神得到了长期的坚持。

英国人在独特的政治环境的熏陶下形成了保守主义的政治天性。保守主义的政治性格使得英国政治家大多热衷于以政治妥协实现政治改良。反过来,政治妥协、政治改良的成功实践又不断强化着英国政治家保守主义的性格。按照陈晓律的概括①,由柏克开创的保守主义具有如下的一些特点:它是一种尊重个人权利和财产,尊重个人自由的思潮。它与社会上层、贵族阶层密切相关,与英国的宪政民主、代议制政府以及民众的自治传统密切相关。它对民众广泛地参与政治感到惊恐,认为社会是一个有机体,它是按照等级而组合起来的,天然领导人的权威应当受到尊重。它尊重个人自由,却反对个人主义和平均主义。它相信传统与习俗,认为社会上层应该承担保障下层民众生活的职责。它厌恶变化,强调宗教和礼仪将社会融合成为一个整体的重要性。然而,从更深的层次上,保守主义也强烈地主张由一个在法律之下行事的政府保障公民的合法权利,接受代议制的政府,并对民众参与政治有足够的认同。最重要的是,尽管尊重权威,保守主义也强烈地反对一切权威(无论是政治、宗教还是学术的)的独断专行。正是这最后的一点,使保守主义与民主政治相吻合并成为捍卫西方民主制度合法的意识形态之一。

毫无疑问,在英国,贵族群体是保守主义政治传统的奠基者和捍卫者,保守主义最集中地反映了贵族的政治倾向。贵族由其特定的社会地位决定了守

---

① 陈晓律:《英国式保守主义的内涵及其现代解释》,《南京大学学报》2001年第3期。

中庸、重妥协的性格。在英国的历史上,一方面,贵族作为社会上层,拥有一系列特权,其利益同传统政治秩序有着密切的联系,因而贵族始终不愿意同传统政治秩序决裂;另一方面,贵族同国王的政治斗争横贯整个中世纪,贵族在捍卫自己权力、阻止国王的专制统治的过程中又表现出改良政治的意愿。"这种贵族精神是对本国资本主义民主法律制度的认可,对不断变化的社会环境的适应,而这种认可和适应又潜移默化地养成了他们所特有的心理素质、行为规范和外部形象,使他们区别于封建时代专制国家的贵族集团,能在不同的社会条件下求生图存。"①

英国贵族制度的一个显著特征,是贵族制度得到一般民众的尊重、认同。一方面,较之于欧洲大陆僵化、封闭的两极化社会,英国社会结构更富有多元性、开放性、流动性、灵活性和竞争性,门阀之见和阶级偏见较小;另一方面,英国的贵族在同封建王权的长期斗争中也形成了一些受人尊敬的精神特质。在中世纪,英国贵族扮演的是社会精英和领导阶级的角色,他们以人民的名义同国王进行长期抗衡。历史上多个关键时刻,贵族领导的起义都得到了人民的拥护和参与。贵族们这些抗争,虽然主要出于维护贵族自身的利益,但客观上每一次抗争取得的成果都限制了专制王权,伸张了人民的权利。

4. 注重协商与妥协的政治理性

注重协商和妥协的政治传统,同样是塑造英国政治发展模式的重要因素。英国是一个有着深厚的妥协传统的国家。长期以来,各种极端主义思潮始终难以在英国掀起波澜,而英国政治与社会的进步总是以温和、渐进的方式完成,即是明显的例证。

政治妥协之所以能够成为一种最优先考虑的政治策略,成为一种受到广泛尊重的政治智慧,同英国政治均衡格局下的协商政治传统有着密切的关系。中世纪英国的社会结构是一种典型的多元政治结构,国王、贵族、教会以及市民虽然在政治力量上存在明显的差别,但任何一种政治力量都没有绝对的统治权。这种相对均衡的政治格局,决定了没有一种政治力量能够借助于强制力,形成赢家通吃的政治局面,决定了各方都需要通过联合一切可能联合的政治力量来实现自己的政治目标。在历史中,国王、贵族都曾拉拢、联合平民阶层来巩固自己的政治势力,新兴的资产阶级由于本身大多从原先贵族演变而来,更是容易同贵族结盟。同样,也正是因为很少出现一种政治势力能够掌控全局的时机,政治的变革往往也就只能以妥协的方式实现,以兼顾各方利益,

---

① 钱乘旦:《在传统与变革之间——英国文化模式溯源》,浙江人民出版社1996年版,第363页。

并最终决定了英国政治变革的改良方式和渐进进程,决定了权力分享和相互制衡的政治体制的建构。

　　英国的政治发展历程呈现出了特定历史背景下的政治实践方式与民族政治心态及政治思想传统相互促进、相互转化的局面。在特定的历史背景下形成的尊重历史、尊重各方利益的协商传统,以及富有弹性的社会结构和相对均衡的政治格局,使英国人更愿意以协商、妥协的方式来解决政治冲突。反过来,在长期的多方政治博弈过程中所积累的丰富的政治协商、政治妥协经验,以及大量政治妥协的成功事例的有效激励,又使协商、妥协、保守、渐进、改良等成为英国人最重要的政治智慧,成为英国人最为珍视的政治遗产。

第二章

政治遗产与政治变革的初始条件

　　任何一个政治共同体都不可能在一片政治废墟之上,凭空创造出一个全新的政治秩序。事实上,在人类的历史上,每一代人所能完成的政治创新在相当大程度上都是他们所继承的政治遗产所设定的。政治文化的传统既能够给予他们一定的政治智慧的启迪,也可能像梦魇一般纠缠着他们的政治想象力。美国学者麦基文说过,现代宪法和宪政"只是更老、更悠久的阶段的延续,即宪法并不是创造,而是生长,不是国家法典,而是民族遗产"①。英国现代政治体系的成长作为内生型发展模式的典范,更是深刻地体现出了它同历史传统割不断的内在联系。不了解英国前现代的历史进程,不了解近代英国人所继承的历史遗产,就无法理解为什么是英国而不是其他哪个国家成为现代政治体系建构的先行者。

一、日尔曼人的原始民主遗风

　　作为日耳曼人的一支的盎格鲁－撒克逊人,是英国政治法律文明的创造者,他们带入不列颠的敬重习俗惯例、注重政治协商等日耳曼人的原始民主遗风,为英国以法治限制权力和保障自由的思想传统的萌发,注入了重要的文化基因和精神养分。这是我们考察近代英国的政治遗产和现代政治变革初始条件首先必须看重的一个重要因素。

　　在历史上,地中海沿岸的伊比利亚人、比克人、凯尔特人先后来到不列颠。

---

　　① ［美］麦基文:《宪政古今》,贵州人民出版社 2004 年版,第 16 页。

公元 1 – 5 世纪,不列颠的东南部为罗马帝国统治,属于罗马帝国的政治边陲地区。公元 5 世纪中叶,为应对蛮族对欧洲大陆的入侵,罗马帝国的军队撤出了不列颠,随后欧洲北部的盎格鲁人、萨克逊人、朱特人三个强大的日耳曼部落相继入侵并定居不列颠,开启了英国历史上的盎格鲁 – 撒克逊时期。根据《盎格鲁 – 撒克逊编年史》的记载,盎格鲁 – 撒克逊人的入侵方式是以部落或氏族为单位的整体式移民,他们源源不断地涌入,在数量上逐步超过土著居民,后者大部分转入了西部和威尔士山区,东南部即今天的英格兰地区遂成为盎格鲁 – 撒克逊人的天下,盎格鲁 – 撒克逊人随之成为英国文明的主要缔造者。

盎格鲁 – 撒克逊人在英格兰定居下来后,通过部族之间的相互兼并和通婚联姻,建立起了诸多小王国。这些小王国再以同样的方式聚合,大约在 6 世纪末通过兼并融合形成了相对稳定的 7 个王国,即埃塞克斯、威塞克斯、苏塞克斯、肯特、东盎格里亚、麦西亚、诺森伯里亚。这段历史同我国的春秋战国时代颇有些类似,不同的是,7 个王国并没有通过血腥的征伐形成一个大一统的帝国。在被称作"七国时代"的 300 多年内,各王国虽展开了持续不断的争霸斗争,先后有四个王国取得不列颠的霸主地位,但英格兰七国分立的格局和各王国的内部权力结构基本保持未变,不列颠霸主在很大意义上只是诸王国的盟主。从 8 世纪起,丹麦人开始不断侵入英格兰,并一度占领东北部地区。面对外族的入侵,各王国主动联合一起抵抗丹麦人的进攻,在经历了一段与丹麦人南北分治的历史之后,逐步收复了丹麦人统治区。随后,在威塞克斯王朝的统治下,整个英格兰地区达成了统一,参与抗击丹麦人的各王国,如肯特、埃塞克斯、苏塞克斯等,作为单独的郡成为统一王国的一部分,但其原有的内部建制并没有多大的变动。1066 年,来自法国诺曼底的诺曼底公爵"征服者"威廉打败威塞克斯王国,加冕为英格兰国王,即威廉一世,建立起诺曼王朝,终结了盎格鲁 – 撒克逊时期。

作为英国民族文化传统的主要创造者,盎格鲁 – 撒克逊人在入侵不列颠之前,同其他日尔曼人的分支一样,社会文明的发展还处于氏族社会的解体阶段,社会秩序主要靠原始部族习惯维持。盎格鲁 – 撒克逊人把这些习俗带到了不列颠岛,将它们融入了社会生活的各个方面,使得注重规则、注重协商等带有原始民主色彩的日尔曼习俗成为政治生活秩序的重要组成部分。同其他定居在欧洲大陆的日尔曼分支不同的是,由于不列颠岛隔着英吉利海峡、多弗尔海峡及北海与欧洲大陆相望,海洋的天然屏障在一定程度上抑制了英格兰人为了阻挡战火而加强权力的可能,原始氏族的民主遗风也因此不会随着权力的集中而逐渐遭受破坏。① 与此形成鲜明对照的是,欧洲大陆种族交错、教

---

① 李栋:《试论英格兰盎格鲁 – 撒克逊时期的原始民主遗风》,《北方法学》2009 年第 4 期。

派林立、战火不断,原始氏族的民主遗风很难完整地保存下来,从而成为一种传统影响其后来历史的发展。

日耳曼原始民主遗风的一个重要特征,是注重规则和协商,王权相对有限。氏族公社解体阶段,日耳曼各部落的内部治理普遍实行的是马尔克村社制度,其主要政治机构是作为部落最高权力机构的民众大会,公共事务大都通过民众大会协商解决。大会通常在被称为"法律之丘"的山脚下举行,山丘之颠立一巨大石柱,象征法律的至高无上。会场四周竖以木桩,用一根称之为"圣围"的长绳圈围起来,圈内之地是"和平圣地"。会议由所属区域内的全体自由民组成,主持人会要求大家静听,被大家公认为精通习惯的宣法者提出建议,最后由全体与会民众通过撞击武器的方式做出决定。① 可见,在民众大会上集体商议、共同决定,是日尔曼人处理公共事务的基本方式。西罗马帝国灭亡后,日耳曼各部落也逐渐产生了包括国王在内的各级官吏,但"他们的国王是按照出身推举的,而选拔将军则以勇力为标准。国王的权力并不是无限的,他不能一意孤行"②。

盎格鲁-撒克逊人定居不列颠之后,将这种协商决策习俗继承了下来。虽然自国家产生以后,权力越来越集中于国王手中,由全体自由民参加的民众大会已无法召开,但是,重大事务从未由国王一人独断,而是通过一定形式的政治协商会议来做出决定。③ 在盎格鲁-撒克逊时期的英国,协商决策是通过贤人会议来实现的。贤人会议主要由高级教士、世俗贵族和王室官员组成,人数多达百人以上。贤人会议协商决定的事务相当广泛,涉及税收征收、战争或媾和缔约、重大案件的审判等等。可以说,在整个盎格鲁-撒克逊时期,以及之后的英国历史上,几乎没有出现过中国历史上那种帝王专制现象,王权一直受到贤人会议及后来的议会的制约。贤人会议的协商制度,在原始民主习俗与现代议会制度之间,构架起了一座贯通民主协商议事传统的桥梁。

日耳曼传统的另一重要精神遗产,是尊重法律和规则的习俗。从马尔克村社制度在"法律之丘"下的"圣地"举行民众大会的习俗,就不难体会到日耳曼人自古就有较强的法律意识。虽然当时不一定有成文的法律,日耳曼人却给予了那些处理公共事务的惯例、习俗至高无上的权威。在日耳曼人那里,"人民对国王不是惟命是从,日耳曼民族的国王从没有像罗马皇帝那样主张自己的优越地位,而是信奉权力最终来源于人民,统治者是人民的代表,这一

---

① [美]孟罗·斯密:《欧陆法律发达史》,中国政法大学出版社1999年版,第39—43页。
② [古罗马]塔西陀:《阿古利可拉传·日耳曼尼亚志》,商务印书馆1997年版,第59页。
③ 程汉大:《论中世纪晚期英国议会政治》,《史学月刊》2002年第12期。

统治者不是绝对的,而必须与其权力的渊源一致,他要尊重地位在他之上的人民的法律。王国的公共生活中,一切决定取决于人民,如果提议得不到人民的同意,就会遭到否决。"①古日耳曼人的这种习俗,也被盎格鲁－撒克逊人带入了英伦,形成了英国早期的习惯法。盎格鲁－撒克逊人还建立起了郡区——百户区——村镇三级行政区划体系和以郡法院、百户区法院为主体的公共法院(Communal Courts)体系,作为适用习惯法的机构,继续保持了古日尔曼人的大众集会式的司法传统。②

在人类的法治史上,日尔曼人创造的习惯法是非常有特色的。习惯法不是由某个权势人物或机构所刻意制定,然后"自上而下"强加于社会的"国家法"、"制定法",而是在民族生活的历史进程中约定俗成的东西,远古流传下来的各种习俗与惯例构成了法律规范的主体部分。如同人们所说,它们"既不是铭刻在大理石上,也不是铭刻在铜表上,而是铭刻在公民们的内心里"。在日尔曼人这里,法律被认为是世代相传的人民的共同财产。更重要的是,按照习俗法的传统,没有谁能够随随便便地制定法律或废除法律,法律是神圣的,它是神的启示,它只能在社会生活中不断地被发现和重新发现。伯尔曼对在日耳曼法的传统作了很好总结:"法律不是由中央当局自觉地制定或重新制定的东西;虽然可能偶尔也有立法,但绝大多数法律是某种产生于社会共同体的行为模式和行为规范、产生于它的社会习俗和社会惯例的东西。另外,在这种类型的法律秩序中,习惯并不受法学家有意识的、系统的和持续不断的理性检查。习惯是那么的神圣,以致它还可以不仅是神圣的;它简直受到了绝对的和不容置疑的尊重。"③

现代英国著名思想家哈耶克将社会自发生成的习惯法称作为"内部规则",以区别于政府立法产生的"外部规则"。在他看来,"外部规则""只对我们称之为政府的组织的成员有约束力",而"内部规则""则会限定所有社会成员的许可行动的范围"④。换言之,铭刻在人们心中为大家共同遵守的习惯法作为"内部规则",实际比政府颁布的成文法律更具有普遍意义和权威性。如同程汉大指出的那样,相对于国家制定法来说,习惯法天生具有两大优越性:一是它们通常都是体现社会公意和公益的良法,因为从习惯到习惯法的演化过程,亦即社会大众对各种习惯进行"去恶存良"的选择过程。二是它们通常

---

① [爱尔兰]凯利:《西方法律思想简史》,法律出版社2002年版,第121页。

② 程汉大:《法治的英国经验》,《中国政法大学学报》2008年第1期。

③ [美]伯尔曼:《法律与革命——西方法律传统的形成》,中国大百科全书出版社1993年版,第98页。

④ [英]哈耶克:《法律、立法与自由》(第1卷),中国大百科全书出版社2000年版,第202页。

都能得到社会成员的普遍信仰和服从,即使贵为国王,也不能置身其外,更不能凌驾其上。① 英国 13 世纪的法学家布莱克顿的一句名言非常有代表性地反映了日尔曼民族法律高于权力的信仰:"国王不应服从于人,但应服从于上帝、服从于法律,因为法律创造了国王。让国王回报法律吧,因为法律授予了国王国家的领土、统治的权力和其他一切。如果他根据自己的意志与个人喜好,而不是根据法律治理国家,他就不是名副其实的国王。"②

日尔曼习惯法传统自传入英国之后,显示出了很强的生命力,成为限制王权的重要社会力量。盎格鲁－撒克逊编年史就记载了某些国王因"违反古代习惯法律"而被废黜、驱逐的事实。例如 757 年,威塞克斯王希格伯特因违反习惯法被夺去王位。774 年,诺森伯利亚国王阿尔莱德因行为不轨被废,另选塞尔莱德主政,5 年后,塞尔莱德也因失职被废。阿尔莱德行状好转,被贤人会议重新召回,再登王位。③ 虽然 7 世纪以后,许多国王行使了立法权,制定过成文法典,如《埃塞尔伯特法典》、《伊尼法典》、《阿尔弗雷德法典》等,但非常有意思的是,上述法典的内容几乎全是对已有的不成文习惯的汇编,而不是国王个人意志的体现。阿尔弗雷德在其颁布的法典的序言中就曾这样宣称:"我,阿尔弗雷德国王,现将我们祖先遵奉的法律集中一起,记述下来。……我不敢写进我自己的法律,因为我不知道后人喜欢什么。……我从伊尼国王、麦西亚国王奥发、最早接受洗礼的英吉利人埃塞尔伯特国王的法律中发现了这些,现汇集于此。"④显然,即使国王行使了立法权,也不意味着他"言出法随",可以随心所欲地将自己的意志转变为法律,他的立法行为同样也只能被理解为发现、解释和维护"古代习惯法律"。从国王制定成文法的形式来看,英国保留的一个很重要的传统,是国王常常派人到民间搜集惯例,并与贵族们共同商讨整理,从而将传统的不成文习惯转变成法典。从 8 世纪起,英国的每一位新国王就职之前,都必须跟随坎特伯雷大主教的提问,逐条宣誓作答,其中必不可少的几条内容是保证维护公认的习惯法、公正执法、惩恶扬善、伸张正义等。⑤

英国的普通法体系是在 1066 年"诺曼底征服"之后伴随着英国国王权力的扩展而建立起来的。虽然威廉登上王位也是通过战争征服实现的,但盎格鲁－撒克逊人的习惯法传统的制约,使得威廉同样不敢公然凌驾于法律之上,

---

① 程汉大:《法治的英国经验》,《中国政法大学学报》2008 年第 1 期。
② [英]威廉·布莱克斯通:《英国法释义》,上海人民出版社 2006 年版,第 261 页。
③ 邱胜利:《英国早期有限王权成因初探》,《廊坊师范学院学报》2007 年第 4 期。
④ 程汉大:《论中世纪英国司法的相对独立性》,《山东师大学报》2001 年第 6 期。
⑤ 程汉大:《法治的英国经验》,《中国政法大学学报》2008 年第 1 期。

宣称自己拥有上天授予的无上统治权,而是在即位后马上遵循英王登基宣誓的惯例,宣布"愿意保持爱德华国王有关土地及其他事项的全部法律",表现出对"王在法下"的传统的遵从。英国的普通法(Common law),是在全国各地习惯法的基础上,经过诺曼王朝和安茄王朝的司法实践逐渐形成的。可以说,普通法是一种被普遍化的习惯法。习惯法的这样一种历史沿续,有效地强化了普通法的权威性,使得"王在法下"的思想传统逐渐深入人心。到13世纪英国普通法体系形成时,英国著名法学家勃拉克顿就曾这样阐述了国王的法律地位:"王不在任何人之下,但在法律和上帝之下,法律造就了国王,故国王应遵守法律,没有法律治理的地方就没有国王。"①

日耳曼人的原始民主遗风,还有一项重要遗产,是对个人自由权利的珍视。基佐在《法国文明史》中曾这样总结日尔曼人这一传统:"日尔曼人把自由的精神,把我们想象中自由的精神赋予我们,并在今天把它理解为每个个人的权利和财产,而每个个人则都是他的自身、自己的行动和自己的命运的主人,只要他不损害其他个人。……只有在现代的欧洲,人才为自己并按照自己的方式活着并谋求自己的发展,……我们必须把我们文化的这个显著的特征归溯到日耳曼人的风俗习惯上去。在现代的欧洲,自由的基本概念是从他的征服者那里得来的。"②英国宪政体制的成长史之所以在很大程度上表现为社会各阶层对专制权力压制权利和自由的不懈抗争,同盎格鲁－撒克逊人承继的捍卫自由的传统,有着密切的内在关联。恩格斯就曾说过,英国法律制度不同于欧洲大陆各国的独特之处就在于"对个人自由的保障",也就是"个人自由、地方自治以及除法庭干涉以外不受任何干涉的独立性"。③

二、封建制度及其英国特色

近代英国另一项重要的历史遗产,是封建制度。英国史学家屈勒咪林曾明确提出,英国的宪法是"封建主义的产儿","英国的宪政主义起源于封建主义"。④封建制度不仅是奠定英国多元政治格局的重要力量,而且派生和演变出了一系列支撑宪政体制的政治理念。从某种意义上讲,英国宪政体制的成长,最初的经历就是在封建体制的背景下贵族势力为捍卫自己的权利而同王权相抗争的历程。就此而言,我们完全可以说,没有封建制度就没有现代宪政

---

① 马克垚:《中国和西欧封建制度比较研究》,《北京大学学报》1991年第2期。
② [法]基佐:《法国文明史》(第1卷),商务印书馆1993年版,第195－196页。
③ 恩格斯:《家庭、私有制和国家的起源》,人民出版社2003年版,第148页。
④ [英]屈勒咪林:《英国史》,商务印书馆1931年版,第200页。

体制。

公元 476 年,罗马帝国(西罗马帝国)灭亡。南下的日尔曼民族在罗马帝国的废墟上,建立起了一系列王国,开启了欧洲的封建主义时代。一般认为,西欧封建制度源于 9 世纪法兰克王国查理·马特的采邑制改革。① 在此之前,法兰克人进入高卢地区后,没收了大量罗马皇室和奴隶主的土地,分给法兰克人的马尔克公社。随着法兰克人不断征服新的地区,国王们把新征服的土地及其上的人民赠送给他的部下、主教和修道院长,即所谓的"赠地"。到加洛林家族的查理·马特担任宫相时期,出于巩固王权的考虑,法兰克王国开始实施采邑制改革。采邑制改革改变了先前无条件赏赐土地的制度,受领采邑要承担为国王服兵役、服从命令以及交纳税赋等义务,且采邑只能终身享有,不能世袭,封主或受封人发生变化,都要重新分封。"从理论上讲,在君主与封臣这样的政体之下,所有的土地都属于君主所有,其余人只能有条件地拥有土地。地产被封臣作为采邑而持有,但土地所有权仍属于君主……然而,随着时间的流逝,附带条件的土地保有权在不可抗拒的力量的推动下演化成为完全的所有权……早在公元 10、11 世纪,在法国、英国、意大利和德国,封臣将采邑传给后代就已经成为一种惯例……尽管这些世袭采邑按规定不能进行让渡,实际上到了 12 世纪,让渡这些财产的做法已经变成了十分普遍的现象。通过这种方式,采邑就无声无息地变成了私有财产。"② 当采邑变成世袭的私有领地时,封建体制也就形成了。

欧洲封建体制的核心,是在承认全部土地归封建主所有的前提下,实行领主逐级分封。国王把大部分土地分给教俗大封建主——公爵、伯爵和大主教、修道院院长;大封建主把受封来的土地留下一部分后,其余再分封给中等封建主——男爵和子爵;后者也把土地留下一部分,其余分封给小封建主——骑士,由此形成多层级的封主(领主)与陪臣(附庸)关系和封建等级制。从理论上讲,这样的分封可以由直属封臣的封臣继续下去,直至将土地交给自由民或农奴直接耕种。分封制使整个社会形成了一个金字塔型结构,除国王之外,每个封建主既是上位领主的封臣,又是下位封臣的领主。

欧洲的封建制度经历了较长时期的演变,各个国家的体制也不尽相同,因而封建制度或封建主义(Feudalism)的内涵相当复杂。英国法律史专家梅特兰在其《英格兰宪政史》中对封建制度下了一个至今仍堪称经典的定义:"封

---

① 李栋:《试论中世纪英格兰诺曼征服与封建制度——基于宪政权力结构的分析》,《云南大学学报》(法学版)2009 年第 2 期。

② [美]理查德·派普斯:《财产论》,经济科学出版社 2003 年版,第 127 –128 页。

建制度是一种社会形态,在其中,主要的社会联结体现于领主与封臣之间,就领主方面而言,意味着他要保护他的封臣、防止外侵;就封臣方面而言,意味着他要保卫他的领主、履行包括军事服役在内的封建役务以及向他的领主效忠。这种个人的关系不可避免地牵扯到一项财产关系,即土地保有关系——封臣从领主处领有土地,封臣的服役是其领有该块土地所必须承受的义务,领主在土地上享有重要的权利,并且我们可以说,土地的完全所有权在领主与封臣之间分离。"①需要强调的是,西方的"封建"(feudal)一词与我们常用的与专制相联系的"封建"一词实际上不是一个概念,甚至与中国古代"昔周公吊二叔之不咸,故封建亲戚,以蕃屏周"中的"封建"也有较大的区别。有关中国之封建与西方之封建的区别,随着学术视野的扩大,我国学者已逐步形成定论。正如侯建新教授概括的那样:"西欧的 feudalism 是欧洲历史发展的产物,只属于欧洲;中国的先秦是封建制,而且惟其符合中国'封建'之本义;秦代到清代是皇权专制制度。三者谁也不能涵盖谁,不应该贴上同一标签。"②

封建制度下的政治体制的主要特征,是国家统治与土地占有及人身依附合二为一。国王既是最高政治统治者,又是封君,是名义上的全国土地的分封者,封建主(贵族)既是官吏又是封臣。国王与贵族既是国家首脑与臣僚的关系,又是领主与附庸的关系。"中世纪西欧的土地所有权还有一个很大的特点,就是统治权与所有权的合一,公权与私权的合一。……一块土地经济上的所有者,在封建本区同时也就是政治的统治者,对当地的居民有审判的权利。"③

英国在"诺曼征服"前已经具有了封建化的因素,大地产已初具规模,人身依附关系已经出现。但是,封建政治关系和社会关系还没有以法的形式确立下来。"诺曼征服"之后,威廉一世借助强有力的王权对英格兰的封建制度进行了大规模的改造,建立起了欧洲最完备的封建制度,以强大的王权控将封建制度潜在的"离心力"危害控制在了一定的范围内,使得任何单一的封建力量无法与王权抗衡,避免了地方大贵族完全架空国王的权力,进而形成封建割据的局面。但是,英国制约王权的多种因素的作用,又使王权的强大并没有走向王权专制,而依然被限制在封建体制的框架内。这正是英国封建政治体制的一大特色。概括地讲,"诺曼征服"后威廉一世对英国封建制度的改造,以及由此形成的英国封建体制特色主要体现在以下几个方面:④

一是威廉一世强大王权几乎将英国所有土地都纳入到了封建体系之中,

---

①　转引李栋:《试论中世纪英格兰诺曼征服与封建制度》,《云南大学学报》2009 年第 2 期。
②　参见侯建新:《"封建主义"概念辨析》,《中国社会科学》,2005 年第 6 期。
③　马克垚:《西欧封建经济形态研究》,人民出版社 2001 年,第 115 页。
④　参见李栋:《试论中世纪英格兰诺曼征服与封建制度》,《云南大学学报》2009 年第 2 期。

形成了整齐划一的封建体制。凭借强大的王权,威廉一世没收了所有公开反叛者的土地,除了将一部分土地留作己用外,将其他土地作为"战利品"分封给追随他的诺曼贵族及军事随从。没有参与反抗的英吉利人仍保留原有的土地,但必须承认自己的土地是从征服者威廉那里得来的,也就是说他们必须尊奉威廉为最高领主。由此,威廉实际上成为了英格兰最高土地的所有者,他可以凭借其最高领主的身份去支配王国内每一寸土地及其土地上所附属的权力。就此而言,英国的封建制度较之欧陆各国是最为完备的。比较法学家茨威格特曾这样评价道:"威廉一世及其后继者的最大成就之一,就是建立了一种等级森严、整齐划一和组织结构比较简单的封建制度,国王是最高的封建领主。"①相形之下,欧陆各国包括封建制度的发源地法兰克帝国,都有大量的土地没有被纳入封建体系。

二是威廉一世凭借征服者的强大威势,直接掌握了远远超过任何教俗封臣的地产。根据英国史学家的统计和分析,当时全英土地年总收入约为73000镑,其中王室约占17%,约12600镑;主教区和宗教团体约占26%,世俗贵族约占54%。而当时收入最多的总封臣收入也仅2500镑,半数以上的总封臣年收入不到100镑。也就是说,当时全国的耕地差不多超过五分之一属于国王,四分之一属于教会,二分之一多属于世俗贵族,还有一小部分属于支持威廉王而继续享有其领地的英国旧贵族及自由农民。② 可以说,王室地产之大是任何封臣都望尘莫及的,这同法兰西许多大贵族的领地远远超过法王,以致拥地自重、无视王权的状况形成了鲜明对照。从英王对全国土地非同一般的支配权来看,"中古英国国家形态并非单一是封建等级的集合体,而是具有政治权力及经济基础的统一体,具有向近代国家过渡的充分条件"。③ 这种土地占有局面在很大程度上避免了封建制度极易引发的实力强大的封臣漠视王权,甚至试图取而代之的局面的发生。

三是威廉作为全国土地所有者的身份,及其强化的王权的种种措施,实际上使作为王国内最高封建领主的国王拥有了对各级封臣的直接支配权。欧洲大陆的封建制度是一种逐级分封体制,尽管国王也可能是名义上的全国土地最高所有者,但受封者往往只领他的直接分封者的恩情,只效忠于他的直接分封者。这样,层层分封,客观上很容易形成"我的封臣的封臣不是我的封臣"的局面,国王的权威被层层架空。致力于强化王权的威廉一世显然意识到了

---

① [德]K.茨威格特、H.克茨:《比较法总论》,法律出版社2003年版,第274页
② 转引自孟广林:《英国封建王权论稿》,人民出版社2002年,第77页。
③ 马克垚:《西欧封建经济形态研究》,人民出版社2001年第298页。

这其中隐含的危险性。为此,威廉一世开展了对全国土地赋役的调查,向全国征收赋税。他还举行教会涂油加冕典礼,借助教会组织的力量大力渲染"君权神授"理论,为政治集权提供有力的理论依据。同时还进行了旨在加强王权的司法改革、财政改革、军事改革。更具有象征的是,威廉于 1086 年 8 月在索尔兹伯里召开誓忠会,要求所有等级的领主参加,宣誓效忠于英王。大多数封建主到会并向威廉王宣誓效忠,达成了"索尔兹伯里誓约"。"索尔兹伯里誓约"的达成,意味着处在封建社会金字塔顶层的英王是全英格兰大小封臣共同的效忠对象,国王同某一封臣的直接领主发生冲突时,该封臣应效忠于国王,而不是根据欧陆的封建法则效忠于其直接领主。这就在很大程度上打破了欧陆封建模式下"我的封臣的封臣不是我的封臣"的局面。

封建制度特别是经过威廉改造的英国封建制度,对后来英国政治格局,以及宪政体制成长的影响极为深刻。封建制下的领主(包括封君)与封臣的关系蕴含着对于后来的宪政体制具有重要启示价值的原则,那就是基于契约的权利义务关系。把领主与封臣"结合在一起的纽带是'契约',他们用和新伙伴结一个契约的方法来获得新伙伴。封建主和属臣的关系原是由明白的定约来确定的,一个愿意把自己用推荐或分封土地的方法接纳在同族之内的人,对于他被接纳的各项条件是明白了解的。"[①]在此,领主和封臣之间的关系不是一种单向的支配与服从关系,而是一种以互惠互利为前提的契约关系,权利与义务相匹配的法律规范制约着双方的行为,倘若其中一方单方面拒绝履行自己的义务,或者要求习俗、惯例规定之外的权利,将被视为"违法"行为,此时另一方有权通过法律程序要求对方改正,即投诉于领主法庭,通过判决获得救济。倘若法律程序于事无补,受害一方还有权宣布解除封建契约关系。若受害方是领主,可收回其封地;若受害方是封臣,可"撤回效忠"。美国著名法律史专家伯尔曼认为,"撤回忠诚是从 11 世纪开始的西方封建关系的法律特性的一个关键"[②]。在历史上就曾发生过这样一件很有影响的事件:1216 年富尔顿的父亲沃利恩的领地被哀里克·费茨·罗杰强制侵占,富尔顿作为该领地的合法继承人向国王约翰的法庭提起诉讼,请求伸张正义,但被约翰拒绝。于是富尔顿宣布:"国王陛下,您是我的合法领主,只要我领有您的封地就有义务效忠于您,但您也应保护我的权利,而您没有做到这一点,为此,我不再负有效忠于您的义务。"[③]

---

① [英]梅因:《古代法》,商务印书馆 1984 年,第 205 页。

② [美]伯尔曼:《法律与革命——西方法律传统的形成》,中国大百科全书出版社 1993 年版,第380 页。

③ 转引自程汉大:《英国法制史》,齐鲁书社 2001 年版,第 204 页。

"撤回效忠"的权利意味着领主和封臣之间的关系是一种合意的契约关系,意味着封建法是规范领主和封臣关系的准则,而不是封君钳制封臣和附庸的工具。法国学者马克·布洛赫明确指出:"西欧封建主义的独创性在于,它强调一种可以约束统治者的契约观念","附庸的臣服是一种名副其实的契约,而且是双向契约。如果领主不履行诺言,他便丧失其享有的权利。因为国王的主要臣民同时也是他的附庸,这种观念不可避免地移植到政治领域时,它将产生深远的影响。"①毫无疑问,任何一个封君内心都不愿受这种契约关系的束缚,都会想方设法扩大自己的权力,但只要权利与义务相匹配的契约观念深入人心,封臣们同样不会甘心自己的权利受到扩张的封君权力的压制和侵夺。贯穿整个中世纪的英国政治发展主线,就是封君与封臣的权力之争。而正是这种斗争,最终形成了限制王权的一系列重要制度安排,催生了现代宪政体制的胚胎。

如前所述,英国封建制度经过威廉改造,具有鲜明的英伦特色,形成了一种相对均衡的政治格局。一方面,英国是西欧最早出现王权集权化倾向的国家,从威廉一世到亨利二世,君主们的有效统治,特别是穿透封建政治的中间阶层的中央财政体制、司法体制、军事体制改革,形成了欧陆封建社会难以比拟的强大王权。这种强大的王权有效地抑制了封臣们的离心力,使得实力再强大的封臣也不敢像古代中国的豪强一样心生不臣之心。英国在中世纪曾多次发生反叛国王甚至与国王兵戎相见的事件,但反叛行为基本上都以维护自身权利为限,而几乎没有发生过弑君灭族、取而代之的事件。另一方面,英国王权的强大又远没有达到东方专制国家那种绝对权力程度,强大的君权并未能彻底改变君主与封臣之间的契约关系。虽然任何一个封臣都难以挑战封君的权威,但封臣们的联合却足以令任何野心勃勃的封君不敢轻易造次。可以说,这种独特的封建制度使封君与封臣的势力达到了某种微妙的均衡。巴林顿·摩尔指出:"在现代社会发轫之初,王权与贵族之间建立起一定的平衡,对现代民主来说曾是一个决定性的条件。"②英国无疑为此提供了最好的范例。

一般来说,封建社会是一个等级森严的社会。欧陆各国普遍形成了界限分明的社会等级。在法国,教士、贵族、平民构成三个壁垒森严的等级,各等级的社会地位、政治权利、职业垄断甚至生活方式都有明确规定,而且通过世袭代代相传。贵族等级不能与第三等级通婚,也不能从事任何赢利性的经营活动,否则将遭严惩,直至剥夺封号。英国封建制度的另一特色,是社会结构相

---

① [法]马克·布洛赫:《封建社会》下卷,商务印书馆2004年版,第713页。
② [美]巴林顿·摩尔:《民主和专制的社会起源》,华夏出版社1987年版,第338页。

对开放,富有弹性。虽然也有社会等级,但等级界限相对模糊。教士等级的实际地位并不高于贵族等级,而贵族也不完全是一个基于出身和享有特权的封闭式社会群体,其内部层次众多。社会等级界限的模糊性意味着等级构成的相对灵活性以及等级间存在的流动的可能性。① 如英国从 12 世纪下半叶起就开始实行代役捐制。骑士可以通过缴纳代役捐免除服军役的封建义务,这为农村中逐渐生长出一个乡绅阶层提供了社会条件。法国贵族只能以打仗为唯一的职业,贵族们也视经营田产为低贱行当,而英国并无不准贵族、骑士从事赢利性经营活动的法律规定,这就使大量中小贵族得以转化为职业农场主,他们与市民财产地位相当,政治利益相近,在他们之间很难说有明确的等级界限。这就为社会各阶层达成某些政治共识,通过政治妥协达成利益均衡,提供了适宜的社会土壤。相形之下,以法国为代表的欧陆国家,阶层界线分明,阶层间的职业限制衍化出贵族阶层的政治特权,并因此而派生出既得利益阶层为维护自身特权一味反对变革的狭窄政治心理。其结果必然是阶层对抗和敌视心理的不断加强,导致政治变革很难通过政治改良,借助政治妥协来实现,而只能走向阶层决裂式的政治革命。

三、基督教与教俗二元政治体系

近代英国继承的另一重要政治遗产,是基督教及其对社会生活无孔不入的深刻影响。教会组织与王权既相互利用又激烈纷争的政治博弈,构成了中世纪英国政治的另一个主轴,它塑造出的二元政治格局,同样也是近代宪政体系诞生的重要背景。

从总体上讲,基督教对整个欧洲政治生活、经济生活、文化生活的影响都是巨大的,它是塑造西方文化历史传统和现代文明的最重要的力量之一。对于基督教与西方文化的密切关系,T. S.艾略特有一段精辟的概括:"我们的艺术正是形成于和发展于基督教中,欧洲的种种法律甚至时至今日也仍然植根于基督教里。我们的一切思想也正是由于有了基督教的背景才具有了意义。一个欧洲人可以不相信基督教信念的真实性,然而他的言谈举止却都逃不出基督教文化的传统,并且必须依赖于那种文化才有其意义,只有基督教文化,才能造就伏尔泰和尼采。我不相信,在基督教信仰完全消失之后,欧洲文化还能残存下去。……如果基督教消失了,我们的整个文化也将消失,接着你便不得不痛苦地从头开始。并且你也不能提得出一套现存的新文化来,你必须等

---

① 董建萍:《关于英国封建政治的特质与议会传统》,《浙江学刊》2002 年第 3 期。

到青草长高,羊吃了青草长出毛,你才能用羊毛制作一件新大衣。……除了宗教信仰之外,我们还有很多东西来源于基督教传统。通过它,我们可以追溯艺术的进化;通过它,我们可以获得形成西方世界具有至关重要意义的罗马法的认识;通过它,我们形成了关于私人道德和公共道德的概念;通过它,我们还在希腊罗马的文学里找到了我们共同的文学标准。西方世界正是在这种传统中,在基督教中以及在古代希腊、罗马和以色列的文明中,才具有了其自身的统一性。"①

基督教在公元 1 世纪左右诞生于罗马帝国统治下的巴勒斯坦。其初始教义是宣扬上帝面前人人平等,反对人对人的奴役,主要反映了社会底层民众的诉求,曾受到罗马统治者的残酷迫害。但是统治当局的迫害,非但没有肃清基督教在民间的影响,反而激起了民众的反感,越来越多的民众,甚至大批有产者和军人也加入了信教者的队伍。迫于形势,罗马统治者不得不改变态度,转而允许基督教的传播,进而试图改造和利用基督教。311 年,罗马皇帝颁布宗教宽容敕令,宣布基督教为合法的宗教。公元 325 年,罗马皇帝君士坦丁颁布了第一部正式的教会法。公元 333 年,罗马帝国的皇帝确认了主教的裁判权。公元 391 年,东西罗马皇帝共同颁布敕令,禁止一切异教崇拜,基督教由此转而成为罗马帝国的国教。在政治权力的庇护下,基督教与世俗政权的关系越来越密切,政治和经济实力也不断膨胀。

就在基督教影响不断扩大,势力不断膨胀的同时,西罗马帝国却无可挽回地走向了衰落。公元 476 年西罗马帝国灭亡,日耳曼人开始了在西欧的统治。尽管日耳曼人几乎摧毁了西欧原有的文明,但野蛮的征服者最终却被征服者的基督教文化驯服了。公元 496 年的圣诞节,法兰克人首领克洛维接受了罗马基督教的洗礼,正式皈依基督,同教会组织结成了联盟。之后法兰克人的侵略扩张得到了教会组织的大力支持,而教会也从法王克洛维手中得到了大量土地和财富馈赠。公元 751 年,法兰克王国宫相矮子丕平在教会的支持下当上了法兰克王国的国王,建立了加洛林王朝。为了酬谢教会,丕平两次向与教皇为敌的伦巴德人开战,占领了意大利的中部地区,并把中部地区连同罗马城一起献给了教皇。这一被称作"丕平献土"的历史事件奠定了西欧教皇国的基础。由此,教皇既是宗教领袖,又是世俗君主,权势与威望与日俱增。

诞生于 9 世纪初的查理曼帝国同样延续了与教会组织相互支持、相互利用的关系模式。查理大帝在一封写给教皇的信中曾明确声称:"我的天职是用武力保卫教会,使它不受异教徒的攻击,而神圣的教父,你的职责是用祈祷

---

① [英]艾略特:《基督教文化》,四川人民出版社 1989 年版,205 - 206 页。

支持我的武力。"查理大帝死后不久,法兰克帝国瓦解,西欧进入了封建割据时代。四分五裂的西欧封建社会,为已经建立起集权化的统一组织体系的教会大势扩张自己的势力提供了重要的历史机遇。到10世纪左右,教会的势力已强大到足以同世俗王权相抗衡的地步,羽翼丰满的教会组织由此也开始不满足于原先依附世俗政权的地位,而是把手脚伸向了社会生活的各个方面,从而同世俗王权展开了持续的政治纷争。

到10世纪,教会组织已经拥有世俗政权所拥有的所有政治资源,成为唯一能够同世俗政权分庭抗礼的政治实体。首先,教会拥有严密、完善、发达的组织体系,相对于四分五裂的世俗王权,教会甚至拥有明显的组织体系的优势。早在9世纪,欧洲已基本实现了基督教化,教会分支机构遍及欧洲城乡。教会从罗马帝国继承了高度集权的组织体系,建立了系统的教阶制和官僚机构,以及独立的法律和司法体系。教会依照世俗封建等级制度建立教阶制度,形成了一个职能齐全的规模庞大的组织体系。在此,罗马教皇是教会最高首脑,之下是由罗马教皇直接任命的最高级主教即枢机主教,再下是宗主教、都主教、总主教、一般主教等。神职人员按照严格的教阶等级主持各地区的宗教事务,也负责相应的行政、司法、经济、文化甚至军事方面的工作。自成一体的组织体系保证了教会组织的旨意能够通过自上而下的组织渠道得到有效的贯彻,形成世俗政权无法比拟的组织动员效果。此外,教皇还向各国派出训练有素的传教士,或作为世俗政权的重要官员、政治顾问,参与世俗政权的运作,或充当间谍、密探,干预、影响各王国的政治。在不少西欧封建王国,教会早已成为国中之国,不仅享有司法特权,而且广泛干预世俗司法事务。法王克洛维皈依基督教之后,就给予了兰斯大教堂"豁免权"。549年,奥尔良宗教会议规定:主教有权修改法官的判决,有权处分渎职法官;神职人员免除徭役,教产全部免税。7世纪初,法兰克王国制定法律必须有全体主教参加;教会法在任何场合都生效,神职人员犯罪由教会法判决,世俗法庭无权处分。当时的教会法是欧洲各国通用的法典,国王们也常常委派神职人员充当法官。教会法官还借鉴罗马法原则和程序,通过教会和宗教会议不断发布新的教令,使教会法规得到充实发展,教会的立法和司法甚至远远走在了世俗政权的前面。

其次,教会所取得的遍及西欧的土地,及其从事各种经营活动获得的巨大财富,使其具有同世俗政权相抗衡的雄厚经济势力。依靠国王和封建领主的长期封赐、馈赠,加上信徒的捐献,以及对"异端分子"产业的吞并,教会组织取得了任何单个王国无法想象的规模庞大的地产。在整个中世纪,教会占有的土地约占西欧耕地的1/3,其中1/3又直属罗马教廷,天主教僧侣和罗马教廷事实上成为西欧最大的封建领主。公元1073年,当格雷高利七世当选为教皇并推动"教皇革命"时,德国掌握在教会手中的土地几乎达到总数的一半。①
教会组织不仅在其拥有的土地上从事各种种植业,而且还经营森林、牧场、磨
坊以及海陆运输等经济活动。一些修道院还从事造酒、制盐、抵押、放高利贷
等高赢利行业。此外,教会还向教徒征收大什一税、小什一税和血什一税,甚
至利用圣职买卖、收取诉讼费等各种方式大肆聚敛财富。当时罗马教廷的年
收入比西欧任何一个王国的年收入都要高得多。

再次,教会还拥有强大的军事力量,其军事动员能力更是远远超过了单个
王国。同世俗领主拥有私人护卫一样,教会也拥有自己的军事力量。在德国,公
元981年的全部兵员有3/4是由教会提供的。1136年罗塞耳二世出征意大利
时,教会提供了74%的兵力。② 教会还经常组织十字军骑士团、教会骑士团、神
庙骑士团等讨伐所谓的宗教"异端",帮助世俗领主镇压农民起义和市民暴动。
在11世纪的十字军东征运动中,天主教骑士团是最有战斗力的军团之一。

最后,最重要的是,教会垄断了欧洲的文化教育事业,控制着人们的整个
精神世界,在世俗社会拥有世俗政权难以匹敌的精神号召力。西欧社会在经
历了蛮族的文明摧毁之后,古典文明不复存在,教士成为唯一受过教育的社会
群体,教士们控制了所有的学校和文化机构,"僧侣们获得了知识教育的垄断
地位"。利用知识和智慧的优势,教会组织向民众灌输宗教信仰和教会文化,
控制着社会舆论。教堂不仅成为民众的精神庇护所,而且成为欧洲最重要的
公共生活空间,每个人从出生到老死,不论贵贱都须在这里接受上帝的"恩
赐",出生受洗礼,成年行婚礼,死后行葬礼。教堂是欢度各种节日的重要场
所,也是王公贵族举行各种秘密会议、市政当局组织市民集会的场所。一旦公
众接受了宗教信仰,教会更是成为上帝与信徒的中介,成为上帝意旨的传达
者。对于信徒来说,教会决定着他们死后上天堂还是下地狱的命运,教会所拥
有的号召力是世俗政权无法想象的。教会以强大的宗教动员,激发出信徒们
狂热的盲从行为,驱使着他们为教会冲锋陷阵。从11世纪末到13世纪的八
次十字军东征,有七次是教皇策动的,另外一次也是由一个修道院院长出面组
织的。若无"基督教的理想,十字军是不可思议的"③。教会组织还利用主持
皇帝或国王的加冕仪式等,在一定程度上掌握了世俗政权的合法性资源。

凭借强大的政治、经济、军事、文化实力,教会组织成为中世纪欧洲事实上
的重要政治实体,在中世纪的中后期同世俗政权展开了激烈的角逐。教权与

---

① [英]布里斯等:《神圣罗马帝国》,商务印书馆1998年版,第158页。
② [英]汤普逊《中世纪经济社会史》下册,商务印书馆1963年版,第273页、第480页。
③ [美]沃伦·霍莱斯特:《欧洲中世纪简史》,商务印书馆1988年版,第177页。

王权的冲突,以及教会组织作为一种政治实体的力量在中世纪的"教皇革命"进程中表现得淋漓尽致。1056 年,年仅 6 岁的亨利四世即位为"神圣罗马帝国"皇帝。由于皇室软弱无力,各大公爵瓜分了皇室的领地,教皇尼古拉二世趁机于 1059 年召开宗教会议,颁布了著名的《教皇选举条例》,确立了教皇只能由红衣主教选举产生,世俗君主无权干涉的原则,开启了教权摆脱王权和世俗权力控制的历程。1073 年克吕尼修道院修士希尔得布兰德当选为教皇,即格利高利七世(1073 - 1085 在位),开创了未经德皇同意登上教皇宝座的先例。格利高利七世即位后于 1074 年召开宗教会议,推动了摆脱王室和权贵控制,扩张教会权力的"教皇革命"。"教皇革命"试图把几个世纪以来形成的至高无上的皇帝贬低为普通俗人,成为教皇卑微的信徒。1075 年,格利高利七世发布《教皇敕令》,要求世俗统治者及各地的主教们服从教皇,声称"教皇在法律上凌驾于所有基督徒之上;僧侣受教皇统治,但其在法律上凌驾于所有世俗权威之上……教皇有权解除人民对邪恶统治者效忠的誓约,可以废黜皇帝……所有的主教应由教皇指派,并最终应服从于他,而不是世俗权威。""惟有教皇一人有权制定新的法律,决定划分教区、设立新教区的权力","教皇有权废除皇帝"等。教皇还写信给皇帝亨利四世,要求他心回意转,痛改前非,并告诫他如果继续漠视罗马宗教会议的训令,将革除他的教籍。面对教会的挑战,亨利四世回击说,皇帝只有一个,而罗马教皇不过是主教中第一人而已。他甚至攻击格列高利七世"不是教皇而是假僧侣",应当被废除。但格利高利七世强硬地宣称:皇帝是凡夫俗子,他当选皇帝要由教皇首肯,如不服从教皇,教皇可以将其废黜。随后,格利高利七世同亨利四世发生激烈冲突。

1075 年 2 月,教皇格列高利七世召开会议,利用德意志其他贵族的支持,宣布对亨利四世进行"绝罚":革除其教籍,废黜其帝位,解除臣民对皇帝的效忠誓约,解除他在德国和意大利的统治权。1076 年 1 月,亨利四世召开日耳曼主教会议作出反击,控告格列高利七世的种种渎神罪行,并通过决议把格列高利七世驱除出教坛。但此时教皇的社会影响力已经远远超过了皇帝。亨利四世的反击言行激怒了信徒。为反抗亨利四世的决议,萨克逊人发动了对皇帝的叛乱。随后,不满的诸侯和主教举行布尔集会,限期亨利在一年内与教皇谈判恢复教籍,否则将不承认他为国王。亨利四世为了保住皇位,不得不屈服。1077 年 1 月,亨利到教皇驻足的卡诺萨卡诺莎城堡大门口忏悔罪过,他赤裸双足,身披悔罪衣,跪在雪地里乞求教皇的宽恕,四天后才受到教皇的接见,格列高利七世最终收回了开除皇帝教籍和废除其帝位的决定。后来,不甘屈辱的亨利重新集结力量,于 1080 年在美因茨和布里克森召开宗教会议,迫使教主们宣布废黜教皇,开除格利高利的教籍,重新选出新的教皇。1081 年,亨利领兵攻入意大利,格利高利七世被迫逃往异乡。1088年,教皇乌尔班二世上台,联合亨利之子和南德意志诸侯发动起义。亨利四世在平定起义后去世,次子亨利五世继位。经过反复斗争,最终亨利五世与教皇达成妥协,双方于1122年签订沃姆斯宗教和约,和约规定:在德意志,主教在皇帝的监督下由神父会议自由选举产生,皇帝有权在选举出现争议时加以干涉;主教授职时,首先由皇帝授予权标,再由教皇授予象征权力的指环与牧杖;在意大利和勃艮第,皇帝无权干预主教和修道院长的选举,教会将先行授予当选者宗教权力,6个月后皇帝再授予世俗权力。

在此后的100多年中,罗马教皇与号称神圣罗马帝国的德意志皇帝之间的冲突依然是此起彼伏。1152年,腓特烈二世登上德意志皇帝的宝座,为控制罗马教廷,他先后对意大利发动了6次进攻,但最终败给了教皇组织的伦巴底同盟。为了保住皇位,皇帝不得不向教皇求和。1177年6月,皇帝在威尼斯签定条约,承认教皇的权威、答应归还教产、承诺不再反对教皇并不折不扣地执行沃姆斯和约。次日,皇帝率领大臣们来到威尼斯市政厅门口,在众目睽睽之下,跪在教皇面前,吻起了教皇鞋子上的红宝石十字架。"卡诺莎觐见"在百年之后再度重演。此后较长一段历史时期内,教权在与王权的争锋中处于优势。1198年,极具政治统治能力的英诺森三世就任教皇,他纵横捭阖,宣布教皇"是上帝真正的代理人",是"世界之王",有权主宰人间一切事务。利用德国内部的分裂以及德国与英、法等国的矛盾,英诺森三世操纵了欧洲各国的政局,几乎成为整个欧洲的统治者。

英国虽然地处边陲,罗马教廷的控制能力略逊于欧陆国家,但二元政治格局,以及教权王权纷争的背景却并无二致。基督教在英国传播之初,教皇的宗教领袖地位得到了英王的认可。但限于教会当时的实力,教皇对英国的宗教事务干预较少,英国教权实际上为国王所控制。诺曼征服后,王权与教权也经历了一段相互支持和相互利用的蜜月期,但教皇加强对教权及王权控制的欲望与国王摆脱这种干预的倾向不可避免地催化了英国教俗之间的矛盾。经过激烈斗争,1107年教皇与英王亨利一世达成协议:主教由本教区的教士团体牧师会选举,但选举须经国王同意;国王放弃授予新主教指环和权杖的权力,但教会在向新主教行授职礼之前,新主教必须先向国王行效忠礼。可以说,扩张的教权,在中世纪的英国同样是限制王权的最重要力量。教权在英国的扩张在教皇英诺森三世时期达到顶峰。1207年教皇宣布对英国实施禁教令,1209年宣布开除国王约翰的教籍,并且于1213年宣布废黜约翰的王位。约翰王被迫向教皇遣使求和。1214年约翰王颁布政令,承认教会的自主选举权。随后的《大宪章》也申明订立宪章的重要目的,是"为了上帝之荣耀,为了教会之尊贵,为了我们的王国之改善"。显然,教俗二元权力体系分散了政治权力,形成了有效的权力制衡机制,抑制了英国王权走向专制集权,在维持英国有限王权传统方面发挥了不可忽视的重要作用。

从现代政治文明发育的角度讲,基督教对西欧政治的最大影响,就是塑造出了中世纪欧洲王权与教权两大权力体系,形成了二元政治格局,派生出了"二元政治观"。早在基督教尚处于弱势的历史时期,教会基于控制世俗社会的精神世界的愿望就从理论上构建了"二元政治观"。《圣经》上耶稣说过的"恺撒的物当归给恺撒,上帝的物当归给上帝",就是"二元政治观"的最早表述。据基督教的信仰,人有灵魂和肉体两个方面,肉体属于世俗世界,是鄙俗的,甚至是罪恶的,惟有灵魂才有可能进入天国,得到永生。人的二重性意味着生活世界的二重性,即精神生活世界和物质生活世界。两个生活世界需要有两个组织来管理,这就是教会和国家。早在罗马帝国时代,基督教会就已经模仿帝国中央集权的体制建立了自己的组织体系。4世纪末,米兰人圣安布罗斯阐述了政教关系的基本原则,强调教会在宗教事务上具有独立的管辖权,不受世俗权力的干预。教会有自己的裁判权,所有的基督徒都必须服从。皇帝作为教会的儿子,也必须服从教会的权威和纪律。之后,圣·奥古斯丁就此进行系统的理论阐述,在《上帝之城》中提出了"上帝之城"和"世人之城"的概念。公元5世纪时,教皇格拉西乌斯一世提出了著名的"双剑说",认为基督本来是集君主、教主于一身的,但基督深知人的弱点,便在尘世中将这两种职能分开,将两把剑分别交给了君主和教主,令他们互相提携。格拉西乌斯一世494年在写给东罗马皇帝的一封信中提到:"治理现世有两大系统,一为教士的神权,一为人主的君权。在'最后判决'中,就是君主也必须由教主代向天主负责。就此点而论,则这两种权力中,教士权力的分量较重。……尽管您的尊严高踞全人类之上,不过在负责神圣事务的那些人面前,您需虔诚地低下高贵的头,并从他们那里寻求得救之道。您明白,根据宗教制度,在神圣事务的接受和正确管理问题上,您应该服从而非统治。在这些事务上,您依赖他们的判断而不是使他们屈从于您的意志。"到中世纪,教会更是演变成为一个强大的政治实体,当教皇格列高利七世再度重申"双剑说"时,教皇之剑已经凌驾到了国王之剑之上。

H. 伯尔曼认为,11世纪末到13世纪末发生的"教皇革命",是政教二元化权力体系正式形成的标志。这场革命也使教会发展成为第一个近代国家。"在格里高利七世之后,教会具备了近代国家绝大部分的特征。"[①]教皇革命将

---

① [美]伯尔曼:《法律与革命——西方法律传统的形成》,中国大百科全书出版社1993年版,第136页。

原先分散,并且在世俗统治者控制下的基督教会统一为一个职能齐全的庞大的组织体系,罗马教会真正成为一个超国家的政治实体。这个政治实体"是一个统一而又遍及各国的机构,它的管辖权是超越所有种族、民族、语言的分界线而通行无阻的。一切基督徒一方面是某个国家的属民,受自然法和他们的国家法的保护,另一方面他们是教会的属民。教会未曾要求过撤销封建法律,但它坚持要加上一种更高级的法律。"①格利高利七世之后的罗马教会发展出了最高权力的概念,教皇对各国教会的最高管辖权得以确立,具备了自主的立法权,拥有自己的行政体系。"教皇却君临了现代第一个伟大的官僚体系。教会组织因其专业人员补充制度与教阶纪律,意成为较之任何世俗行政体系更有效的机构。"②

作为一种政治实体,教会组织同世俗政权一样,有着本能的扩张权力的冲动。这必然与有着同样愿望的世俗政权发生冲突。随着实力的不断扩张,教会组织不再满足于充当精神世界的管理者,而是期望同时成为一切世俗事务的主宰。世俗君主同样不愿意自己的臣民听从教会的摆布,期望由自己来充当上帝在人间的代理人,成为政治领袖和精神领袖的合体。如果双方的实力非常悬殊,欧洲社会的政治发展同样也只有两种前途:如果教会组织形成压倒一切的优势,就可能发展出神权政治体系,世俗政治则完全消融于神权意志之中;相反,如果教会组织不足以同世俗政权抗衡,那么,王权的肆意扩张必然使欧洲走向东方式的极权政治。欧洲历史的特殊性就在于,这两大政治实体的角逐,一直是谁也吃不掉对方。尽管教权与王权的冲突,往往是风水轮流转,时而教权占优势,时而王权占上风,但始终没有出现一方完全控制和吞没另一方的局面,从而使政教二元化权力体系得以形成并维持上千年。就此而言,独立自主的教会组织,对西欧率先形成现代宪政体制,作出了不自觉的重要贡献。19世纪英国学者阿克顿在评价基督教二元政治观时这样评价了教会组织的作用:它"是以保护良知的名义,赋予世俗权力它从未有过的神圣,也给它加上了它从未有过的束缚;这是对专制的否定,是自由的新纪元的开始。因为我们的主不仅颁布律法,而且创造实施的力量。在至高无上的领域保持一个必要空间,将一切政治权威限制在明确的范围以内……这种新的律法、新的精神和新的权威,赋予了自由以新的涵义和价值。"③

除了限制王权膨胀以外,教会对宪政体制的贡献还包括它所开创的近代

---

① [美]汤普逊:《中世纪经济社会史》下册,商务印书馆1963年版,第261页。
② [美]弗里德里希·沃特金斯:《西方政治传统》,吉林人民出版社2001年版,第34页。
③ [英]阿克顿:《自由与权力》,商务印书馆2001年版,第55页。

法律体系。伯尔曼认为，全部西方近代的法律制度实质上都起源于中世纪的中期，更为确切地说是起源于 1075 年的格列高利七世颁发的《教皇敕令》。①教会法是西方第一个近代法律体系，教会的内部管理也较早地形成了依法而治的传统。如 1179 年颁布实施的"教皇选举法"规定：教皇候选人必须获得枢机主教团(又称红衣主教团)2/3 的多数赞成票才能当选。虽然当时这一规定更多地是为了摆脱世俗政权的干预，但却开创了政治选举制的先河。此外，根据教会法，教皇不得从事与整个教会的"地位"相悖的行为，不得颁布旨在损害教会的特性、一般利益或公共秩序的法律；教皇如果有背弃信仰、挥霍教会财产、通奸、抢劫以及其他严重损害教会声誉的劣迹昭彰的犯罪，要受到审判，甚至被废除。这同样已经隐含着限政的思想。12 世纪的教会法，还发展出了"主教会议"是教会真正主权所在的理论。后来教会法还提出了一个试图界定教皇与主教会议的权力关系的观点，即"教皇在主教会议中，权力大于他在主教会议之外"。这无疑也为后来英国发明"议会至上"、"国王在议会中"等理论提供了有益的启示。

更有意思的是，教权与王权的二元政治格局，事实上也是西方权利、自由等理念成长的重要背景。一方面，二元政治体系使政治权威被教会政权和世俗政权所分割，社会成员则同时成为两个政治实体的臣民，这种一仆二主的局面反而给社会成员留下了一点自由的缝隙。受到一方迫害的人们反而可以寻求另一方的庇护。伯尔曼指出："十二世纪初至十三世纪末是西文法律传统成形的时代，它有一个特点，即存在着各种不同的，刚刚建立的法律体系，形成多个司法管辖权并存的局面。许多刑事和民事罪行同时为教会法规和世俗政权的法律所涵盖，比如教士干犯的某些罪行，或俗人与教士或教会财产之间的诉讼，以及俗人之间发生民事纠纷，却向教会法庭求助。而在世俗法律制度方面，某些事情是皇室法庭或封建法庭都有权审理的。另外，违反庄园法的农奴如果逃到城市，一年后可以按照城市法获得自由，并豁免庄园法的追诉。生活在多种法律体系的人，事实上获得了额外多的自由。"②另一方面，二元权力格局派生出了国家的权力是有限的信仰，它意味着国家权力只与人的一部分生活有关，它不能干预人的精神世界。在中世纪，教会是人们精神世界的控制者。随后的宗教改革又否定了教会作为上帝和人之间的中介功能，最终的结果便是个体成为自我精神世界的主人。所以，当宗教权威式微之后，王权再试

① [美]伯尔曼：《法律与革命——西方法律传统的形成》，中国大百科全书出版社 1993 年版，第115 页。

② [美]伯尔曼：《法律与革命——西方法律传统的形成》，中国大百科全书出版社 1993 年版，第116 页。

图取代教会来控制人的精神世界时,就遇到了强烈的抵抗。16世纪尼德兰清教徒的反抗运动,英国清教徒出逃北美,以及17世纪中叶英国清教徒的反叛,都与此有着密切的关系。在资产阶级革命时期,洛克就明确提出:"掌管灵魂的事属于每个人自己,也只能留归他自己。"①信仰自由由此得以确立。而"信仰自由的实现,在世俗的权网上冲开了一道口子,它是近代个人所享有的一系列自由的先导。仔细分析近代人所得到的和得到承认的私人领域,其核心部分正是中世纪教会控制的领域。"②

四、地方自治传统及其对中央王权的限制

东方专制政治体制的一个重要制度架构,是建立了自上而下的权力控制机制,将所有的公共权力都纳入了一个统一的层层节制的权力控制体系。秦始皇之所要"废封建",实行郡县体制,就是要建立起一个皇权一竿子插到底,没有任何间隔和缓冲的控制体系。以此为参照,近代英国继承的抵制专制统治的一项重要历史遗产,是地方自治传统。

中世纪前期,英国的地方治理体系为郡——百户区——村镇三级。大体上,自盎格鲁-撒克逊时代以来,英国的地方自治主要体现在三个层面:一是基层村镇自治,到中古晚期发展为教区自治。司职村镇管理的主要官员是警役,警役通常由村民或教区内的居民选举本地有一定社会声望的人出任,警役有义务向本地区的居民汇报工作。地方中其他官员,如征税官和各种临时特派员,大都也由本地人充任。③二是基于特许状的城市自治;三是郡自治。郡作为地方最高一级政权,上承国王和中央政府,下系各百户区和村镇,是地方治理链条中的关键一环。郡守虽然是国王派往地方的主要官员,但担任郡守的人,绝大多数是当地的骑士及缙绅。郡守负责召集并主持郡法庭,审理郡内诉讼,每年还两次到所辖百户区主持"郡长巡回审判"。郡长还负责征收郡内与王室有关的各种收益,还要负责征集军队,维持好地方治安。到都铎王朝,治安法官逐渐取代郡守,成为承担地方治理之责的重要官员,治安法官除受王座法院颁发的特许状监督之外,不再受中央的行政监督。④

从诺曼征服,到建立民族国家的历史进程中,虽然王权极力扩张自己的权力,但始终未能消除地方自治传统。封建领主和地方贵族作为地方自治的主

---

① [英]洛克:《论宗教宽容》,商务印书馆1982年版,第18页。
② 丛日云:《西方政治文化传统》,大连出版社1996年版,第542页。
③ 陈日华:《英国法律传统与中世纪地方自治》,《天津师范大学学报》2003年第1期。
④ 李培锋:《中世纪前期英国的地方自治形态》,《史学月刊》2002年第6期。

体力量,一直致力于捍卫地方自治传统。正如佩里·安德森指出的:"由于贵族自中世纪起便承担了地方行政职能,君主政体就一直不能拥有任何职业化的地方机构。因此,斯图亚特王朝对于发达的绝对主义的追求从一开始就受到了阻碍。"[①]正是来自地方上的这样一种韧性力量,有效地阻止了王权将自己的触角伸向社会生活的各个角落,避免了英国走向绝对主义国家。托马斯·埃特曼在论述中世纪以及近代早期欧洲的国家形态时,曾将其划分为四种不同形态,即世袭绝对主义、官僚宪政主义、官僚绝对主义以及世袭宪政主义。埃特曼认为,影响国家形态的基本要素有两个,即国家形成时期的地方政府组织和地缘军事竞争的时间安排。"在中世纪接近尾声之际,英格兰国家机构的这些特征在很大程度上类似于法国、西班牙、葡萄牙和意大利诸公国的特征。……然而,在一个关键的方面,英格兰与其邻邦是非常不一样的:没有受困于地方'精英'顽固不化的权力,这种权力是继承了之前大规模进行国家建设的多次失败尝试,从而,盎格鲁-撒克逊的国王及其诺曼后继者可以培育出一个以郡县和自治城镇为基础的参与式地方政府形式,其标志是陪审团制度,而不是完全依赖于王室官员来增强它控制整个国家的意志。"[②]

英国地方自治体系中最具特色,对后来的政治发展影响最大的是城市自治。随着西欧封建秩序基本趋于稳定,社会生产力得到了一定发展,商品交易活动也开始频繁起来。11世纪中叶以后,数以千计的新城市出现在西欧各地。作为封建社会一种全新的社会组织形式,新兴城市从一开始就表现出对封建体制的离心倾向,并逐步形成了以各种形式的城市特许状为依据的自治体系。所谓城市特许状(charter)是由国王或大封建主颁发给城市市民的法律意义上的权利认可证书,用以承认城市的自治权利、规定城市的基本制度和市民的基本权利。[③] 西欧自治城市的出现,是城市市民阶级为了争取自己的权利,同国王以及各封建主长期斗争的产物。由于城市是伴随着商业经济的发展而出现的,城市的经济组织方式,以及市民阶级的赢利模式都不同于封建领主经济。因此,从某种意义上说,城市从一开始产生起就是作为封建体制的对立物出现的。以工商业者为主体的城市市民阶级为了避免封建领主对城市经济的干扰,维护自己的利益,总是想方设法摆脱封建领主的控制,争取城市的自治。但在封建社会里,不存在没有领主的土地,城市的土地总是属于这个或那个封建领主。这样,冲突势在难免。大体上,城市自治权的取得,主要有两

---

① [英]佩里·安德森:《绝对主义国家的系谱》,上海人民出版社2001年版,第137页。
② [美]托马斯·埃特曼:《利维坦的诞生:中世纪及现代早期欧洲的国家与政权建设》,上海人民出版社2010年版,第203-204页。
③ 冯正好:《中世纪西欧的城市特许状》,《西南大学学报》2008年第1期。

种形式,即武装暴动与和平"赎买"。从 11 世纪到 12 世纪,西欧许多城市都爆发过争取城市自治权的武装暴动。"11 世纪平民自治是真正的造反的结果,是真正的战争,是市镇居民向他们的领主的宣战。"①"火器一开始就是城市和以城市为依靠的新兴君主政体反对封建贵族的武器。以前一直攻不破的贵族城堡的石墙抵不住市民的大炮;市民的枪弹射穿了骑士的盔甲。贵族的统治跟身披铠甲的贵族骑兵队同归于尽了。"②一旦领主的势力因此受到削弱,往往就不得不给予城市一定的自治权。

与此同时,11 ~ 12 世纪,西欧封建君和领主们相互之间频繁的战争冲突,以及十字军东征,都使封建君和和领主们处于对金钱的极度饥渴之中。因而当时不少封建领主也愿意其领地内的城市以"赎买"的方式换取一定的自治权。在十字军东征运动中,封建领主为了筹措东征资金,不得不把领地卖给国王,或把自治特许证卖给市镇。譬如,第三次十字军兴起时,领主们"需要额外的现款。这些款项的筹措方式不一,最重要的是向城市出卖特许状态。……城市渐渐发达,与领主们订立合同,约定交纳一笔总款项,更常见的,交纳一笔年租以免除他们的种种义务。要做这事,便不免给予一纸特许状,设立一个集体负责交租的团体。"③征战中大批领主的死亡,也给城市争取自治提供了难得的机会。于是,到了 12 世纪,大多数新兴城市多多少少都拥有了某种程度的自治权,逐步形成了独立的行政体系、司法体系和征税、铸币体系。

英国的城市发展在公元 2 世纪就达到了较高水平,但伴随着罗马帝国的衰落和崩溃,社会的混乱使城市发展陷入了长期的萎缩。7 世纪以后,随着商品交易及对外贸易趋于活跃,在那些公共防御体系的重要据点即"堡"的基础上,逐步涌现出了一批新兴的城市,城市自治运动也由此逐步展开。

中世纪的自治城市是封建领土上的飞地,其自治权由封建领主颁发的特许状加以明确。虽然每份特许状授予城市的特权细节不尽相同,但主要内容有很多相似性。主要包括:④(1)确认市民的身份自由。很多市镇被赐予的特许状都规定:"任何个人来到这个市镇,只要住满一年零一天,就可免受其先前领主的追捕;而且新来者虽然须经全体市民一致同意才能留住该市,但只要无人对那一年零一天提出非议,就可算是一致同意了。"⑤所谓"城市的空气使人自由",指的正是此意。(2)保障市民的人身安全。一些城市的特许状上明

① [法]基佐:《欧洲文明史》,商务印书馆 1998 年版,第 124 页。
② 恩格斯:《反杜林论》,人民出版社 1970 年,第 164 - 165 页。
③ [英]莫尔顿:《人民的英国史》,三联书店 1962 年,第 59 - 60 页。
④ 冯正好:《中世纪西欧的城市特许状》,《西南大学学报》2008 年第 1 期。
⑤ [美]汤普逊:《中世纪经济社会史》(下),商务印书馆 1997 年版,第 426 页。

确规定城市市民不得任意被传唤出庭、不得强制被逮捕、审讯之前不得被监禁。1200年,约翰王批准了伊普斯威其的宪章,该宪章规定:我们同时也保证所有的伊普斯威其的市民能够免于征人头税、摊位税、商品税以及所有其他的从我们的土地到港口的税款;我们已经向他们保证,除了我们自己的官员,没有任何一个伊普斯威其的市民将会在伊普斯威其之外的任何地方受到控告,只有外国的居住者和租佃者才会受到有关的询问;他们将会保持他们的基尔特,他们的商业同业行会,没有任何人有权通过暴力从伊普斯威其夺走任何东西;他们将会合法地拥有他们的土地和他们所有的一切权利——誓约、债务等……法律将保证他们按照自己地方的习惯生活……①(3)确认市民在城市中的土地自由使用权和所有权。如亨利二世在授予诺丁汉城的特许状中规定:任何市民只要在诺丁汉城买了土地并保有土地达一年零一天,其土地所有权将不再被质疑。(4)免除市民各项封建赋税。亨利二世1155年授予布里斯托尔(Bristol)的特许状就有这样的说明:"我已经授权我的布里斯托尔市民,他们在我整个英格兰、诺曼底和威尔斯土地上都免除通行税和所有其他的关税,在上述我的全部领地内无论他们去哪里,他们的商品都可以随同去。因此,我将坚定地授予他们(布里斯托尔市民)拥有他们的一切自由、豁免权及免关税权,所有完全尊敬、忠诚于我的子民们,他们都将免除通行税和其他一切关税"。(5)确认城市享有独立的司法审判权。1156年亨利二世授予牛津的特许状也授权牛津市民继续享有亨利一世时期的所有自由、习俗和特权,免除市民在自治城市之外的所有审判,规定所有的审判都必须在城市中进行,当地城市法庭拥有审判权。(6)明确城市享有一定的政治和行政管理权。某些特许状还确认授予市民选举城市官员,如市长、城市治安官、法官、顾问等的权利。如1131年,亨利一世授予伦敦选举其行政长官和一名最高司法官的权利;一个世纪后,伦敦市民的这种特权在亨利二世所授予的特许状中得到进一步扩大——伦敦获得了选举市长的权利。

中世纪欧洲的自治城市拥有自治权力是前所未有的。汤普逊认为:"各类城市的市议会,都是主权实体;每个城市都是一个自治的市民社会,各自制订法律、自行征税、自管司法、自行铸币,甚至根据各自需要结成政治联盟、自行宣战或媾和。"②自治城市可以看作是一个独立的政治共同体,一个独立的政治单元。在意大利和法国,人们甚至把它称作"城市国家"或"小共和国"。③ 这

---

①　陈晓律:《关于英国式民主的若干思考》,《南京大学学报》2002年第3期。
②　[美]汤普逊:《中世纪晚期欧洲经济社会史》,商务印书馆1992年版,第174页。
③　方朝晖:《市民社会的两个传统及其在现代的汇合》,《中国社会科学》1994年第5期。

样一种城市,是东方国家从未出现过的。社会学家波齐指出:"在中世纪的西方,城市的发展不只是生态学那种独特的定居,稠密的定居居民专心地从事城市生产和商业经营,而且还是政治上的自治统一体。这种自治权常常通过反对勒索他们的敌对势力、对付来自领地统治者及其代表或封建势力,或者是来自西方的明白可见的阻力而取得。"①马克斯·韦伯通过比较分析东西方城市的特点,也明确指出:"完整的词义上的城市'社会'(community)仅仅出现于西方。"因为,构成一种中世纪欧洲那样一种"充足的城市社会",需要具备如下的要素:"(1)一个城堡;(2)一个市场;(3)一个自己的法庭和一种至少部分自治的法律;(4)一种相关的社团形式,以及(5)至少部分自治和自主并因此又是由经市民参与的选举所产生的权力机构来管理的。"②

自治城市兴起的一个具有重要政治意义的结果就是市民社会的成长。"市民"这一概念的由来就充分说明了这一点。西欧中世纪的许多城市都发源于封建诸侯建立的军事城堡。这种"堡"建立起来以后,随之也成为宗教活动的主要据点。再后来,"堡"的周围逐步聚集起越来越多的商人、手工艺人,他们向"堡"里的主人贩卖各种物品,提供各种所需要的服务。他们在堡外逐步形成了"商业郊区"(suburbjum)。为了维持秩序、保障安全,人们把这些地方用围墙围起来,这样就在旧城堡之外形成了新城堡或外堡,居住在外堡的居民就被称为"市民"(bourgeois,burgenses,Burger),这些人结成的共同体被称为 counio 或 civitatis。③ 正如法国学者佩尔努所指出的:"中世纪,'burg'是指城堡,而住在城堡里的人便称为'burgensis'。但是,从 11 世纪起,'burgensis'(资产者、市民)就单指城市里的居民了,而城市也不再必然是城堡。"④居住在外堡的市民,处于同一个社会阶层,有着共同的利益和相近的生活习俗。他们在共同的生活场景下逐步形成了某些共同的价值观念和利益诉求,进而基于共同的利益形成了共同的政治表达,那就是明确市民不受封建领主随意侵害的权利,保障他们的谋利方式和生活方式不受封建领主的干涉。这就是市民社会的雏形。而城市自治权力的获得,等于确认了市民们共同身份和特权,有力地推动了市民阶级的成长,以及他们之间的相互认同。泰格和利维指出,领主颁给城市的特许状的实质特点就在于:"领主承认市镇为一整体单位,亦即一个集体附庸。这认可赋予公社一些本质特征——公社成员的团结一致和彼

---

① [美]贾恩弗兰科·波齐《近代国家的发展——社会学导论》,商务印书馆 1997 年版,第 40 页。

② [德]马克斯·韦伯:《儒教和道教》,商务印书馆 1995 年版,第 57−58 页。

③ [比]亨利·皮雷纳:《中世纪的城市》,商务印书馆,第 44−45 页。

④ [法]雷吉娜·佩尔努:《法国资产阶级史》上册,上海译文出版社 1991 年版,第 1 页。

此平等,公社享有内部自治权,等等。这些特许状实际上默认了城市居民阶层正如骑士、军士、僧侣、修道院长、天主教,以及所有其他已有明确界定的社会集团的成员一样,是应由某种适用于其本身的法律和属于其所独有的身份的"①。特许状事实上肯定了以商人阶层为主体的城市市民在政治生活和社会生活中占有特殊的地位,它帮助市民以独立地姿态走上了政治舞台。

中世纪西欧建立在特许状基础上的城市自治,对近代资本主义的法律体系和宪政体制产生了重大影响。"在某种意义上,特许状是一种社会契约;实际上,它是近代政府契约理论产生的主要历史渊源。"②特许状确立了城市市民享有的特殊权利以及城市作为一个独立法人组织的权利,从而明确了封建领主与城市市民之间的权利义务关系。就此而言,特许状就是城市的宪法,它为城市其他法律制度的建设提供了依据。在特许状基础上,西欧的自治城市逐步建立起了相对完善的城市法体系。一般来说,"城市社会经济生活涉及的范围比集市上的交易所涉及的范围大得多。城市住宅区住着各种各样的人,城市人口的组成也比集市复杂得多。这样就需要有比较系统的法律来规范城市的社会经济生活,以及规范城市中各类居民的行为。城市中新形成的一些制度,也需要从法律中得到解释。"③可以说,以特许状为母法的城市法律体系,为规范市场秩序、管理城市生活,以及推动资本主义经济的发展,起到了重要的保障作用。伯尔曼就此指出:"如果没有城市法律意识和一种法律体系,那就根本无法想象欧洲城市和城镇的产生。"④

正因为城市的自治权和市民的特殊权利,是市民阶级用武力反抗或者付出金钱的代价争取来的,是用特许状以契约的方式明确下来的,所以,一旦城市获得自治权,市民阶级不仅格外珍惜这种权利,而且开始尝试以平等、民主的形式来创造城市这个共同体的治理模式。在此,市民们平等的权利受到了尊重,"在原则上,依照每一个都市团体的原来的法律,所有市镇公民都享有平等的权利。这是一个能繁殖的胚芽,从这里,远比从封建集团所宣布的平等更多地产生了中世纪的民主,这是一切近代之母。市民中没有一个人被允许有特殊权利。"⑤市民们制定了一系列用以规范自己的行为、保障个人权利的

① [美]泰格·利维:《法律与资本主义的兴起》,学林出版社1996年版,第84页。
② [美]伯尔曼:《法律与革命——西方法律传统的形成》,中国大百科全书出版社1993年版,第476页。
③ 厉以宁:《资本主义的起源》,商务印书馆2004年,第85页。
④ [美]伯尔曼:《法律与革命——西方法律传统的形成》,中国大百科全书出版社1993年,第441页。
⑤ [法]布瓦松纳:《中世纪欧洲生活和劳动》,商务印书馆1985年版,第201页。

城市法律体系,他们通过民主选举来产生城市的管理者。当市民们经过大量尝试,建立起完全不同于封建领地的城市行政体系、司法体系、财政体系等等之后,他们实际上也就做好了日后走上全国政治舞台,参与国家政治体制创新的所有准备。

众所周知,进入近代社会后,城市经济逐步成为西方社会财富的主要创造者,城市的商业文化逐渐成为西方文化基调,城市市民阶级随后也成为继贵族阶级之后推动政治变革的主要力量,因而我们完全可以说,中世纪的城市文明是近代西方文明的直接来源。正如汤普逊指出的那样,城市崛起"比后来的革命更为重要,甚至也比文艺复兴运动和印刷术的发明和罗盘针的发现,或比19 世纪的革命和由此而产生的所有产业上的革命,更为重要。因为这些后来的革命,只是 12 到 13 世纪伟大的经济社会转化的从属的后果而已。"①

---

① ［美］汤普逊:《中世纪经济社会》下册,商务印书馆1997 年版,第 407 页。

第三章
政治文化传统与核心政治理念

　　政治变革实践总是在特定的社会和文化背景下发生的,政治文化传统作为内化在社会实践主体精神世界中的价值观念和心理结构,必然会对政治变革实践产生深刻的影响。英国之所以能够率先建立现代宪政体制,一个重要的支撑条件,是它所继承的历史遗产与现实政治境遇的相互作用,形成了一系列有利于宪政体制成长的政治理念和价值共识。探索英国内生型政治发展道路的形成机制的一条不可或缺的路径,是回溯英国政治变革在思想文化层面的初始条件。正如美国学者霍莱斯特所说的那样:"中世纪占统治地位的政府和政治观念创造了我们今天的世界。我们现代的概念,我们现代的制度,我们的政治义务和宪政观念,或是中世纪理念的直接遗产,或是通过反对它而成长起来的。"①这些在历史长河中形成的政治观念、价值信仰及心理倾向,构成了多元政治主体的基本政治认同,引导着他们在政治变革中寻求"最大公约数",寻求政治变革目标和路径的基本认同。

一、基于幽暗意识的消极政治观

　　宪政的要旨是限政,是对无限权力的根本否认。从理论上说,无限权力具有以下几个特征:一是权力行使具有任意性;二是权力行使的空间范围没有明确的界定,可以干预社会生活的任何方面和任何领域;三是权力被赋予绝对的

---

① [美]霍莱斯特:《欧洲中世纪简史》,商务印书馆1988年版,第16-17页。

权威,表现为对行使的结果不负责任。不受限制是无限权力的本质特征。①
而限政就是借助于宪法形式为公共权力设定基本规则,明确权力的边界、行使
的依据和程序。显然,宪政或者限政,本身就隐含着一种特殊的政治观念,一
种对政治权力的特殊理解。因为只有主观上认定政治或者说政治实践的载体
即公共权力(国家)存在恶的属性,或者存在着无法根除的制造恶的可能性,
限政才是必须的。

大体上,西方历史上一直存在着两种政治观,即理想主义政治观与现实主
义政治观,或者说积极政治观与消极政治观。理想主义的政治观把追求共同
体的"善"作为政治实践的根本目标,对人性以及政治实践目标都寄予了乐观
的期待。现实主义或消极的政治观则否认政治生活的目的是追求"至善",因
为这种"至善"要么根本不可能实现,要么根本就不存在。因此,政治实践的
目标应当现实地框定在消除和防止出现大的"恶"之上。20世纪英国政治哲
学家奥克肖特(Michael Oakeshott)最为贴切地概括了这种消极政治观的思想
倾向:"政治是在现有行动路线中选择最小之恶的艺术,而不是人类社会追求
至善的努力。政治是道德上和物质上可能之事物的艺术,这种艺术的实践将
使人类能够持续受益,而不是对至善的努力追求。"②两种不同的政治观蕴含
着对公共权力是善抑或恶的不同理解。从理论归属来看,共和主义思潮具有
更为突出的积极政治观倾向,而近现代的自由主义思潮则有着鲜明的消极政
治观取向,后者正是现代宪政体制最重要的理论支撑。

从逻辑上讲,限政的信念根植于对人性及公共权力的某种消极化的认知。
简单地说,就是人性靠不住,权力不可信任。一方面,权力是把双刃剑,可以用
来造福,也可能用来做恶;另一方面,掌握公共权力的人,不可避免存在着理性
能力的局限,受到欲望的驱使。这样,如果任凭难免处于无知、自私、贪婪状态
的人挥舞权力这把锋利之剑,后果是极为可怕的。为此,必须想方设法尽可能
控制权力行使的范围和方式。可以说,消极政治观的重要思想基础是消极的
人性观。在这方面,华人学者张灏先生在分析西方宪政民主的"发生学"时,
挖掘、提炼出的一个重要概念,即"幽黯意识"曾经产生了广泛的影响。"所谓
幽黯意识是发自对人性中或宇宙中与始俱来的种种黑暗势力的正视和省悟:
因为这些黑暗势力根深蒂固,这个世界才有缺陷,才不能圆满,而人的生命才
有种种的丑恶,种种的遗憾。"③

① 周光辉:《论宪政的基本精神及其思想蕴涵》,《社会科学战线》1994年第6期。
② 刘军宁:《共和、民主、宪政——自由主义思想研究》,上海三联书店1998年版,第18页。
③ 《张灏自选集》,上海教育出版社2002年版,第80页。

在西方思想文化的发展历程中,始终存在着关切人性阴暗面的思想传统。在古希腊,柏拉图是积极政治观的主要代表,他勾画了一幅"哲学王"领导下的"理想国"蓝图。但在目睹了"三十寡头"的暴政和苏格拉底之死后,柏拉图对自己以往持有的人性观念和政治理念发生了根本性的动摇,他开始对人性趋善的可能性有了更为审慎和理性的认识,并深刻地意识到了用法律来约束权力的必要性。晚年的柏拉图指出:"不能过分相信统治者的智慧和良心,即使是一名年轻英明的统治者,权力也能把他变成暴君。""国王的权力只有有所限制,他才能长久地保持这一权力,从而限制其他人。"①"人类的本性将永远倾向于贪婪与自私、逃避痛苦、追求快乐而无任何理性,人们会先考虑这些,然后才考虑到公正和善德。这样,人们的心灵是一片黑暗,他们的所作所为,最后使得他们本人和整个国家充满了罪行。如果有人根据理性和神的恩惠的阳光指导自己的行动,他们就用不着法律来支配自己;因为没有任何法律或秩序能比知识更有力,理性不应受任何东西的束缚,它应该是万物的主宰者,如果它真的名副其实,而且本质上是自由的话。但是现在找不到这样的人,即使有也非常之少;因此,我们必须作第二种最佳的选择,这就是法律和秩序。"②

亚里士多德的政治思想较为复杂,体现了理想主义与现实主义的结合。在《政治学》的开篇中,亚里士多德就提出:"一切社会团体的建立,其目的总是为了完成某种善业。既然一切社会团体都是以善业为目的,那么,政治团体(城邦国家),作为社会团体中最高且包含最广的一种,其所追求的善业也一定是最高且最广的。"③在《伦理学》的开篇中,亚里士多德同样强调,"以最高的善为对象的科学就是政治学"。亚里士多德虽然把政治的目标界定为"至善",但一旦回到现实,他同样对人性中恶的一面表现出了相当深刻的警觉。亚里士多德曾明确表示"不敢对人类的本性提出过奢的要求"。④"正如当人完全为人的时候,人才是最好的动物一样,当脱离法律的裁决的时候,人就是最坏的动物。"⑤亚里士多德认为:"惟独神祈和理智可以行使统治,至于谁说应该让一个个人来统治,这就在政治中混入了兽性的因素。"⑥据此,他提出了"法治优于一人之治"的著名论断。

---

① 转引张桂琳:《西方政治哲学》,中国政法大学出版社 1999 年版,第 21 页。
② 《西方法律思想史资料选编》,北京大学出版社 1983 年版,第 27 页。
③ [古希腊]亚里士多德:《政治学》,商务印书馆 1995 年版,第 3 页。
④ 参见梁治平:《法辩》,贵州人民出版社 1993 年版,第 184 页。
⑤ [美]列奥·斯特劳斯等:《政治哲学史》上,河北人民出版社 1993 年版,第 148 页。
⑥ [古希腊]亚里士多德:《政治学》,商务印书馆 1965 年,第 167 – 169 页。

对人性缺陷的认识在基督教文化中达到了登峰造极的程度。基督教文化的"罪感"意识,极大地凸现了人性不可超越的内在局限性。"耶和华见人在地上罪恶很大,终日所思想的尽都是恶。"按照基督教的教义,人类祖先是上帝按照自己的模样创造出来的,因而人类本来是具有神一样的完美属性的,但是人类的祖先因为禁不住诱惑,背叛了上帝,被上帝放逐到人间,因而失去了神性,不得不在苦难中寻求上帝的救赎。所有的芸芸众生,从一生出来就背负着祖先犯下的原罪。奥勒利乌·奥古斯丁就曾经说过,即使是呱呱落地的婴儿,也难逃"原罪"这一罪责,因为他从出生之时起已是堕落的人群的一员了,当他达到一定年龄时,就会犯本罪。"自私统治着这个国,各种自私自利的目的互相冲突,使它终将沦为罪恶的深渊。"①

基督教的"原罪"说包含着两个层面的幽暗意识:一方面,人类永远失去了完美的神性,尘世中的人无论后天怎样努力,都不可能让自己的人格变得完美无缺,只有神才可能是完美的,在人与神之间存在着无法逾越的巨大鸿沟。另一方面,人性中存在着根深蒂固的堕落性,稍不留神,就可能在各种诱惑的驱使下坠入无尽的深渊。基督教的幽暗意识是一种对人性缺陷的深刻反思,它告诉人们,人性世界的黑暗与缺陷是与世俱来并伴随始终的,是无法根除。人只有进行不懈的自我反省、忏悔,获得上帝的恩宠,才有可能实现救赎。正如 13 世纪基督教思想的集大成者托马斯·阿奎那所说的:"一个社会之所以聚集在一起,目的在于过一种有德行的生活。……而人在达到德性的完备时是一切动物中最出色的动物:但是如果他一意孤行。目无法律和正义,他就成为一切禽兽中最恶劣的禽兽。具有完美德性的人寥寥无几……因为人性的弱点,邪恶总是存在。有些人性情乖戾,易于作恶,就很难为忠言所感动,……就必须用压力和恐吓手段才能使这些人不做坏事。……法律的制定是为了人们享受和平的,是德性生活所必须的。"②

基督教的原罪意识在世界各民族的文化中是极为独特的,基督教文化也因此被称作"罪感文化"。英国 19 世纪历史学家阿克顿勋爵曾借着别人的一段话表达了基督教深切的幽暗意识:"一个基督徒由于他的信仰,不得不对人世的罪恶和黑暗敏感。这种敏感,他是无法避免的。基督教对人世间罪恶的暴露可以说是空前的。我们因此才知道罪恶的根深蒂固,难以捉摸和到处潜伏。基督教的神示一方面是充满了慈爱和宽恕,另一方面也恶狠狠地瞭出了人世的真相,基督教的福音使罪恶意识牢记于人心……他看到别人看不见的

---

① [美]穆尔:《基督教简史》,商务印书馆 1981 年版,第 162 页。
② 《阿奎那政治著作选》,商务印书馆 1997 年版,第 115 - 116 页。

罪恶……(这种)原罪的理论使得基督教对各种事情都在提防……随时准备发觉那无所不在的罪恶。"①可以说,基督教文化对人性阴暗面的反省,其深切程度,在世界多元文化中都是极为罕见的。

既然人性是如此的阴暗、惨淡,那么,要防止和避免政治之恶,唯一的办法就只能是限政。基督教文化的"幽暗意识"堵塞了通过改造人性、实现善政的所有可能的路径,即人类不可能找到具有完美人格的政治实践主体,也不可能把现有的政治实践主体改造成完美的人,那种把权力交给好人来行使的想法,从根本上讲就是一种幻想。正是基于这种思想逻辑,西方学者一般都认为,宪政是基督教精神的产物。弗里德里希在分析宪政的起源时,明确提出宪政"根植于西方基督教的信仰体系及其表述世俗秩序意义的政治思想中","西方的宪政论是基督教文化的一部分"②。

随着基督教在欧洲文化中占据主导地位,基督教的"幽暗意识"逐步演化为西方文化的基本观念预设,进而对作为宪政体制思想基础的近代自由主义思潮的形成、发展产生了深刻的影响,有关人性不可超越的内在局限成为近代政治思维的逻辑起点。作为近代政治哲学滥觞的标志性人物,马基雅维利对人性充满了冷峻的悲观意识,认为人都是自私和邪恶的,"人的本性已经注定他们总是贪求一切而又无法得到,因此欲望总是要大于满足欲望的能力,人们总是对于他们已经获得的东西不满,进而也对他们自己不满。人们的命运由此而被决定,一些人希望获得更多,而另一些人则害怕失去他们的手中之物,因此战争与敌意便是自然的结果。"因此,"谁要是想建立一个国家并为其制定法律,就必须假定所有的人都是恶的,只要他们一有自由,就会按照其思想中恶的一面行动。"③

霍布斯是英国近代政治哲学的开创者,其基本思想同样建立在对人性缺限的关注上。针对古希腊罗马一些思想家追求至善的政治理想,霍布斯明确强调,根本不存在至善和终极目的,善、恶等语词的用法从来就是和使用者相关的,它完全是主观的感受,不可能从对象本身的本质之中得出任何善恶的共同准则。霍布斯指出:"旧道德哲学家所说的那种终极的目的和最高的善根本不存在。欲望终止的人,和感觉与映象停顿的人同样无法生活下去。幸福就是欲望从一个目标到另一个目标不断地发展,达到前一个目标不过是为后一个目标铺平道路。所以如此的原因在于,人类的欲望的目的不是在一顷刻

---

①　白钢、林广华:《论宪政的价值基础》,《中国社会科学院研究生院学报》2002年第5期。

②　[美]卡尔·弗里德里希:《超验正义——宪政的宗教之维》,三联书店1997年版,第1、2页。

③　转引唐士其:《西方政治思想史》,北京大学出版社2002年版,第180页。

间享受一次就完了,而是要永远确保达到未来欲望的道路。因此,所有的人的自愿行为和倾向便不但是要求得满意的生活,而且要保证这种生活,所不同者只是方式有别而已。"①

霍布斯将其政治哲学建立在"自然欲望"这一"最为确切的人性公理"基础之上。他将人的"自然欲望"分为三个层次:首先,为了生存,人们本能地怀有无穷无尽的欲望,而为了能获得更多的想得到的东西,自然而然地会想得到作为获取手段的权力。"……我首先作为全人类共有的普遍倾向提出来的便是:得其一思其二,死而后已、永无休止的权力欲。"②这种无休止的权力欲望,目的并不仅仅限于获取实物,同时也出于人的安全需要,无休止的权力追逐,"并不永远是人们得陇望蜀,希望获得比现在已取得的快乐还要大的快乐,也不是他不满足于一般的权势,而是因为他不事多求,就会连现有的权势以及取得美好的生活的手段也保不住"。由此势必造成"……有些人把征服进行得超出了自己的安全所需要的限度以外,以体味自己在这种征服中的权势为乐,……"③这种超出安全需要的征服,就是人的第三个层次的自然欲望,即荣誉的需求。霍布斯认为,"人们自从出生就自然地抢夺他们所觊觎的每一件东西,只要他们力所能及,他们就要以整个世界怕他们,服从他们",这是"人的天然利己本性"。"因此,任何两个人如果想要取得同一东西而又不能同时享用时,彼此就会成为仇敌。他们的目的主要是自我保全,有时则只是为了自己的欢乐;在达到这一目的的过程中,彼此都力图摧毁或征服对方。"④

霍布斯最早构想出了前国家的生存状态,即所谓的自然状态。基于其人性理论,霍布斯的自然状态,是一种"一切人对一切人的战争"的丛林社会。显然,在他看来,在没有一个强大的权威形成威慑的情况下,人们出于自己的本能,在争夺资源和维护自身安全的过程中必然陷入无休止的战争状态,"人们不断处于暴力死亡的恐惧和危险中,人的生活孤独、贫困、卑污、残忍而短寿"⑤。正如丛日云指出的,在为近代自由主义国家起源理论奠定了基础的霍布斯那里,所谓自然状态正是基督教的堕落状态的翻版。⑥ 针对自然状态这种阻碍文明进步的人类生存困境,霍布斯发明了社会契约论,认为只能通过授权给一个强大的"利维坦",由它来负责维持社会秩序,才能终结自然状态。

① [英]霍布斯:《利维坦》,商务印书馆 1985 年版,第 72 页。
② [英]霍布斯:《利维坦》,商务印书馆 1985 年版,第 7 页。
③ [英]霍布斯:《利维坦》,商务印书馆 1985 年版,第 93 页。
④ [英]霍布斯:《利维坦》,商务印书馆 1985 年版,第 93 页。
⑤ [英]霍布斯:《利维坦》,商务印书馆 1985 年版,第 95 页。
⑥ 丛日云:《消极国家观:从基督教到古典自由主义》,《浙江学刊》,2002 年第 2 期。

非常有意思的是,霍布斯用"利维坦"来指称国家。"利维坦"是《圣经》里描述过的一种力大无穷的怪兽,霍布斯以它作为国家的代名词,也预含了国家是一种必要的恶的寓意。

自霍布斯以后,国家植根于人类邪恶本性或人性缺陷的观念,成为了自由主义的基本信念。哈耶克曾经指出:18世纪苏格兰自由主义理论家清楚地认识到:"人始终具有一些较为原始且凶残的本能,因此人们须通过种种制度对这些本能进行制约和教化。"①在霍布斯之后,18世纪英国自由主义思想家休谟更是根据人性的局限性,提出了著名的"无赖假设":"许多政论家已经确立这样一项原则:即在设计任何政府制度和确定该制度中的若干制约和监控机构时,必须把每个成员都假定为是一无赖,并设想他的一切作为都是为了谋求私利,别无其他目的。""必须把每个人都设想为无赖之徒确实是条正确的政治箴言。"②显然,"无赖假设"不是一种事实判断,而是一种观念上的预设,就是将基督教有关人性缺陷的"幽暗意识",作为政治思考的理论出发点。

尽管人性邪恶并不见得是什么科学的论断,但它却构成了近代政治哲学的一个基本信念,直到今天,它依然是新保守主义政治哲学的核心理念。爱·麦·伯恩斯指出:"我们这一世纪的保守主义者似乎最明显的区别因素是,他们中间大多数人的学说对人性和社会生活能力的看法是共同的。简单地说,这些学说就是:人性脆弱和罪恶;普通人缺乏应用理性的能力来解决自己的问题。"③这一观念预设的重要意义,就在于它提供了一种底线思维,即制度建设必须从最坏处着眼。如果我们在逻辑上预设所有人经过教育,都可以改造成完美的人,那么我们就等于取消了制度建设的必要性。相反,如果按照"无赖假设"的低调思维方式来进行制度设计,如果你不是无赖,制度无伤你的人格,而如果你真是无赖,由于制度事先已根据无赖行为规律进行了层层设防,你想成就无赖的"事业"也会变得很困难。也就是说,与其幻想所有的政治家都是一心为公的圣贤君子,不如用制度的围栏将他们关进笼子。

基督教基于其深切的幽暗意识,对政治采取了疏远的态度。据《圣经》所载,面对死亡威胁的耶稣曾平静地说过:"我的国不属这世界。"④基督教追求灵魂得救的超越主义价值观和对来世的信仰,大大降低了国家和政治生活在人们价值体系中的地位。早期基督教有过数百年遭受罗马帝国迫害的惨痛经历,所以在基督徒当中滋生出了对世俗政权的消极、否定甚至敌意的情绪。当

---

① [英]哈耶克:《自由秩序原理》,三联书店1997年版,第68－69页。
② [英]休谟:《休谟政治论文选》,商务印书馆1993年版,第27页。
③ [美]伯恩斯:《当代世界政治理论》,商务印书馆1983年版,第318页。
④ 《圣经·约翰福音》,第18章,第36节。

后来基督教取得合法地位甚至演变成许多国家的国教之后,他们对政府权力的态度有了转变,但在骨子里,他们对世俗政府仍保持着一定距离,并带着怀疑、批判的眼光来看待它。① 对于基督教来说,国家没有绝对和神圣的价值,国家作用充其量只是维持世俗社会秩序的一种工具。这样一种消极的国家观念,同样对近代政治哲学产生了重要影响,派生出了"权力原罪"的观念。②

　　中世纪教权与王权的长期对峙和相互攻击,充分暴露了不受制约的权力的危险性。不仅世俗政权充满了罪恶,教会组织内部的腐化堕落同样触目惊心。在中世纪末期,"教会之滥用职权,买卖圣职、任人唯亲、兼领圣俸、卖弄财富、贪污腐化、追逐名利使得像托马斯·莫尔这样的优秀的正统基督教徒也踌躇不前"。目睹权力所制造的恶行,加之基督教对国家、权力价值的贬抑,近代的政治思想家几乎把权力潜在的恶的属性,也当作政治公理接受下来。16世纪英国思想家胡克曾经指出:"无论对于国王的权力还是人民的权力来说,最严格地加以限制的权力才是最好的权力;所谓受到最严格的限制就是说只能处理很少的事务,最好的权力是那种其行使受到完善的尽可能细致的规则限制和权力,这些规则就是法律。"换言之,世界上不存在什么在性质上绝对善或恶的权力,凡是没有受到严格限制和控制的权力都必然导致恶政,无论这种权力被冠之以何种堂皇的名称。③

在近代政治思想家们看来,权力具有强大的自我扩张本能和腐蚀性,一旦失去制约,将会给公民权利造成极大的威胁。孟德斯鸠在揭示权力的扩张性时指出:"越是有权力,就越是拼命想取得权力;正是因为他有了许多,所以要求占有一切"④,"一切有权力的人都容易滥用权力,这是万古不易的一条经验。"⑤更重要的是,权力是一个大染缸,通过它的腐蚀作用,会使掌权者固有的人性缺陷成倍地放大。

对于自由主义政治哲学来说,国家或者说公共权力不过是一种"必要的罪恶"、一种"免不了的祸害",这种消极的政治观决定了限政的第一要义,是最大限度地限制公共权力运作的范围,即建立最小意义上的国家,只赋予国家有限的消极性的职能。蒂利希在《政治期望》中分析指出,霍布斯的国家是魔

---

①　参见丛日云:《天国的福音——基督教的兴起与西方人政治价值观的变革》,http://criyun. blog. hexun. com/

②　[英]埃尔顿:《新编剑桥世界近代史:宗教改革》,中国社会科学出版社2003年版,第293页。

③　转引唐士其:《西方政治思想史》,北京大学出版社2002年,第143页。

④　[法]孟德斯鸠:《罗马盛衰原因论》,商务印书馆1962年版,第56页。

⑤　[法]孟德斯鸠:《论法的精神》,商务印书馆1982年版,第154页。

鬼;洛克的国家是一个守夜人。在霍布斯那里,国家的目的不是实现正义,而仅仅是维护和平与秩序。人们不能期望国家带给他们美好的理想,而只希望国家使他们脱离无政府状态,得到安全。强大的"利维坦"是一个警察,而不是导师,它只有外在的强权,而没有内在的道德权威。总之,它是消极工具而不是积极工具。霍布斯虽然极力为国家主权辩护,但它为国家主权所设定的目标却是有限的。在洛克看来,自然状态有一些缺陷,而国家则是作为这些缺陷的补救措施被发明和接受的。它只是一个庸俗的人类建构,不具有任何圣化的意义和伦理的及审美的价值。它的职能至为消极,没有崇高的使命和精神性职责,不需要采取主动的积极的作为。它不是社会的动力和源泉,不需要创造、推动和指导,只需对个人和社会提供外在的保护和仲裁。可见,以霍布斯和洛克为代表的古典自由主义国家观至为消极。它承袭了基督教的传统,冷漠地看待国家,冷酷地定义国家。①

国家是一种垄断了暴力使用的强大机器,国家权力的扩张及其肆意妄为,是社会成员无法抵御的。由此也就派生出了限政的第二要义,那就是控制权力的运作,用制度的锁链捆住权力的手脚。现代英国政治思想家波普对此进行了很好的总结:国家尽管是必要的,但却必定是一种始终存在的危险或者一种罪恶。因为,如果国家要履行它的职能,那它不管怎样必定拥有比任何个别国民或公众团体更大的力量;虽然我们可以设计各种制度,以使这些权力被滥用的危险减少到最低限度,但我们决不可能根绝这种危险。② 正是这样的一种相当消极的权力观,使古典自由主义倾向于把政治理解为一种设防的艺术,既防止政治家和官员滥用公共权力的艺术。在这方面,洛克、休谟等人的思路是相当清晰的,那就是以恶制恶,化恶为善。休谟认为,议会中所有成员都追逐自我利益,但明智的政府组织通过巧妙的分权,使其中各个集团在谋求自己利益时,必然和公共利益相一致。③ 一般说来,这是苏格兰自由主义者的共同思路,它同苏格兰经济学家设想的以经济人的利己之心推动经济繁荣的市场理论是相通的。而就宪政体制的建设而言,这正是分权制衡理论的基本出发点。

二、基于契约规范的权利观念

从思想渊源来看,限政意识不仅根植于"人性原罪"和"权力原罪"的信

---

① 丛日云:《消极国家观:从基督教到古典自由主义》,《浙江学刊》,2002 年第 2 期。
② [英]卡尔·波普著:《猜想与反驳》,上海译文出版社 1986 年版,第 499 页。
③ [英]休谟:《休谟政治论文选》,商务印书馆 1993 年版,第 28 页。

仰,而且源自对个体权利和自由的珍爱。封建体制的契约政治格局,逐步派生出了社会各阶层的权利意识。而当社会各阶层事实上已经获得某些权利和自由时,如何保障这些权利,避免个体权利受到公权力的践踏,就成为社会各阶层关注的最重要的政治问题之一。可以说,英国传统的基于契约的权利观念,为政治精英构想英国政治发展的方向提供了思想轴心,为社会各阶层积极参与旨在建立限制公权、保障私权的宪政体制的政治变革提供了强大的动力。

封建制度所隐含的契约关系,确认了不同等级的人们之间特定的权利义务关系,否定了在上者对在下者的任意专断。戴维·赫尔德指出,在中世纪早期,欧洲就形成了这样一种观念:"统治者和被统治者之间的关系本质上是契约关系",依据这种观念,"尽管王权自身有着神圣起源,但特定君主取得王权的基础是他与人民的双方契约"①。在封建制度下,君主与封臣之间不存在单向度的绝对效忠关系,不存在统治者与被统治者的关系,整个社会从上到下不是一种强制——服从的金字塔式的隶属关系,而是一种网络式的权力义务之链。君主虽然享有更多权力,却没有对封臣的绝对统治权,他的权力是以他承担相应的义务或责任为前提的。封臣即使承担了更多的义务,但其权利是封君必须给予尊重和保护的。如果君主任意妄为,不履行自己的责任,或者侵害了封臣的政治利益,封臣在理论上是可以撤回自己的忠诚的。正是这样一种基于契约的权利义务关系,派生出了西方独特的权利观念。在中世纪,"权利"指的是按照封建规范可以做的事,或者说独占的"自由"。"自由(Liberty)这个词,在中世纪与特权(privilege)同度,也就是说,'自由'指的是做某件事的特权。"②贵族作为社会的最高等级,封建制度赋予了他们一定的特权和自由,如贵族拥有的财产非经司法判决,国王也不得随意剥夺。如果国王不尊重贵族的这种特权,贵族就可能联合起来"抵抗暴君",捍卫自己的"合法权利"。1215 年的《大宪章》就是一个重新确认贵族自由和权利的文件。在当时特定情况下,自由是贵族阶层的特权而不是普遍权利,但它却产生了重要的示范效应,即其他社会阶层也会在特定的条件下提出自己的权利要求,或多或少地享有一定的特权。

领主与农民之间的关系虽有较大的任意性和专断性,但同样带有契约关系的特点。封建社会中的农民虽然权利很少,却不是奴隶,理论上都是以人的身份参与契约,成为权利主体的。历史发展表明,这种契约关系是农民地位不断改善并最终获得自由的重要条件。③ 最典型的成文契约称为"特许状",它

① [英]戴维·赫尔德:《民主的模式》,中央编译出版社 1998 年版,第 91 页。
② 钱乘旦、陈晓律:《英国文化模式溯源》,上海社会科学院出版社 2003 版,第 24 页。
③ 丛日云:《西方政治文化传统》,大连出版社,1999 年版。

把农民对领主承担的各种义务固定下来,领主则承诺不再向农民要求额外的负担。特许状第一次使领主的任意专断的权力受到了限制,使农民的权利得到了保障,这是农民获得自由的开始。农民在获得特许状后,就变成了自由人。这个使他们获得自由的文件后来就被称为"解放特许状"。而在新兴的城市,赋予城市自治权力的特许状更是成文契约的方式赋予了城市市民更多的特权。H. 伯尔曼指出,公社(commune)这种共同体"或明或暗地是以一种契约为根据的。许多城市和城镇是依靠一种庄严的集体誓约而建立起来的,这些誓约是由全体公民为捍卫曾公开向他们宣读的特许状而作出的。在某种意义上,特许状是一种社会契约;实际上,它是近代政府契约理论产生的主要历史渊源之一。……像封建陪臣契约或婚姻契约那样,特许状是一种进入某种身份的协议。"①换言之,城市市民也是在经济实力不断增强的前景下,通过自己的抗争,迫使封建领主以契约性质的特许状确认了自己所享有的权利。亨利·皮朗说得很清楚:"中世纪的市民(包括商人)……,是一个与城墙以外所有的人完全不同的人。一离开城门与壕沟就是另外一个世界,或许说得更确切一些,就是另一种法律的领域。……这个等级后来便被称为'第三等级'。"②

基于契约的权利义务关系,为社会各阶层争取和捍卫自己的权利提供了重要依据。在漫长的历史进程中,社会阶层结构及政治博弈格局的变动,都可以反映到契约的调整过程中来。每当一个社会阶层获得了更多的社会资源,拥有了更多的话语权,就会想方设法通过重新阐释或调整契约而获得更多的权利。最初,争取权利的政治变革主体是贵族,他们把"与身俱有的权利"作为反抗暴君的合理性基础,"英国的自由的确就是从贵族与国王的抗衡开始的"③。自《大宪章》更加明确地确认了贵族所拥有的国王必须尊重的权利之后,每当国王试图侵犯贵族的权益时,贵族们都依据《大宪章》的契约精神给予坚决还击。1258 年当亨利三世(1216—1272)召集大会议商议筹措军费事宜时,贵族们以兵戎相见,迫使国王接受《牛津条例》,规定没有大会议的同意,国王不能没收、分封土地或对土地实行监护,也不能决定出征。1275 年至1290 年间,议会制定了三个《威斯敏斯特条例》,声明要保护国民不受政府官员之侵害,教会财产、地产保有的自由,以及财产的继承和转让的权利。爱德华三世(1312—1377)时,下议院开始单独开会,议会规定任何人除经依法律

---

① [美]伯尔曼:《法律与革命——西方法律传统的形成》,中国大百科全书出版社 1993 年版,第476 页。

② [法]亨利·皮朗:《中世纪欧洲经济社会史》,上海人民出版社 2001 年版,第53 页。

③ 钱乘旦、陈晓律:《在传统与变革之间》,浙江人民出版社 1991 年版,第 33、185 页。

正当程序审判,不得将其驱逐出国,或强使其离开所居住之采邑,不得予以逮捕、拘禁或取消其继承权,或剥夺其生存之权利。15 世纪和 16 世纪,言论自由的权利逐渐在议会得到确认。17 世纪初,英国法院和下议院分别宣布,反对特许任何人包括国王对生产、经营的垄断和控制。1679 年,议会制定了世界上最早的《人身保护令修正法》,以此限制王权,保障公民有反对自己认罪和"以惩罚对付犯罪"的权利。贵族们捍卫自己"特权"的斗争形式,给社会其他阶层树立了榜样。他们利用各种机会,逐步要求分享贵族争得的权利。在这一过程中,《大宪章》经过多次重申之后,适用范围逐步扩大,原先排他性的贵族特权逐步演变为广大民众的普遍权利。

随着社会各阶层实际拥有的权利日益扩大,如何用法律和政治制度保障这些权利不受王权所代表的公权力的侵害,甚至使这些权利获得更大的扩展空间,就成为英国政治变革的主题。在这样的社会背景下,英国为成为近代社会契约论,以及近代政治哲学的摇篮,以霍布斯、洛克为代表的英国政治思想家构建的社会契约理论,不仅为资产阶级革命指明了政治方向,为革命的正当性提供了辩护,而且为资产阶级创立自己的政治法律制度奠定了重要的理论基础。

一般认为,近代社会契约论的思想基础是自然法理论。斯多葛学派是自然法理论的奠基者,古罗马的著名政治学家西塞罗从自然法理论出发,推演出了所有人都是平等的结论:"我们为正义而生,权利不是基于人的看法,而是基于自然,没有什么比完全认识这一点更有价值的了。"①罗马以民法为中心的法律体系,已经在很大程度上将依据自然法理论形成的权利观念以法律的形式固定下来。文艺复兴以后,荷兰法学家雨果·格劳秀斯奠定了近代自然法权利学说基础,英国的思想家则依据自然法的基本原则,建构形成了一个以权利为基点、以社会契约为枢纽的近代政治哲学体系,围绕如何保障人的天赋权利,对国家权力的正当性,以及国家的角色功能和行为边界等提出了全新的阐释。

霍布斯(1588 - 1679)是"近代政治哲学之父",他最早以天赋权利为基点,建构了社会契约理论。美国学者列奥·施特劳斯指出:"霍布斯显然不像传统学说那样,从自然'法则'出发,即从某种客观秩序出发,而是从自然'权利'出发,即从某种绝对无可非议的主观诉求出发;这种主观诉求完全不依赖于任何先在的法律、秩序或义务,相反,它本身就是全部的法律、秩序或义务的源泉。霍布斯的政治哲学,就是通过把这个作为道德原则和政治原则的'权利'观念,而最明确无误地显示它的首创性的。"②霍布斯把人的自然权利看作

---

① 顾肃:《自由主义的基本理念》,中央编译出版社 2003 年版,第 189 页。
② [美]列奥·施特劳斯:《霍布斯的政治哲学》,译林出版社 2001 年版,第 2 页。

是全部法律、秩序和义务的起源,权利先在于法,先在于国家。

所谓自然权利,霍布斯认为,"就是每一个人按照自己所愿意的方式运用自己的力量保全自己的天性——也就是保全自己的生命——的自由",自然状态下的自然人,同自然界的动物一样,最根本的天性就是自我保全的动机,这种保全自己的自由,就是自然权利或者说天赋权利。"著作家们一般称之为自然权利的,就是每一个人按照自己所愿意的方式保全自己的天性——也就是保全自己的生命——的自由。"这种权利,乃是最根本的自然律(自然法),"自然律是理性所发现的诫条或一般法则。这种诫条或一般法则禁止人们去做损毁自己的生命或剥夺保全自己生命的手段的事情,并禁止人们不去做自己认为最有利于生命保全的事情"①。自然权利体现到自然人的行为上,就是"趋利避害"的自然本能。

毫无疑问,保全自己的本能,必然使自然状态处于"每个人对每个人的战争"状态。要超脱自然状态的死亡威胁,自然人就必须作出一个理性选择,那就是订立一个契约。"权利的相互转让就是人们所谓的契约。"②但要使人们相互之间的契约得到有效执行,就需要某种权威,形成"使大家畏服、并指导其行动以谋求共同利益的共同权力"③,"以使人们所受惩罚比破坏信约所能期望的利益更大的恐惧来强制人们对等的履行其信约。"④霍布斯这样论述道:"如果要建立这样一种能抵御外来侵略和制止相互伤害的共同权力,以便保障大家能通过自己的辛劳和土地的丰产为生并生活得很满意,那就只有一条路:把大家所有的权力和力量付托给某一个人或一个能通过多数的意见把大家的意志化为一个意志的多人组成的集体。这就等于说,指定一个人或一个由多人组成的集体来代表他们的人格,每一个人都承认授权于如此承当本身人格的人在有关公共和平或安全方面能采取的任何行为,或命令他人作出的行为,在这些行为中,大家都把自己的意志服从于他的意志,把自己的判断服从于他的判断。这就不仅是同意或协调,而是全体真正统一于惟一人格之中;这一人格是大家人人相互订立信约而形成的,其方式就好像是人人都向每一个其他的人说:我承认这个人或这个集体,并放弃我管理自己的权利,把它授与这个人或这个集体,但条件是你也把自己的权利拿出来授与他,并以同样的方式承认他的一切行为。这一点办到之后,像这样统一在一个人格之中的一群人就称为国家,在拉丁文中称为城邦。这就是伟大的利维坦(Leviathan)

①　[英]霍布斯:《利维坦》,商务印书馆1985年版,第97页。
②　[英]霍布斯:《利维坦》,商务印书馆1985年版,第100页。
③　[英]霍布斯:《利维坦》,商务印书馆1985年版,第131页。
④　[英]霍布斯:《利维坦》,商务印书馆1985年版,第109页。

的诞生。"①

霍布斯强调，契约是人们权利的互相转让，即每一个人同时一并交出权利，其目的是为了保全自己并脱离自然状态下的战争状况，步入文明社会，过上和平的生活。这样，权利先于国家，国家不过是拥有自然权利的人为了摆脱自然状态而将自然权利转让给它的产物，国家权力是缔约者个人通过契约转让出来的。这样，霍布斯从自然权利出发来论证国家的起源及其正当性，就彻底推翻了"君权神授"的传统理念，剥掉了国家的神圣性，开始以人的眼光来审视国家。

值得注意的是，霍布斯社会契约论的重要特点，是强调社会契约的主体是人民，它是人民为了保存自身的安全相互之间缔结的关于组建政治社会的契约，而不是主权者和臣民之间的契约，主权者只是契约的证人和监督者。这样，主权者不受契约的制约，也不存在不遵守契约的问题，一旦社会契约订立之后，无论主权者做了什么，人民都不可能收回转让出去的权利，主权者因此享有绝对的权威。"主权不论是象君主国家那样操于一人之手，还是象平民或贵族国家那样操于一个议会之手，都是人们能想象得到使它有多大，它就有多大。"②更令人不安的是，权利的转让是一次性的，人民将其除生命权以外的全部自然权利，即为保存自己而做任何事情的权利，都交与了主权者。

霍布斯之所以赋予国家绝对权威，与他所处的时代面临的无政府状态的挑战有重要关系。出于安全和秩序的考虑，霍布斯将一个拥有绝对权威的"利维坦"作为摆脱自然状态的最佳选择。而到了洛克（1632－1704）时代，霍布斯的忧虑已不再是问题。洛克一生经历了英国资产阶级革命的整个过程，见证了1688年的阶级妥协、1689年的《权利法案》，并在1689年随同女王玛丽二世回英国，受到重用，于1690年完成了《政府论》（下篇）的著述。对于洛克来说，资产阶级政权已经建立，剩下的问题是如何让这个国家能够真正担负起维护个人权利和自由的责任。

洛克的社会契约论同样以自然权利为逻辑起点。这里，所谓自然权利，就是"在自然法的许可范围内，为了保护自己和别人，可以做他认为合适的任何事情"和"处罚违反自然法的罪行的权力"③。洛克强调："人类一出生即享有生存权利，因而可以享用肉食和饮料以及自然所供应的以维持他们的生存的其它物品。""上帝既创造人类，便在他身上，如同在其他一切动物身上一样，

---

① ［英］霍布斯：《利维坦》，商务印书馆1985年版，第131－132页。
② ［英］霍布斯：《利维坦》，商务印书馆1985年版，第161页。
③ ［英］洛克：《政府论》下篇，商务印书馆1964年版，第79页。

扎下了一种强烈的自我保存的愿望,也在这世界上准备了适于人类衣食住行其它生活必要的东西。按照他所具有的自我保存的自然趋向行事,就是服从他的造物主的旨意,因而对于那些通过他的感觉或理性发现出来足以养生的东西,他就有权利利用。"① 区别于霍布斯的是,洛克的自然状态不是人与人之间恐怖的战争状态,而是一种自由、平等、安全的生存状态,自然权利使每个人都拥有生命和追求幸福的趋向,过一种和平稳定的生活。这里,我们可以注意到这种自然状态的基本特点:一是自由:"那是一种完备无缺的自由状态,他们在自然法的范围内,按照他们认为合适的办法,决定他们的行动和处理他们的财产和人身,而无须得到任何人的许可或听命于任何人的意志";二是平等:"这也是一种平等的状态,在这种状态中,一切权力和管辖权都是相互的,没有一个人享有多于别人的权力";三是和平:"自然状态有一种为人人所应遵守的自然法对理性起着支配作用;而理性,也就是自然法,教导着有益遵从理性的全人类;人们既然都是平等和独立的,任何人都不得侵害他人的生命、健康、自由或财产"②。另外,洛克虽然同样把自然权利视为自我保存的天性,他所说的"自我"也不再仅仅限于肉体意义上的"自我",而是涵盖了自由权和财产权。"每个人对他自己的人身享有一种所有权,……他的身体所从事的劳动……是正当地属于他的。所以只要他使任何东西脱离自然所提供的和那个东西所处的状态,他就已经掺进他的劳动,在这上面参加他自己所有的某些东西,因而成为他的财产。"③ 这无疑体现了洛克时代社会权利的一系列重要进步。

　　洛克认为,自然状态虽然很美好,但却存在着重大缺陷,它"缺少一种确定的、规定了的、众所周知的法律,为共同的同意接受和承认为是非的标准和裁判他们之间一切纠纷的共同尺度";"缺少一个有权依照既定的法律来裁判一切争执的知名的和公正的裁判者";"缺少权力来支持正确的判决,使它得到应有的执行"。④ 简言之,由于每个人自己既是执行者又是裁判者,缺乏一个公正的第三方裁决者,也没有明确的裁决标准,人们在自然状态中享有的权利因此"很不稳定,有不断受别人侵犯的威胁"⑤。在这种情况下,为了保护他们的生命、自由和财产,人们通过社会契约,自愿放弃他们的部分自然权利,即随意执行权和惩罚权,将它们转交给订约者中被指定的专门人员,以寻求自然

① ［英］洛克:《政府论》上篇,商务印书馆1982年版,第17页。
② ［英］洛克:《政府论》下篇,商务印书馆1964年版,第4页。
③ ［英］洛克:《政府论》下篇,商务印书馆1964年版,第19页。
④ ［英］洛克:《政府论》下篇,商务印书馆1964年版,第77－78页。
⑤ ［英］洛克:《政府论》下篇,商务印书馆1964年版,第77页。

状态缺陷的有效救济。"公民政府是针对自然状态的种种不方便情况而设置的正当救济办法。"①

洛克强调，人们在订立契约时，只是把自然权利中的一部分让渡出去，至于生命、自由、和财产等权利，是绝对属于个人的自然权利，在任何情况下都不可转让，不可剥夺。这就意味着政府的职责和权力必然是有限的。与此同时，洛克眼里的社会契约，是人民与统治者之间的契约，而不是人民之间的契约。这样，统治者作为契约的缔约方同样要接受契约的约束。洛克强调，契约的缔结以人具有充分的自由为前提。换言之，人民有权缔结对自己有利的契约，也有权退出不能保障自己权利的契约。政府的权力"完全是一种委托，是一种任用；在那里，他们仅仅是主体者的官吏，是以主权者的名义在行使着主权者所托付给他们的权力，而且只要主权者高兴，他就可以限制、改变和收回这种权力。"②"政府不是任何人或任何一群人为了谋利就有权利去开设或经营的店铺，而完全是一种信托，人们给它这种信托，也可以随时收回。政府本身并不拥有权利，只负有义务。"③

从自然权利出发，洛克设定了政府唯一的功能，就是保障自然权利。政府不过是作为享有自然权利的委托人的人民自由选择的代理人，其代理人资格完全取决它能否真心实意地履行人民委托的职责。"人们参加社会的理由在于保护他们的财产；他们选择一个立法机关并授以权力的目的，是希望由此可以制定法律、树立准则，以保卫社会一切成员的财产，限制社会各部分和各成员的权力并调节他们之间的统辖权。因为决不能设想，社会的意志是要使立法机关享有权力来破坏每个人想通过参加社会而取得的东西，以及人民为之使自己受制于他们自己选任的立法者的东西；所以当立法者们图谋夺取和破坏人民的财产或贬低他们的地位使其处于专断权力下的奴役状态时，立法者们就使自己与人民处于战争状态，人民因此就无需再予以服从，而只有寻求上帝给予人们抵抗强暴的共同庇护。"④在此，洛克为反对暴政的革命提供了合法性辩护。在他看来，政府作为契约的一方，只要违反了社会契约，人民就有反抗和革命的权利，他们转让的"权力就重归于社会，人民就有权行使最高权力，并与他们自己继续行使立法权，或建立一个新的政府形式，或在旧的政府形式下把立法权交给他们认为适当的新人。"⑤至此，洛克以自然权利为主线，建构起了有关政府起源、政府合法性、政府角色功能、政府权力边界、政府责任

---

① ［英］洛克：《政府论》下篇，商务印书馆1964年版，第10页。
② ［法］卢梭：《社会契约论》，商务印书包1980年版，第77页。
③ ［美］托马斯·潘恩：《潘恩选集》，商务印书馆1981年版，第254页。
④ ［英］洛克：《政府论》下篇，商务印书馆1964年版，第133－134页。
⑤ ［英］洛克：《政府论》下篇，商务印书馆1964年版，第151页。

的一整套完整的理论体系,为资产阶级革命及现代宪政体制的建构,提供了完整的理论指导。

　　洛克极大地拓展了自然权力的内涵。在洛克之后,财产权作为自然权利的重要组成部分,以及它对于保障自由的不可或缺的重要意义,逐步成为英国思想家们的共识。休谟(1711－1776)就曾论证了财产权利与自由的关系,认为一切人的最大自由取决于三条“基本的自然法则”,即所有权的稳定、其转移需经同意,信守承诺,和对每个人的自由进行平等的限制。① 休谟之后的柏克(1729－1797)更是财产权的最著名的辩护者之一。柏克一再重申:“就我的公共职责所及的范围而言,我有责任虔诚地维护各种人的权利和产权。在他们依法保存的占有物上,充分保障他们依占有规则拥有的权利和产权。无论是作为一个人还是作为他们的代理人,我并没有发觉自己可以因为我认为某个人财产的份额太大,另一个人的份额太小,而自由地从那个财产大的人手里拿走一份既定的财产交给另一个财产少的人。”②柏克抨击法国大革命的一个重要依据,就是“几乎没有一个野蛮的征服者曾在财产权方面制造过一场如此之可怕的革命”③。相形之下,他对英国财产权保护感到非常自豪:“在我们的议会里,对一块菜园的租赁权、对一间茅舍一年的利润,对一座小酒馆或面包店的信用、对侵犯所有权的最微不足道的迹象,都比你们那里对属于那些最可尊敬的人物的最古老、最有价值的地产、或对你们国家整个商业金融界的处理要更郑重得多。我们对立法权怀有高度的尊重,但我们从未梦想过议会可以有任何权利去侵犯财产权,去压倒惯例法,或强行使用他们自己捏造的一种通货来代替真正的、为各国法律所承认的货币。而你们是从拒绝服从最温和的限制开始,而以建立一起闻所未闻的专制主义而告结束。”④

　　的确,注重财产权的保护,是英国相当悠久的政治文化传统。中世纪的中后期,贵族阶层与王权较量,往往就围绕着国王的征税权展开,并在《大宪章》签署之后逐步确立了国王征税必须经过贵族会议同意的原则。其后,城市市民阶级的崛起,更是提出了“不派代表不纳税”的口号。可以说,财产权乃是社会各阶层抵抗专制统治的重要屏障。17 世纪资产阶级革命之后英国制订的许多重要的宪法性文件,都与财产权的保护有关。英国历史有名的谚语“风可进雨可进,国王不可进”,正是这种深入人心的私有财产神圣不可侵犯的信念的生动写照。

---

① ［英］哈耶克:《致命的自负——社会主义的谬误》,中国社会科学出版社 2000 年版,第 34 页。
② ［英］埃德蒙·柏克:《自由与传统》,商务印书馆 2001 年版,第 48－49 页。
③ ［英］柏克:《法国革命论》,商务印书馆 1998 年版,第 152 页。
④ ［英］柏克:《法国革命论》,商务印书馆 1998 年版,第 199 页。

三、基于习惯法传统的法治理念

控制公共权力的运作,避免公权力对私权利的侵害,是人类政治文明进步的一个核心问题。从总体上讲,人类政治文明的限政思路无非是两条,即自律与他律。自律寄希望于塑造完美的政治人格,以完美的道德操守去净化权力。他律则致力于权力运作的外部约束,以刚性的法律和制度去捆住权力的手脚。基督教文化的"幽暗意识"及其派生的消极政治观念,使西方政治思想家基本上放弃了自律路径的追求,这样,要实现限政的目标,势必只能走法治之路。英国比较幸运的是,其根深蒂固的法治理念,使它比较顺利地走出了一条把政治纳入法律轨道的限政之路。

回溯英国的政治变迁历史,我们可以看到一种极具英国特色的政治现象,那就是无论哪个社会阶层、政治势力有何种政治诉求,无论相互之间的政治冲突如何激烈,参与政治博弈的各方或多或少还有一种基本的政治共识,即法律至上,政治诉求的表达和争取必须以法律为依据,政治博弈必须以法律规范为准则。正是这样一种根植于民族文化传统之中的法律信仰,深刻地制约着英国政治变革的方式,"使国内各类政治行为能够逐渐公开化、合法化和比较温和地进行,较少诉诸暴力和阴谋行为,常常能以较少的社会代价赢得较多的社会进步,同时又加强了英国政治制度的渐进性、连续性和灵活性特点"①。

英国人的法治观念首先来自于其习惯法的传统。如前所述,盎格鲁－撒克逊人进入英国时,一直保留着日尔曼人敬重民族习俗和惯例的传统。"七国时代",包括在抵抗丹麦人入侵过程中形成统一王国时期,英国都未建立起绝对的集权体制,王权相对弱小,且受制于多种因素,因而无力将自己的意志直接转化为法律,古代流传下来的习俗、惯例由此成为规范社会行为、维护国家秩序的主要力量,不成文的法律习惯成为国家法律的主要来源。早在 8 世纪,英王在登基的加冕仪式上就要宣誓:"保证教会、国家和人民的安全","保证维护法律","在司法审判中惩恶扬善,伸张正义"。可以说,国王必须受习惯法约束,在英国是一个传统的惯例。

诺曼征服后建立起来的诺曼王朝,全盘继承了盎格鲁－撒克逊时代的习惯法传统。征服者威廉一世即位之初就告示天下:"保持爱德华国王有关土地及所有其他事项的全部法律。"②盎格鲁－撒克逊时代英王还会以收集、整

---

① 阎照祥:《英国政治制度史》,人民出版社1999年版,第5页。
② [英]詹宁斯:《英国议会》,商务印书馆1959年版,第542页。

理不成文习惯和司法惯例的方式从事一些立法工作,但在诺曼王朝初期,即使是这样的立法活动也没有出现过。从政治生活到社会生活,一切都依循习惯法行事。在当时的英国人看来,由习惯演化而来的习惯法是千百年来社会约定俗成的产物,是世代先人生活智慧的结晶,它先于国家和政府而存在,具有外在于和超越于一切现世权威的自主性和神圣性。① 由于习惯法是在民族长期的社会生活实践中自生自发地演变出来的,它来自民间,来自生活经验,这种法律生成方式使英国人形成了一种有关法律只能被人们"发现",而不能人为"制定"的特殊观念。这就使习惯法能够真正深入人心,比一般的人为制定的法律更具有权威性,甚至具有某种神圣性。这样,习惯法对于全体社会成员都具有普遍约束力,即使国王也不能凌驾其上,就会成为很自然的事情。正如伯尔曼所指出的,在习惯法传统中,"法律不是由中央当局自觉地制定或重新制定的东西……而是某种产生于社会共同体的行为模式和行为规范,产生于它的社会习俗和社会惯例的东西"。在这种法律秩序中,"习惯是那么的神圣,以至于它还可以不仅是神圣的,它简直受到了绝对的和不容置疑的尊重"②。大体上,"王在法下"、法律至上的观点在 12 至 13 世纪时已经成为英国人相当普遍的信念。

法律至上的信念的形成还与英国多元政治格局,以及相互交叠的法律体系有关。这其中,最为关键的就是,教权与王权的长期对峙,客观上极大地提升了法律凌驾于教权和王权之上的神圣地位。教权与王权的对抗,是中世纪英国政治的主题。虽然在不同的历史时期,双方的势力起起伏伏,形成了不同的格局,但任何一方始终都没能形成压倒性的优势,而是始终维持了相对均衡的对峙局面。在上千年的纷争过程中,双方在攻击对方,为自己的权力、地位进行辩护时,都想方设法援用传统的法律作为依据。其结果是在无形之中凸现了法律的至上地位,双方都不得不接受由法律统治而不是由人来统治的观念。在这样一种观念传统中,"法律至上"的意义并非"以法治国",而是法律主治,法律是社会行为主体的根本行为准则,即使是国王、教皇都得接受法律的约束。

更重要的是,教会组织作为一种拥有庞大的组织体系的政治实体,在加强内部管理的过程中也逐步形成了发达的教会法。教会法是基督教会在不同历史时期形成的各种规章和章程,不仅涵盖了与宗教生活相关的各种规则,以及

---

① 程汉大:《政治与法律的良性互动——英国法治道路成功的根本原因》,《史学月刊》2008 年第 12 期。

② [美]伯尔曼:《法律与革命——西方法律传统的形成》,中国大百科全书出版社 1993 年版,第 98 页。

教会组织管理和教徒个人生活的规范,而且涉及教会与世俗政权的关系,以及与教会及信徒有关的土地、婚姻家庭、财产继承、诉讼等各个方面的相关规定。在与王权的竞争过程中,教会总是力图借助法的力量抑制王权的膨胀,将法律上升到神圣化的高度,宣称人的法律必须服从神的法律。随着教会组织社会影响力日益扩大,教会法也成为一个西欧社会普遍遵守和适用的法律体系之一。根据伯尔曼的分析,正是教会法奠定了把法律看作是信仰的精髓这一西方法治传统。① 根据教会法,教皇的权力并非是至高无上的,他要受到神法和自然法两方面的限制。教皇如果有背弃信仰、挥霍教会财产、通奸、抢劫以及其他严重损害教会声誉的劣迹昭彰的犯罪,也要受到审判,甚至可能被废除。12 世纪和 13 世纪的教会法还进一步规定了教皇不得从事与教会的"地位"(status)相反的行为,不得颁布以损害教会"一般地位"为目的的法律。教会法还规定,假如教皇命令教徒去做一件将会损害教会地位的不公正的事情,那教徒就有拒绝服从的权力。事实上,在相当长的历史时期里,教会法的发展比世俗政权的法律体系建设都要更加先进和成熟,它对于普及法律至上的理念起到了相当大的作用。

值得注意的是,中古时期的西欧法律体系是多元的,除了教会法,还有封建法、普通法、城市法、庄园法和商法等。多元的法律体系共同形成了一种各种司法管辖权共存与相互制衡局面。这其中,封建法是调节、规范封建领主和封臣之间关系的法律体系。王室法最初只适用于王室领地之内,后来随着王权的强大,逐渐成为王国统一适用的法律,即普通法。庄园法是调整封建庄园内部庄园主(领主)和农民之间关系以及农业生产关系的法律。城市法是关于城市基本制度和市民生活的法律体系,包括城市特许状、城市自身设立的法律以及各种行会的章程等。②商法是在 11—12 世纪的城市自治运动中形成的,最初表现为商业行会的习惯和惯例,后来逐渐成为调整商人自治共同体内部关系和当时的城市贸易、海外贸易等商事活动的法律体系。尽管多元的法律体系相互之间存在着交叠、冲突等现象,却形成了一个重要的事实,那就是几乎社会各个领域都习惯于用法律来调整和规范社会关系,法于是成为凌驾于不同地域(庄园、城市)、不同社会阶层、不同生活领域的最高行为准则。

英国著名宪法学家戴雪曾经总结指出:"自诺曼征服以来,英格兰的政治

---

① [美]伯尔曼:《法律与革命——西方法律传统的形成》,中国大百科全书出版社 1993 年版,第 116 页。

② 何勤华:《外国法制史》,法律出版社 1997 年版,第 164 页。

制度呈露两件异彩,它们的存在与运行足以使英国所有制度别异于他国所有。两件异彩中之第一件是:中央政府在通国之中居于至尊地位……第二件与第一件甚相关切:它是法律的至尊性,或称法律主治。这是我们的政治所有怪异性质;法院有一条老规矩最能将此项性质表白清楚:即是,这种法律是最贵国宝,为君主所有;全国人民以至君主本身都须要受治于法。倘使法律不能为政,以至全国无法律,必至全国无君主,复无任何遗产可言。"①从某种意义上说,戴雪讲的这"两件异彩",都是英国独特的政治格局的产物。就此而言,英国率先走上法治国家道路,是相当幸运的。从理论上讲,习惯法传统及多元的法律体系,虽然有利于形成法律至上的观念,但不利于形成统一的法律体系,完成整个国家法律体系的整合。程汉大曾分析指出,②早期英国习惯法虽然具有符合法治要求的内在属性,但也内含着妨碍法治成长的不利因素,那就是作为习惯法所不可避免的分散性。假如这种局面长时间保持不变,根基未稳的政治统一有可能因为统一的法律基础的缺失而毁于一旦;反过来,刚刚萌芽的法治传统也必将随着政治权威的轰然倒塌而中途夭折。幸运的是,诺曼征服及时而适度地加强了中央政治权威,从而避免了这种可能。诺曼征服及其后一段时期英国政治的格局,对后来的政治发展的影响是至为关键的。威廉一世及其后继者威廉二世和亨利一世,建立起了当时欧洲最强大的封建集权君主制,极大地强化了王权。但是,贵族们的联合抗衡作用,又使得英国王权始终未能到达东方国家那种绝对专权的地步。这种微妙的政治均衡为英国法治的成长提供适宜的社会环境。简单地说,英国王权恰好强大到了能够有效整合国家法律体系,同时又无法使自身凌驾法律之上的程度。一方面,强大的王权保持国家的政令统一,制约了封建贵族势力的离心倾向,进而在 12 世纪自上而下地发动和推行了大规模司法改革,将分属于贵族和地方共同体的司法管辖权集于中央,使各地分散的习惯法融为一体,形成通行全国的普通法。另一方面,王权的非专权性又决定了它没有"过剩"的力量可以超越法律之上,更不可能像东方国家政府那样,把法律变成自己的手中玩偶和统治工具,而不得不允许普通法与政治保持一定的距离,普通法因此而成为当时乃至以后数百年内世界上自治性最强、法治含量最高的一套法律制度,英国也从此跃居世界法治文明的领先地位。

英国法学家密尔松指出:"普通法是在英格兰被诺曼人征服后的几个世

---

① [英]戴雪:《英宪精义》,中国法制出版社 2001 年版,第 227 - 228 页。

② 程汉大:《政治与法律的良性互动——英国法治道路成功的根本原因》,《史学月刊》2008 年第 12 期。

纪里,英格兰政府逐步走向中央集权和特殊化的进程中,行政权力全面胜利的一种副产品。"①借助于强盛的王权,1154 年继位的亨利二世开始大规模地推行司法改革,将各地分散的习惯法和封建法统一起来,缔造出了欧洲历史上第一套具有近代特征的法律体系——普通法。随后,在"王在法下"、"法律至上"等理念的支撑下,英国的普通法走上了专业化、自治化的轨道。普通法建立起了一套以司法判例为源泉的自生自长的法律规范体系,一套以三大中央法院和巡回法院为主干、以各郡季审法院为补充的完备的司法组织系统,一个由职业法官和职业律师组成的自治的法律职业共同体,一套以陪审制为核心、以令状制度和"正当法律程序"、遵循先例为基本原则的理性审判机制,一套以四大律师会馆为主体的自我封闭的法律教育设施,实现了法治文明一次一次历史性的飞跃。②

按照哈耶克的说法,普通法是王室法官在司法实践过程中通过判例的日积月累逐步形成的,是通过法官对既有判例的重新解释和不断开创新判例而实现自身发展的。在此过程中,王权的实际作用只是充当法官的后盾,而没有直接参与法律的创制。因此,普通法是"法官造的法",是"法律人的法",而不是古代中国那样的"王法",具有独立于王权之外的自治性。哈耶克指出,在英国,普通法"一直被认为是独立于政治权力机构而存在的","(普通法)法官所旨在服务或努力维护并改进的乃是一种并非任何人设计的不断展开的秩序,这种秩序是在权力机构并不知道的情况下且往往与该机构的意志相悖的情形下自我形成的,它的扩展会超出任何人以刻意的方式加以组织的范围,它也不是以服务于任何人之意志的个人为基础的,而是以这些个人彼此调适的预期为依凭的"③。普通法的这样一种成长机制,使得英国在完成国家法律体系整合时,普通法依然借助于其不依附于政治权力的自治属性,始终保持了它在人们心目的超越性、神圣性和权威性,从而进一步强化了法律至上的理念,使之成为整个社会的共同信仰。"阻止英国在此后像欧洲大陆国家那样发展的力量,就是那个根深蒂固的普通法传统,因为英国人当时认为普通法并不是任何个人意志的产物,而毋宁是对一切权力(包括国王的权力)的一种限制。"④

---

① 密尔松:《普通法的历史基础》,中国大百科全书出版社 1999 年版,第 3 页。

② 程汉大:《政治与法律的良性互动——英国法治道路成功的根本原因》,《史学月刊》2008 年第12 期。

③ [英]哈耶克:《法律、立法与自由》第 1 卷,中国大百科全书出版社 2000 年版,第 197、第 184页。

④ [英]哈耶克:《法律、立法与自由》第 1 卷,中国大百科全书出版社 2000 年版,第 131 页。

　　从习惯法到普通法,英国所形成的法律至上的法治理念,其精神基调始终是限制王权,把王权关在法律的笼子里。按照"王在法下"的理念,任何试图凌驾法律之上的王权,都是暴君。12世纪,索尔兹伯里的约翰就在《论政府原理》中提出了"诛戮暴君"的理论,提出国王的统治分两种类型,一种"按照法律、正义和共同福利进行统治,另一种依据国王自己的邪恶目的用暴力进行统治",后者即为暴君。暴君"使法律化为泡影,使人民沦为奴隶"。对于践踏法律的暴君,法律应当拿起武器反对他,因为如果使暴君不受惩罚,就是反对正义本身,就是对整个人类共同体的犯罪。所以,每一个人都有权利和义务通过诛杀暴君来维护和实施法。① 13世纪的英国著名法学家布莱克顿在《英国的习惯和法律》一书中更是明确提出:"国王不应服从于人,但应服从于上帝、服从于法律,因为法律创造了国王。让国王回报法律吧,因为法律授予了国王国家的领土、统治的权力和其他一切。如果他根据自己的意志与个人喜好,而不是根据法律治理国家,他就不是名副其实的国王。"②这些都说明,随着普通法体系的日益成熟,"王在法下"的信念在英国已经相当深入人心。

　　法律至上的信念对英国政治发展的一个重大影响,是法律成为社会各阶层抵抗专制统治,维护和实现自身利益最重要的武器。任何一个社会阶层或政治势力,每当自己的权利受到强权的侵害,或者自己实力增强,期望获得更大的权利时,首先想到的便是寻找法律依据为自己的诉求进行辩护,便是如何让法律更加明确地确认自己的权利,或者说对强权者的权力加以限制。可以说,法律至上的观念传统,在很大程度上使政治博弈演变成了在法律面前的对决。1215年的《大宪章》,是因为约翰国王蔑视法律激怒贵族而产生的,它重申并明确了旧有的封建习惯法,贵族们对王权肆意妄为的抵抗,说到底就是期望用法律驯服王权,将王权重新纳入法律的框架。"它从头至尾给人一种暗示,这个文件是个法律,它居于国王之上。"③《大宪章》事件在英国历史上开创的一个重要先例,那就是,国王如果试图摆脱法律的约束,甚至凌驾于法律之上,必将面临民众群起而攻之,以致身败名裂的局面。1399年理查德二世狂妄自负,扬言"法律存在于国王口腹之中",任意践踏法律,其暴行很快引起民众的反抗,最终落得被废黜的命运。

　　众所周知,西欧是通过建立君主专制体制走出封建社会的。16世纪,欧洲大陆的大部分国家都以绝对专制主义强化了王权作为中央政府对整个国家

---

　　① [美]伯尔曼:《法律与革命——西方法律传统的形成》,中国大百科全书出版社1993年版,第342－343页。

　　② [英]威廉·布莱克斯通:《英国法释义》,上海人民出版社2006年版,第261页。

　　③ [英]温斯顿·丘吉尔:《英语国家史略》(上),新华出版社1985年版,第234页。

的政治控制。英国的都铎王朝也曾试图步欧陆国家的后尘,采取了多种措施来加强王权的中央权威。如设立由国王钦命大臣组成的枢密院,取代原先松散低效的谘议会,强化王权意志的贯彻;扩大郡治安法官的职权,加强治安法官对教区会议的控制等等。但是,无论都铎王朝怎样试图加强专制集权,深入人心的法律至上信仰始终是王朝专制不可逾越的障碍。因而即使是专制王权的支持者,也不得不承认统治英国的是法律,而不是国王:"首先,不是(女王)统治而是她的法律","如果……政权完全维系于国王或女王一人意志上而非法律文件上,如果她可以独自颁布和制定法律而无需议院……一句话,如果她就是一个君主而不是混合君主",那么,英国的情况就危险了。"(女王)不制定律令法律,而是可敬的议会和法庭在制定;她不中断法律,而必须是她和议员们一起才能中断,舍此而不可。"①都铎王朝始终未敢将专制企图推向极端。在立法上,国王总是按照"正当法律程序",通过议会三读程序制定法规,并公开承认国王法令的效力低于议会法规。在行政上,无论征税还是决策,国王通常首先与议会协商,征得同意后再行实施。在司法上,都铎王朝虽然建立了王室法院等一系列依附于行政权、采用纠问制的特权法院,但是并未动摇普通法和普通法法院的主导地位,因为特权法院只是作为普通法法院的一种补充而出现和存在的。总之,面对根基牢固的法治传统,都铎王朝未敢超越法律而独断专行,只能适可而止,自我满足于"有限专制"结果,在全世界都屈从于绝对君主专制的国际大背景下,英国奇迹般地独善其身,坚守住了法治的底线。②

事实证明,任何一种权力都有强烈的自我扩张本能。都铎王朝未敢突破的底线,到了继位的斯图亚特王朝时再次面临考验。专制权力的诱惑同样让斯图亚特王朝的君主们蠢蠢欲动,他们打着"君权神授"的旗帜,屡屡干预司法,试图将法律操纵于自己的手中。在这一过程中,英国自治的司法体系再次发挥了抵抗王权的重要作用。1608年普通诉讼法院首席法官科克挺身而出,高举法律至上的大旗,围绕捍卫普通法的独立性反对政治权力对司法干预,与王朝政府展开了坚持不懈的斗争。1620年科克被免职后进入下院,又与国王反对派结成政治同盟。1641年,议会宣布废除王室法院、高等委任法院等特权法院,剥夺了政治权力干预司法的主要手段。随后,"光荣革命"爆发,1689年议会颁布的《权利法案》正式以法律形式宣布取消国王用以干涉法官独立

---

① 转引陈晓枫、苏艾平:《英国封建政治的特质与宪政的生成》,《法学评论》2007年第5期。
② 程汉大:《政治与法律的良性互动——英国法治道路成功的根本原因》,《史学月刊》2008年第12期。

司法的法律豁免权和中止权,明确规定国王不得中止法律的实施,未经议会同意,也不得行使法律豁免权。1701 年议会制定的《王位继承法》宣布法官只有在议会两院的请求下才可罢免,英国法治的底线由此得到了彻底巩固。

四、基于政治妥协的协商意识

限政的政治着眼点,是以政治契约的方式明确权力的边界及其运作的方式,限制权力自我扩张的本能,将权力的运作限制在事先设定的轨道内,而不是要颠覆现有的政治秩序,推翻权力主体的统治地位。这就需要有相对均衡的政治格局,多元的政治主体相互之间能够认可、尊重各方的政治地位和权利,并以必要的政治协商和政治妥协来调整彼此间的关系,以避免专断行为可能造成的对现有政治秩序的破坏。现代议会的重要政治功能之一,就是为社会各阶层及各种政治主体共同参与重大政治决策,保证政治决策尊重各方的利益提供一个重要平台。而英国之所以成为现代议会的发源地,其悠久、深厚的政治协商意识无疑提供了适宜的政治文化背景。

英国政治文化的政治协商意识,最早源于日尔曼人的原始民主遗风。古代日尔曼人的公共事务,都是通过民众大会协商解决的。据美国学者孟罗·斯密的描述,日耳曼人"在无君主之部族中,有一种部族会议(tribalmeeting),由集会所在区域之诸侯,充当主席,不过其他诸侯则组织一种参事会(council),在提案提交人民公决之前,讨论各项相关问题,至有君主之部族中,则君主为部族大会(tribal assembly)之当然主席,其他诸侯似仍组织一参事会,于提案交付人民公决以前,备君主之咨询"①。据塔西佗的记载:"日耳曼人中,小事由酋帅们商议,大事则由全部落议决。"②民众大会在无拘无束的饮宴中开始,目的是让与会者在醉意朦胧中畅所欲言,而为了避免草率从事,最后决定要等到第二天大家头脑清醒时再做出。民众大会还行使司法职权,它提出控诉或宣判死刑,选举一些长官到各部落和村庄里去处理诉讼事务。恩格斯也曾称赞日尔曼人具有"把一切公共的事情看作是自己的事情的民主本能"③,认为马尔克原始民主制度对中世纪产生了极为深远的影响,"在整个中世纪里,它是一切社会制度的基础和典范。它浸透了全部的公共生活,不仅在德意志,而且在法兰西北部,在英格兰和斯堪的纳维亚"。④

① [美]孟罗·斯密:《欧陆法律发达史》,中国政法大学出版社 2003 年版,第 35—36 页。
② [古罗马]塔西陀:《阿古利可拉传·日耳曼尼亚志》,商务印书馆 1997 年版,第 60 页。
③ 恩格斯:《家庭、私有制和国家的起源》,人民出版社 2003 年版,第 162 页。
④ 《马克思恩格斯全集》第 19 卷,人民出版社 1963 年版,第 356 页。

盎格鲁－撒克逊人进入不列颠后,把这种协商决策习惯带入了英国政治实践,为英国的政治文化注入了民主协商的基因。盎格鲁－撒克逊时代政治协商的基本载体是贤人会议。早在七国时代,贤人会议(Witenagemot)就已经存在,其主要职能是讨论土地赠赐与转让问题。国家统一后,贤人会议成为国王不定期召集的惟一的中央会议和最重要的统治机构。贤人会议的主要成员由高级教士、世俗贵族和王室官员组成。据记载,931 年召开的贤人会议成员共有 101 人,包括坎特伯雷和约克两个大主教、17 个主教、5 个修道院院长、2个威尔士贵族、15 个长老、59 个塞恩(即早期的土地贵族);934 年的一次贤人会议共有 91 人参加,其中大主教 2 人、主教 17 人、修道院院长 4 人、威尔士贵族 4 人、长老 12 人、塞恩 52 人。① 在王权弱小,国家治理主要遵循传统惯例的时代,贤人会议权力很大,通常每年要召集好几次,国王要制定法规、征收赋税、缔结条约、任命主教和地方官或处理其他国务,都必须和贤人会议协商,求得其同意方能颁行。相关决定一经贤人会议作出,国王无权擅自更改。据记载,有一次坎特伯雷大主教代表某一被判刑的当事人请求国王的宽恕,国王表示"爱莫能助",理由便是"我的贤人会议已经作出了判决"②。

更重要的是,在王位世袭制刚刚萌芽的时期,受原始选举制遗风的影响,王位继承人虽然固定于王族成员,但贤人会议的同意却是王权合法性的主要源泉,没有贤人会议的同意,即使先王的嫡长子也不能继位,而得到贤人会议支持的王室成员却可以超越嫡长子制限制继承王位。如 870 年,在贤人会议支持下,阿尔弗雷德大王越过兄王之子登上了王位;1066 年继位的哈罗德甚至是先王爱德华的内弟。在特殊情况下,贤人会议还可以选举和废黜国王。所以 9 世纪末 10 世纪初当政的国王埃塞尔雷德二世深有体会地说,国王始终处于"试用期中"③。因而贤人会议事实上是当时商议重大政治决策的重要机构,也是制衡王权的重要机制,它在很大程度上保存了古代原始协商议事的政治传统。

诺曼征服后,随着封建制度在英国的健全,贤人会议逐步退出了历史舞台,取而代之发挥重要政治作用的是大会议。虽然威廉并没有宣布废止贤人会议,但随着新型的封君封臣关系的确立,出席会议的人员及其与国王的关系都发生了变化,除了继续召集主教和修道院长外,其他出席会议的世俗成员皆为威廉的封臣。这样,原先的贤人会议实际上演变为封臣大集会。从组织原

① 万昌华:《论英国宪法政治的孕育形成与发展》《泰山学院学报》2004 年第 1 期。
② 程汉大:《英国宪政传统的历史成因》,《法制与社会发展》2005 年第 1 期。
③ 程汉大:《英国宪政传统的历史成因》,《法制与社会发展》2005 年第 1 期。

则上讲,大会议是一个按照封君—封臣关系由国王的直属封臣组成的政治机构(俗称国王法庭),但从实际职能来讲,大会议与贤人会议却很相似,是一个兼有咨询、行政、立法、司法等多种职能的综合性中央政治机构。根据封建法,封君与封臣的关系是一种权利与义务相统一的契约关系。"封君有权要求封臣履行应尽的义务,但同时封君也有义务维护封臣应享有的权利,封臣既必须向封君履行义务,又不容许封君超出封建习惯法的范围侵犯自己的权利。"①虽然诺曼征服后的英国王权在欧洲国家是最为强大的,但王权也没有强大到足以建立专制统治的地步,重大政治决策还需要根据封建法原则,征询大封建主和教会贵族的意见。同时,在当时的历史条件下,贵族也是唯一具有文化修养和政治经验的社会阶层,他们与国王同属于特权阶层,是一个大的利益共同体。取得贵族们的支持是王权实现自己政治意图必须借重的重要力量。而对贵族来说,由于王权的强大,任何单个封建领主都没有实力与王权相抗衡,而是需要通过联合起来才能形成制约王权的政治压力。这样,贵族们也非常需要有一个政治联合机制,大会议正好提供了这样一个政治联合的平台。除了万不得已诉诸武力,历史上贵族们联合抗衡王权,最主要的方式是利用大会议进行政治博弈,通过参与重大决策维护自己的利益。大会议每年召开三次,分别在圣诞节、复活节、降灵节期间举行,几乎重要的国家大事或多或少都经历了大会议的政治协商。12 世纪中后期,国王亨利二世在政治、经济、军事、司法等领域进行大刀阔斧改革时,几乎在每项重大改革出台之前,亨利二世都首先召开大会议,与教俗贵族共同协商,制定有关法令,然后自上而下颁行于全国。

　　需要指出的是,诺曼王朝的大会议所发挥的作用还不太稳定,在大会议之外,王室还有一个重要的辅助机构即御前会议(Curia Regis),由国王挑选自己信任的贵族组成,负责处理国务大事的日常讨论。一般来说,提交大会议商议的重要法令、重大决策及重大诉讼案件,御前会议事先都会拿出倾向性的处理意见。当王权十分强大的时候,大会议往往便成为咨询机构,而在当王权有所削弱时,大会议的制衡作用就会表现得比较突出。但是,即使是大会议沦为咨询机构,无法真正抗衡王权时,大会议所形成的惯例,如国王制定的所有法令,特别是直接与王权有关的法案和法令文件,依然要由大会议的同意或认可才能生效,重大案件,尤其与王权直接相关的大要案,都要由大会议审理。此外,租税的制定、主教的选择,甚至国王的选举等都要由大会议讨论,最后的决议都要经过大会议的同意,这至少确立了一个重大政治原则,国王的任何重大决

---

① 刘新成:《英国都铎王朝议会研究》,首都师范大学出版社 1995 年版,第 105 – 106 页。

策只有经过大会议的政治协商,取得大会议的同意才能生效,具有合法性。也就是说,虽然协商的具体规则还不够明确,但协商的原则已经相当牢固。

到了13世纪,由农村骑士和城市市民构成的中产阶级开始崛起,成为一个新的"有影响的阶级"。他们凭借实际影响力,开始表现出争取相应的话语权的强烈愿望。于是政治协商范围开始扩大,国王开始邀请部分平民代表出席大会议。大会议开始朝着往现代议会的方向发展。可以说,大会议作为贤人会议的延续,不仅很好地传承了民主协商的政治文化,而且为议会制度的出现,提供了政治基础。政治协商的传统经历上千年的延续,孕育出了重大事务应当通过协商解决的政治理念,并得到了社会各方的认可。在平民代表进入议会之前,各地骑士和市民多次以"未参与协商和决定"为由抵制国王和大会议的征税命令。而在议会产生之际,亨利三世及其大臣们也多次提到:"涉及大家的事务应当与大家协商决定。"①

英国政治协商文化的形成,既有原始民主遗风的长期影响,也有社会现实的原因。从总体上讲,中世纪西欧社会都是一种多元主体相互制约的政治格局,相形之下,英国政治的多元博弈及相对均衡体现得更为突出。法国著名政治家和历史学家基佐曾就此进行了深入的分析。基佐指出,中世纪的西欧,普遍呈现出了"各种不同的、混乱的、狂风暴雨般的景象。社会组织的一切形式、一切原则都在其中并存着;宗教的和世俗的势力;神权政治的、君主政治的、贵族政治的民主政治的成分;各行各业,各式人等互相混合、互相挤压;存在着无数程度不等的自由、财富和势力这些各色各样的势力处于一种互相不断斗争的状态,然而没有一个能消灭其他势力而占有整个社会"。在此,"没有一种旧因素彻底消亡,也没有一种新因素彻底胜利,或者某一种原则取得了独霸优势。各种力量总是在同时发展,多种利益和要求总是在折衷调和",即使是在王权得到极大加强的都铎王朝,也能"看到民主的原则、公众的力量在同时兴起和壮大","包括宗教界和世俗界在内的多种社会因素——君主制、贵族统治制、民主制,不是齐头并进,而是首尾相接"②。多元化的政治博弈,客观上造成了一种相对均衡的政治格局,任何一方都无法形成权力专断,漠视其他各方的利益,肆意扩张自己的权力,而是需要通过政治妥协、政治协商,在尊重其他各方权利的前提下,维护自己的权利。"既然谁也不能消灭谁,那就必须让各色各样的原则一起存在——他们应该在他们之间订立某种协定。大家都同意各自去进行可以属于自己的那部分发展。在别处,当某一个原则占

---

① 程汉大:《论中世纪晚期英国议会政治》,《史学月刊》2002年第12期。
② [法]基佐:《欧洲文明史》,商务印书馆1998年版,第23页、第218页。

优势产生了暴政时,在欧洲,自由已成为文明因素多样性的结果,已成为它们经常所处的斗争状态的结果。"①

可以说,传统的民主协商政治惯例与相对均衡的政治格局所产生的政治妥协,形成了一种相互支撑、相互促进的强化机制。原始的民主遗风及贤人会议、大会议积淀的协商意识,为处在相对均衡格局下的各方势力,以妥协和协商的方式寻找打破政治僵局提供了政治智慧的启示,使各方更愿意以各方共同认可的惯例来维护自己的权利。反过来,相对均衡的政治格局,使妥协成为最具有现实可能性的政治改良路径,它通过利益格局的温和调整,或多或少,使各方的利益都得到了尊重和维护,从而进一步强化了各方对政治协商的必要性、正当性、可能性的认可。这样,政治协商就逐步从一种原始民主遗风,一种政治惯例,演变为一种各方共同接受的政治原则。

政治协商的原则在《大宪章》中已经得到了明确的确认。在有关征税及立法的条款中,《大宪章》明确此类事务"应与全国人民普遍协商",须征得"全国普遍同意"。《大宪章》第 14 条还特别规定,为取得"全国普遍同意",国王应于规定之日期和地点,召集教俗大贵族及其他有关人员进行咨询。这些规定在日后贵族们抗衡王权的过程中,通过一再重新确认《大宪章》的方式得到了不断强化。1242 年,当国王提出要远征法国时,贵族们在大会议上就提出,如果他们不清楚该项计划,他们将拒绝为战争提供经费。1255 年,当亨利三世因要求大会议为其远征欧洲大陆和苏格兰的行动提供援助时,贵族们又明确表示,只有当他们看到国王遵守《大宪章》的诚意,了解了远征计划的具体内容后,他们才会为国王提供捐助。亨利三世不得不因此推迟了远征计划,直到他向贵族们讲明了远征计划的详情,并重新颁布了《大宪章》,许诺保证遵守《大宪章》之后,贵族们才同意了国王的要求。②

在政治博弈积累的经验和惯例,逐步形成了一些将协商原则规范化的政治制度时,现代议会制度也就呼之欲出了。1295 年爱德华一世召开了有大贵族、大主教和骑士、市民代表参加的会议,因这次议会各等级代表无一缺席,而称为"模范国会"。在爱德华一世统治的 35 年里,议会共召开了 50 余次,议会不仅修改、补充旧的法律,而且制定新的法律,议会的最高立法权得到了确立,议会一年召开两次会议的做法也成为一种制度。而议会的产生,又"把英国的政治协商传统推进到一个新的历史阶段"③。

---

①　[法]基佐:《欧洲文明史》,商务印书馆 1998 年版,第 24 页。

②　万昌华:《论英国宪法政治的孕育形成与发展》《泰山学院学报》2004 年第 1 期。

③　程汉大:《英国宪政传统的历史成因》,《法制与社会发展》2005 年第 1 期。

议会的英文名为 Parliament,来自法文的 Parliament,本身就有"讨论""谈话"的意思。议会产生以后,长期与政治无缘的平民阶层被逐步吸纳到政治协商的范围,尽管当时的所谓"平民"实际并不包括社会下层阶级,但却为今后协商范围进一步扩大到社会各阶层提供了潜在发展空间。与此同时,议会产生之后,政治协商形成了一系列刚性的规则,从而稳定了政治协商的政治地位。议会逐步获得了参与立法、控制税收和批评监督政府的法定权力,议会召开开始制度化,并确立了两院制的组织形态,议会运行的程序规则得到了完善,议员们也取得了辩论自由和免于逮捕的特权。经过几个世纪的发展演变,在议会作为一个相对独立的权力主体的地位牢固下来之后,"议会主权"原则或者"议会至上"原则,作为英国宪法的基本原则被牢固地确立起来,传统的政治协商原则也具体为一个宪法化、规范化的政治制度体系。

第四章
英国现代政治体系的成长历程

在特定的政治文化背景和现实的政治发展境遇的共同作用下,英国的现代政治体系经历了较为漫长的演进历程,其中现代民族国家的形成、以法限政的宪政体制的成型、议会制度的完善,是政治变革在不同历史阶段的三大核心议题。

一、现代民族国家的成长

民族国家是现代政治体系运作的基本单元,其形成是现代政治体系成长的第一步。民族国家是以民族为基础的主权国家,其形成必须具备两个基本要素,即国家主权与民族一体化。欧洲的民族国家出现在中世纪后期,并在资产阶级时代完成。1485 年建立的都铎王朝推动的旨在加强统一王权及摆脱宗教对政治控制的改革,开启了英国民族国家成长的历程。

中世纪欧洲国家政治秩序的统一,一直受到两大政治体系的制约,即统一的超国家的教会组织体系对世俗政治生活的深刻影响,以及支离破碎的封建体系对统一王权的离心倾向。当时的人们并没有今天这样一种国家忠诚意识和民族感情,取而代之的是对封建领主的忠诚和对基督教的顶礼膜拜。英格兰、法兰西、意大利等概念都不过是一些地理名词,而没有政治共同体的含义。"欧洲人虽然自身也有判别,但那仅仅是地域的差异,共同的信仰使他们彼此认同。"①这样一种政治秩序,显然是不利于资本主义经济发展的。资本的逐

---

① 钱乘旦:《欧洲民族问题的历史轨迹》,《中国社会科学季刊》1996 年秋季卷。

利本能具有无限制地扩大市场秩序的冲动,具有冲破封建壁垒,在更大的范围内实现资源的自由流动和有效配置的内在要求。随着中世纪后期资本主义经济的快速发展,建立一个"统一的政府、统一的法律、统一的民族阶级利益和统一的关税的统一的民族"①,客观上成为西欧政治变革的历史主题。在当时的历史条件下,只有强大的王权,通过建立中央集权的政治体制,才能克服相互割据、支离破碎的混乱政治局面,形成统一的民族国家。

1. 民族意识的生成

语言是民族最重要的标识,是民族一体化的重要载体。英国民族意识的萌芽,直接源于中世纪英格兰同欧陆王国之间的战争的刺激作用。百年战争之前,英格兰同法国的关系相当复杂,当时既没有明确的国家疆域边界,也没有统一的民族语言。自诺曼征服之后,英国的统治者大多都是来自法国的"征服者",作为诺曼底公爵的威廉及其继任者,英王一直是跨海而治,同时统治着英吉利和欧洲大陆的诺曼底。为了处理诺曼底的政务,亨利一世曾不得不带领部分官员常驻诺曼底。据载,亨利一世在位的 35 年里,就有一半的时间呆在诺曼底。从 1107 年起,亨利一世把御前会议的成员分为两个部分:一部分伴随其左右,来往于欧洲大陆与英吉利之间;另一部分则留在国内,组成代理政府,负责处理日常政务。② 1154 年,法国的安茹伯爵亨利凭借其作为英王亨利一世外孙的身份,继承了英国王位,是为亨利二世。此前,他在法国已有诺曼底、安茹、阿奎丹、布列塔尼等多块领地。继承英国王位后,他的整个统治中心并不在英国,而在法国安茹。亨利二世在位 34 年,有 21 年是在法国度过的。此外,理查德一世在位 10 年,仅到过英国两次,逗留时间总共才 6 个月。

1337 – 1453 年,英法两国为了争夺大陆领地爆发了百年战争。百年战争使英国丢失了它在大陆的所有地盘,英国人不得不无奈地告别了大陆。但是恰恰正是战争及结局,刺激哺育出了英国人强烈的民族意识。③ 百年战争断断续续持续了 116 年,是世界历史上最漫长的战争。12 世纪的时候英国金雀花王朝在法国占有广阔的领地,在随后的两个世纪里法国国王逐渐夺回部分被英王占领的土地。14 世纪初,英国仍占据法国南部阿基坦地区,成为法国政治统一的最大障碍。为此双方围绕争夺富庶的佛兰德地区展开了激烈的较

---

① 《马克斯恩格斯选集》第 1 卷,人民出版社 1995 年版,第 277 页。
② 岳蓉:《英国民族国家形成的政治动因》,《史学月刊》2006 年第 9 期。
③ 陈昀岚、高燕、曹文琪:《从战争和改革的视角看英国民族国家形成的历程》,《内蒙古民族大学学报》2006 年第 3 期。

量。1328 年,法王查理四世去世,卡佩王朝绝嗣,支裔瓦卢瓦王朝的腓力六世继位,英王爱德华三世随即以法王查理四世外甥的资格,与腓力六世争夺王位,触发了两国间的战争。1337 年 11 月英王爱德华三世率军进攻法国,百年战争正式开始。在一连串的军事失利之后,1360 年法国王子查理被迫签订了屈辱的《布勒塔尼和约》,把加来及法国西南部大片领土割让给英国。1364 年,法国王子查理继位,即查理五世。为了夺回失地,法国进行了紧张的备战。1369 年法王率军连续发动攻势,几乎收复了全部失地。1396 年双方缔结了二十年停战协定。1415 年 8 月,英王亨利五世趁查理六世即位后法国统治阶级发生内讧之机,再度领兵进攻法国,很快便占领了法国北部。1420 年,双方签订《特鲁瓦条约》,条约规定法国王太子的王位继承权转归英王亨利五世。1422 年法王查理六世与英王亨利五世先后去世,英方宣布由未满周岁的亨利六世兼领法国国王,引起法国民众的强烈不满。1428 年 10 月,英军围攻通往法国南方的要塞奥尔良城,法国民众奋起抗击。1429 年,法国民族女英雄贞德率军击退英军,解除了奥尔良城之围。此后,法国抗英运动继续高涨,英军节节败退。1429 年 7 月,王子查理在兰斯加冕,称查理七世。1453 年 10 月,驻波尔多英军投降,法国领土全部收复。至此,百年战争以法国的胜利而告终。

百年战争给英法两国带来了深重的灾难,英国也因此失去了在法国的全部领地,但长期的战争却极大地激发了英国人的民族意识,成为促进英国人民民族认同的催化剂。那些失去在法国的地产的贵族和骑士开始对法国产生敌对意识,不愿再与法国人为伍。战争期间,"英格兰应当是英格兰人的"之类爱国性的口号,迅速在英格兰流传开来。基于恨屋及乌的心理,英国人甚至也不愿与法国人操同样的语言。14 世纪的英国人还在大量使用法语,法语是英格兰上层的语言。当时甚至有"存在着两个法语王国,其一居于欧洲大陆,其二居于离欧洲大陆不远的岛上"的说法。战争爆发特别是两国敌对意识的不断发酵,促使英国人开始把法语视为"敌人的语言",并提出"上帝是英吉利人"。可以说正是战争"使英格兰人意识到他们的特性、统一性和共同的传统和历史"[1],英吉利人的民族意识开始产生。14 世纪中期以后,英语逐渐上升到与法语及拉丁语同样重要的地位。1362 年国会规定英语为法定语言,1363 年大臣第一次用英语召开国会。1399 年英王亨利四世用英语向国会讲话,这是英国第一个讲英语的国王。英王亨利五世也积极地鼓励使用英语。[2] 1440

---

① [英]肯尼恩·摩根:《牛津英国通史》,商务印书馆 1993 年版,第 36 页。
② 王鸿斌:《中世纪后期英国王权与教皇的关系》,《连云港师范高等专科学校学报》2003 年第 1期。

年,亨利六世创办了语法学校,积极支持发展民族语言。而亨利八世时期的宗教改革,促成了在宗教仪式中用英语取代拉丁语。

统一的民族语言的形成,极大地促进了英国人民族认同感的生成。百年战争之后,都铎王朝与西班牙等国的冲突,进一步强化了这种民族情感,甚至使英格兰人产生了强烈的民族优越感。一位意大利人曾这样报导了1500年左右的英格兰人:"英格兰人极爱他们自己和属于他们的一切。他们认为除了他们自己以外就没有别人,除了英格兰以外就没有别的世界;而当他们见到一位漂亮的外国人时,他们便说'他长得像个英格兰人',并说'可惜他不是英国人'。"①这种民族情感无疑为形成统一的国家主权奠定了重要的社会基础。

2. 封建原则的消解

按照法国政治思想家让·博丹的界定,主权是"不受法律约束的、对公民和臣民进行统治的最高权力"②。要形成这样的主权,就必须使中央政府为代表的国家成为公众的唯一政治效忠对象。

封建统治是以"私法取代公法的位置"、"公共责任变为私人义务"为特征的。③ 在封建社会,封建领主是封臣和臣民的效忠对象,封建法也只确定了领主与封臣之间的权利义务关系,因而中世纪的民众只知有其领主,不知有国王。对于他们来说,领主才是具体的、自己必须效忠的对象,而国王虽然理论上是全国最大的封建主,甚至是全国土地的最终所有者,但他在很大意义上只是一种抽象的存在。这样,要建立统一的民族国家,就必须打破封建原则,将所有臣民的政治效忠对象从各级封建主转移到国王为代表的中央政府上来。

消解封建原则,自然要触及封建贵族的利益,并受到顽强的抵抗。百年战争结束后,英国政治格局的变动恰好在一定意义上为此提供了重要契机。一方面,进入15世纪以来,随着大量新兴城市的出现,市民阶层崛起成为一支重要的社会力量。市民阶层以工商业主为主体,是资本主义经济的代言人,他们基于自身的利益,期望能够借助王权的力量,打破封建壁垒,建立统一的国内市场。同时,市民阶层由于掌握了大量财富,已经成为国王在财政上的重要依靠对象。这样,在英国政治格局中,就出现了市民与王权结盟的现象。为换取市民阶层的支持,国王不仅允许市民代表出席等级会议,而且邀请他们加入国

---

① 肯尼恩·摩根:《牛津英国通史》,商务印书馆1993年版,第237页。
② [美]萨拜因:《政治学说史》下册,商务印书馆1986年版,第462页。
③ 岳蓉:《英国民族国家形成的政治动因》,《史学月刊》2006年第9期。

王的政府。市民与王权的结盟,打破了旧有的王权与贵族之间的政治均衡,政治的天秤开始向国王一侧倾斜。

　　另一方面,百年战争之后贵族内部的激烈纷争,又几乎将贵族势力消耗殆尽。战争结束后,英国封建贵族经过一番分化组合之后,贵族们分为两大阵营,卷入了金雀花王朝后裔的两个王室家族内部的纷争。以红玫瑰为标志的兰开斯特家族和以白玫瑰为标志的约克家族,为争夺王位继承权进行了长达30多年的厮杀。在这场玫瑰之战中,兰开斯特家族和约克家族几乎同归于尽,大批封建贵族也在互相残杀中阵亡或被处决。据史料记载,玫瑰战争之前,贵族应召出席议会者最多达54人,而亨利七世即位后召集的首次议会,仅有29家受到征召,并只有18家应召前来。显然,玫瑰战争使英国封建贵族势力受到了极大的削弱。利用这一历史性机遇,英王亨利七世建立起中央集权的都铎王朝,强化了王权作为国家主权象征的地位。正是在这个意义上,有历史学家称:"在玫瑰战争废墟的昏暗上空,已经出现了现代世界的第一丝曙光。"[1]

　　总之,都铎王朝时期,英国的发展正处于对外需要以民族的姿态出现,对内需要建立统一的行政体系的历史时期,都铎王朝的君主们基于自身的利益,想方设法强化王权,逐步建立起了强大的中央集权政治体制。都铎王朝的君主们一方面不断铲除贵族封建的残余政治势力,另一方面用实际利益笼络他们,使他们逐步淡出了英国的政治舞台。而对于新兴的资产阶级工商业者,君主们特别是伊丽莎白女王采取了积极扶植的政策,为他们获取海外经济利益保驾护航。对普通民众,王朝君主也开始着力塑造自己的亲民形象。结果是,王朝君主逐步成了整个国家主权的象征。

　　更重要的是,亨利八世进行的卓有成效的政府革命,初步建立起了中央政府的行政体系,有效地加强了自上而下的政治控制,"将王室权力扩张到一个新的高度"[2]。在西欧各国中,英国独立承担中央政府某些职能的国家机构的出现是比较早的。如12世纪时英国就从御前会议的财政部门中分化出了独立的财务署,负责统一收缴各郡及教俗大贵族的封建捐税,并进行账目核算,全国的郡长都要向财务署报告本郡的财政收支情况。到爱德华三世时,财务署的职能进一步扩大,除了控制国家支出外,还兼有司法职能。1357年,财务署正式成立财政法庭,国王不再干涉其政府职能。财务署是英国最早与王室分离的国家机构,它的出现标志着独立于王室的中央政府行政机构建设的开始。在此基础上,亨利八世在托马斯·克伦威尔的策划下进行了大规模的中

---

①　钱乘旦、许洁明:《英国通史》,上海社会科学院出版社2002年版,第89页。
②　[美]杰里·本特利、赫伯特·齐格勒:《新全球史》下,北京大学出版社2007年版,第676页。

央政府建设。在这次政府改革中,原来只为国王管理信札文书等事务的国王秘书一职,提升为首席国务大臣,成为政府机构的核心人物,各部门的重要事务均须经过他上传下达。传统的宫廷会议则被改造成一个小规模的枢密院,以首席国务大臣总督导,其成员由教会、司法、财政、军事、王室等部门的主要官员组成,他们大多是非贵族出身的专门行政官员。这样,英国就率先建立起了一个独立于王室的集权而又精简的中央政府机构,有效地加强了中央集权。

在加强中央集权的同时,亨利八世也加强了对地方的行政控制。靠近苏格兰的北方地区过去一直由几家大贵族掌权。1536 年亨利八世镇压了北方的"求恩巡礼"暴动之后,采用英国普遍实行的政府制度,重新组织了北方法院,使它成为由王权和枢密院直接指挥的有力工具。威尔士虽然早已被英格兰征服,但仍保留着贵族、部落的统治,1543 年议会通过法案,在威尔士实现英国的一切行政司法制度。甚至在爱尔兰,也依靠英占区内的乡绅推行了改革,建立了中央政府控制下的爱尔兰政府和议会,基本结束了爱尔兰地区的封建割据。① 至此,英国自上而下的行政体系基本形成。

3. 国家对外主权的确立

王权与教权的冲突是英国中世纪政治斗争的主线之一,英国民族国家形成的另一重要标志就是亨利八世发动的宗教改革,使英格兰民族摆脱了罗马教廷对英国的控制,使国家主权凌驾于教权之上,确立了国家的对外主权。

基督教会与英国世俗政权经历了合作、纷争反反复复的曲折历程。诺曼征服后,随着王权的发展,教权与王权之间围绕着司法审判权、主教任命权等问题,矛盾冲突越来越激化。1075 年,教皇格里哥利七世颁布敕令,宣称"惟有教皇才有权任命主教,制定教会法规,决定教区划分","教会有权废黜皇帝、国王"。期间,王权处于相对弱势,教会组织及信徒享有司法豁免权。亨利二世曾试图对此提出挑战,1164 年通过《克拉伦登法》,规定凡涉及教职人员的案件,国王法庭有权审理。但是这一做法遭到宗教界的强烈抵制。1170年亨利二世不得不向罗马教廷臣服,放弃对教职人士的世俗审判,承认英国教会享有向罗马教会申诉的权利。13 – 14 世纪,罗马教廷试图进一步扩大各国教职的圣职授职权,教皇与英王之间因高级教士的任命权再次发生激烈冲突。约翰王时期,双方就坎特伯雷大主教的继任问题展开了激烈的交锋,结果再次以教廷的胜利而告终。

---

① 陈昀岚、高燕、曹文琪:《从战争和改革的视角看英国民族国家形成的历程》,《内蒙古民族大学学报》2006 年第 3 期。

14 世纪中后期以来,随着英国民族意识的不断升温,不受王权控制,甚至凌驾于王权之上的教权,成为英国建立民族国家的重大障碍,教会不断扩张的权力,特别是对世俗政治的干预,开始受到广泛质疑。这期间,牛津大学神学博士约翰·威克里夫(1320—1384)率先提出了民族宗教理论,吹响了以民族国家理念改革教会组织的号角。威克里夫否认了罗马教廷的绝对权威,认为"虽然教皇和国王在各自的领域里处于最高地位,每个基督教徒得到的一切并非'直接'来自他们,而是来自上帝。最高的权力在天庭,而不是在罗马"①。《圣经》是作为信仰的惟一根据,是联结信徒与上帝的纽带,教会组织不能垄断信徒通过内心感悟而与上帝进行精神沟通。更重要的是,威克里夫认为,教会组织的奢华、腐败、傲慢不符合真正的基督教原则,国王作为受上帝派遣掌管俗界事务的牧师,有权限制教士的不当行为。为此,威克里夫主张取消对教会、教皇的纳贡,仅给教皇以救济金,给英国教会以供养金;取消宗教的教规、惯例、组织以及教会本身,并允许自由传道;用英语做礼拜,建立不依附任何外国势力的"廉俭的"民族教会。可以说,威克里夫的宗教改革建议完全顺应了英国排除民族国家建构的障碍的政治发展要求,因而在社会上产生了广泛的影响。特别是在当时的亚维农教廷具有浓厚的法兰西色彩的背景下,英国人普遍对任何与法国有关联的东西都怀有憎恨心理,因而威克里夫的改革倡议有力地激发了英国社会上下摆脱罗马廷控制的民族情绪。在英王及社会公众的支持下,英国议会否认了约翰王时期对教皇俯首称臣的承诺,拒绝将英国积欠 33 年的圣俸上交罗马,拒绝接受由教皇任命的英国教会的神职人员,并限制英国人上诉罗马教廷。

亨利八世当政后,凭借日益强大的自上而下的政治和行政控制体系,终于下决心,打破教权对民族国家成长的羁绊,开始推行自上而下的宗教改革。1529 年,亨利八世亲自主持召开了国会,并免去了罗马教廷在英国的代表约克大主教兼国王枢机大臣乌尔西的职务,剥夺其公民权,没收其财产,从而揭开了宗教改革的序幕。1533 年,亨利八世制定并颁布了著名的《上诉法》,宣称:"本英格兰为一主权国家,并一向为世界所承认,受一最高首脑国王之统治","国王拥有至高无上的权力,能够对包括僧侣和俗界在内的所有人的一切行为进行审判","在国王之下的僧侣和世俗人组成政治社会,各自在宗教领域和世俗领域享有司法行政权,不受任何来自帝国之外势力的干涉。"在此文件中,英国首次以法律形式强调了国家及主权的排他性特征,将国家主权凌驾于任何教会组织之上,明确地宣示了国家的对外主权。这样,整个英国教会

---

① ［英］丘吉尔:《英语国家史略》上册,新华出版社 1985 年版,第 321 页。

组织都被纳入了国家主权的统治范围。此后,英王不仅握有对高级教士的任命权(先呈报英王,后由教皇正式任命),还可以定期地向教会征税,必要时还可以通过议会对教会组织的活动进行立法限制。

1534 年,英国宗教改革会议通过了《至尊法令》,法令规定:"国王陛下,他的后嗣与继承者,这个国王的诸国王,应取得、接受和被成为那叫安立甘教会的英格兰教会在尘世的唯一的最高首脑",有权纠正异端,革除教会流弊。《至尊法令》实际上是英国国王和英国国家的一个"独立宣言"①,它表明英国比法国和西班牙更明确地否定了教皇的权威,打破了昔日二元体制下世俗政权与教会组织各有其主、相互角逐的局面,使英王成为英国教会的最高首脑,教会转为专制君主的统治工具。此后,英国国王陆续通过相关法案,没收大批教会土地及其他财产,从根本上打击了宗教贵族,为英国建立完整的现代民族国家奠定了坚实的基础。

二、宪政制度的建构及其完善

英国著名宪法学家戴雪曾经指出,英国宪政包含两大精义,即法律主治和议会主权。② 法律主治的核心是以宪法和法律限制公权力,维护公众的人权。就中世纪后期以来英国宪政体制的发展来说,法律主治就是以法律限制王权,它与以法律维护民众权利是同一个过程。

1.《大宪章》与宪政制度的开创

英国宪政传统起源于 1215 年的英国《大宪章》(Magna Carta)。在英国宪政史上,《大宪章》的重要意义突出表现在三个方面:一是《大宪章》确立了王权受法律限制的法治原则,为其后英国反对专制政治统治提供了重要的依据。在《大宪章》之后,任何封建君主如果试图凌驾法律之上,都会成为众矢之的。二是《大宪章》明确地界定了自由民一系列不受王权控制的权利,为后来英国民众争取更多的自由和权利,并将权利的适用对象从自由民扩展到全体民众提供了重要依据。同时,《大宪章》以保障自由民权利为出发点限制王权的制宪思路,预设了政府的合法权力以政府有效保障个人的基本人权为转移的契约政治理念。三是《大宪章》确立的不经正当的法律程序,国王不得侵害和剥

---

① 陈昀岚、高燕、曹文琪:《从战争和改革的视角看英国民族国家形成的历程》,《内蒙古民族大学学报》2006 年第 3 期。

② [英]戴雪:《英宪精义》,中国法制出版社 2001 年版,第 1 页。

夺民众的自由和权利的原则,开创了英美程序法治的先河,这一原则与英国当时建设中的普通法的结合,确立了英国社会的法治秩序。四是《大宪章》所确立的国家重大事务必须进行政治协商的原则,推动了英国传统的大会议向现代议会的转型。就此而言,人们的确有理由将《大宪章》视为英国现代政治文明发展的起点。

《大宪章》的诞生,是几个世纪以来英国王权与贵族势力较量所达致的政治均衡新格局的反映。1199 年,约翰就任英格兰国王,即位后无视之前英王与贵族们达成的政治默契,穷兵黩武,横征暴敛,引起教会和贵族的强烈不满。当时英国正在与法国进行长期战争,约翰的军队节节失利。1204 年,约翰国王丢掉了祖上传下来的在法兰西北部的土地,即诺曼底和安茹。与此同时,约翰当政期间大肆收刮教会的财产,处处与教会为敌,使教会组织忍无可忍。1205 年,坎特伯雷大主教沃尔特去世,约翰置教士大会选出的人选雷金纳德和教皇英诺森三世的提名人选史蒂芬·兰顿于不顾,试图把他的亲信司库格雷强加于教会。这一做法激怒了英国教士和教皇。英诺森三世立即宣布兰顿为新任大主教,约翰拒不接受,并对教会展开疯狂报复,结果被教皇英诺森三世下令革除教籍。战争的溃败和被开除教籍,令约翰王威信扫地,众叛亲离。

为了化解危机,约翰不得不于1213 年屈服于教会。其后,为继续扩大同法国的战争,约翰要求贵族为战争出钱出力。英格兰北部的贵族既不参与战争,也明确反对加税。结果,约翰的军队再次大败于法国。1213 年 10 月,当约翰返回国内时,憎恶国王的贵族联合教士、骑士、市民举行武装反抗。1215 年,反抗武装正式向国王提交了权利要求书,并集结队伍向伦敦进发。陷入孤家寡人境地的约翰被迫屈服。1215 年 6 月 15 日,25 个身带佩剑的英国贵族和国王约翰共同来到泰晤士河畔的兰尼米德草地。贵族们俯身向约翰王呈递了由史蒂芬·兰顿等人起草的一份文件。四天之后,约翰接受并签署了这份文件即《大宪章》,贵族则答应重新服从国王。

《大宪章》签署并不意味着英国宪政体制的建立,而只是这一历程的开端。其后,不甘屈服的约翰王就曾试图撕毁《大宪章》,只是他突然去逝才未能如愿。后来继位的亨利三世在贵族们的施压下先后三次颁布《大宪章》,确认将遵循《大宪章》确立的政治原则。据统计,在英国历史上,从 13 世纪到 16 世纪,各种政治和思想上的斗争曾迫使王室 32 次重新确认《大宪章》,重申接受《大宪章》的约束。① 可以说,《大宪章》的每一次重新确认,都是对蠢蠢欲动的王权念了一次紧箍咒,它不断告诫国王不得胆大妄为,同时它也在不断地

① 程燎原、江山:《法治与政治权威》,清华大学出版社 2001 年版,第 67 页。

提醒英国公众,他们享有神圣不可侵犯的权利。在《大宪章》之后,每当王权过分膨胀,妄图凌驾于法律之上时,英国人民便毫不犹豫拿起《大宪章》,奋起反抗,让挑战《大宪章》的不法英王落得身败名裂的下场,从而最终确立了一条王权不得逾越的政治底线。

《大宪章》由一个序言和 63 个条款构成,是一份界定君主、教会、贵族等臣民在自由、收益、纳贡、婚姻、债务、土地、继承、交通、犯罪、诉讼等方面权利和义务的基本文件,"是国王和教会、贵族之间的一个协议,一份合同书,其原始形式不是一种制定法,而是一种契约"①。《大宪章》是英国的第一个宪法性文件,它在人类政治文明史中体现了一种全新的政治理念,那就是用法律明确地界定和限制王权,确立民众不可侵犯的基本人权。《大宪章》对英国宪政体制及法治国家的建设的意义,是至关重要的。理论界一般认为,法治有实质和形式两个方面。② 从实质方面来讲,《大宪章》充分体现了两个并行、互补的法治原则,即控制权力和保障人权;从形式方面来讲,《大宪章》确立了法治的正当程序原则。

首先,《大宪章》明确规定了国王必须遵守的各种具体法律规范,牢固地确立了以法律限制王权的原则,它"从头至尾给人一种暗示,这个文件是个法律,它居于国王之上,连国王也不得违反"③。《大宪章》第 1 条就宣告"朕与嗣君当以诚意永久遵守本宪章……俾世世保守之"。宪章中多次以"朕不得"、"朕仅得"、"朕应当"等字眼对王权进行限制,仅"朕不得"一词就出现了 13 次。宪章的诸多条款,都明确对王权特别是征税权作出了限制。如第 12 条款规定,除了传统的三项协助金(指国王赎身的费用,国王的长子成为骑士的费用,国王的长女出嫁的费用),国王不得再征收兵役免除税和协助金。第 14 条款进一步规定,国王如欲征收其他协助金或兵役免除税,必须"经过全王国一致商议",国王必须提前至少 40 天向每位大主教、主教、修道院院长、伯爵和其他贵族发出信件,告知他们会议召开的地点和目的。集会之后,征税事务应在指定的时间,按照与会者的共同意见进行,不得以有人未与会为理由阻挠共同意见的执行。这就意味着今后不取得议会的同意,国王将不能征收任何特别税。

《大宪章》还限制了国王的任官权,规定"除具有法律知识并愿意遵守法律外,朕不得以任何人为法官、监军保安官、郡长或执行吏"。为避免王权的

① [美]爱德华·考文:《美国宪法的"高级法"背景》,三联书店 1996 年版,第 25 页。
② 张文显:《法理学》,法律出版社 1997 年版,第 241 页。
③ [英]温斯顿·邱吉尔:《英语国家史略》上册,新华出版社 1983 年版,第 234 页。

膨胀,《大宪章》还将对王权的限制延伸到由国王任命并隶属于国王的官员上。如为防范地方行政官员的专权,第 24 条规定国王的执行吏、巡察吏、检验吏与管家等,均不得受理向王室法院提出之诉讼。第 25 条规定了地方官员"应按照旧章征收赋税,不得有任何增加"。第 28 条规定国王之巡察吏或管家吏"除立即支付价款外,不得自任何人之处擅取谷物或其他动产"。第 28、29、30、31 条规定国王官吏如保安官、郡长、执行吏等不得强取任何人的五谷或其他动产,不得强取任何人的马匹或车辆以供运输,不得强取他人的木材以建城堡或作其他私用等。

在司法权上,《大宪章》第 17－19 条对国王干预司法作了许多限制,规定"一般诉讼应在一定地方审问,无需追随国王法庭请求处理","凡关于强占土地,收回遗产及最后控诉等案件,应不在该案件所发生之州以外地区审理";"州郡法庭开庭之日,如上述案件未能审理,则应就当日出庭之武士与自由佃农中酌留适当人数,以便按照事件性质之轻重做出合宜裁决。"这些实际上确立了"地方纠纷地方审理"的司法管辖原则。

对王权的限制最具有实质性意义的是宪章的第 61 条。据历史记载,贵族们在草拟《大宪章》时普遍担心凭借武力施压迫使国王签署《大宪章》未必能在今后对国王的行为产生有效制约。为此,他们设计出了一个作为大宪章执行机制的条款。该条款规定:由贵族推举 25 人组成一个特别委员会,以监督《大宪章》的执行。如果该委员会中的 4 人发现国王或政府大臣有违反《大宪章》的行为,应立即请求国王改正,如 40 天后仍未见纠正,该 4 人应报告给 25 人委员会,经委员会多数同意后,可联合全国人民,采取一切手段,包括采用武力夺取国王城堡、土地和财产,强迫国王改正错误。这一条款设计出了一个独立于王权的委员会,一种常规性权力监督机制,并以武力为最后的保留手段,来迫使国王遵守法律。虽然后来这一条款在《大宪章》新文本中被删去,但其发明的体制制衡思路却被继承下来。1258 年的《牛津条例》就直接效仿这一条件。《牛津条例》规定:建立一个由大贵族占主导地位的 15 人委员会,参与国家政府管理;国王应该根据该委员会的建议统治国家;国家高级大臣和地方官员任期为一年,届满时要向 15 人委员会述职;议会应定期召开,每年三次;议会有权决定所有国家重大事宜;每郡选出 4 名骑士,负责监督地方政府工作,听取人们对郡长的不满和冤诉,并予以纠正。稍加比较即可发现,《牛津条例》与大宪章第 61 条是一脉相承的:"《牛津条例》是以《大宪章》为基础的,它借鉴了《大宪章》61 条规范国王权力的思想以及相应的方法。"[1]

---

① 程汉大:《〈大宪章〉与英国宪法的起源》,《南京大学法律评论》2002 年秋季号。

其次，《大宪章》明确地确认了自由民拥有一系列不受王权为代表的公权力侵害的权利，开创了以法律保障人权的先例。《大宪章》第 63 条明确规定："英国教会应享自由，英国臣民及其子孙后代，将如前述，自余等及余等之后嗣在任何事件与任何时期中，永远适当而和平，自由而安静，充分而全然享受上述各项自由，权利与让予。"《大宪章》对自由权利的保障主要集中在人身权利与财产权利两大方面。《大宪章》第 39 条规定："凡自由民除经其贵族依法判决或遵照本国法律之规定外，不得加以扣留、监禁、没收其财产、掳夺其法律保护权、或加以放逐、伤害、搜索或逮捕"。第 40 条规定"朕不得对任何人滥用、拒绝或延搁权利或赏罚"。

《大宪章》特别重视对自由民财产权的保护。大宪章共 63 条，其中就有 21 条涉及财产权，其中的一些规定相当具体。《大宪章》禁止国王强收、任意扣押臣民财产，规定国王及其执行吏不得强扣债务人财产抵债，不得强收他人木材，国王扣留重罪已决犯土地时间不得超过一年零一日。《大宪章》第 2 条规定，国王封臣后代所享有的封土继承权，国王只能按照传统的规定向他们收取一定的继承税。其中贵族的封地继承税金为 100 镑，武士的封地继承税金为 100 先令，其他均应依据采地旧有习惯，应少交者须少交。这就使得原来贵族分封的权利得以在法律上确立下来，其子孙的世袭权利得以保障，不受国王的任意剥夺。《大宪章》第 30 条、第 31 条禁止国王任意强征自由民的车马、生活工具和森林。《大宪章》第 52 条禁止占有他人的土地，"任何人，未经其贵族依法判决而被强夺或取去土地，城堡，自由权或合法权利者，朕应立将原物归还之"。

值得注意的是，《大宪章》保障的人权，并不完全限于贵族的人权，而是通过对贵族权利的适当限制而保护了普通自由民的人权。如第 60 条规定："凡英国人，无论其为僧侣或俗人，均应依照国王对其直属封臣所遵守的约束，对各自的家臣和奴仆同样遵守前述之习惯与自由。"第 15 条规定："任何贵族不得向自由民征收任何贡金，惟下列情形不在此限：①为赎回贵族身体所需者；②该贵族长子受封骑士时所需者；③该贵族长女出嫁时所需者。为以上目的所征金钱的数量务求适当。"第 16 条规定："对于以提供骑士服务而领有采邑者或其他自由土地持有人，不得强其服额外之役务。"

《大宪章》还特别强调保护家庭、妇女和儿童的权利，相关的规定至少有十条之多。如宪章规定："妇女在其夫死亡后，不得难为他并许他立即取回其嫁妆与遗产"，"寡妇自愿孀居时，不得强迫其改嫁"。对于未成年继承人，宪章规定："应于成年后以其遗产交付之，不得收取任何继承税或产业转移税。"这就很好地保障了继承人的合法权利。

为适应城市市民阶级的权利诉求,《大宪章》还规定伦敦城和其他城市、州、市镇、港口都应享有其旧有之自由与自由习惯。第 13 条规定:"伦敦市应保有其原由之一切自由权及风俗习惯,水陆皆然。朕并承认其他各城邑、市镇、口岸保有自由权及风俗习惯。"第 23 条规定:"不得强迫任何市镇与个人修造渡河桥梁,惟向未负有修桥之责者不在此限。"这些条款就为市民阶级争取市镇自治提供了重要的法律依据。1265 年,当国王要求接管伦敦市的命令在伦敦吉尔大厅宣读时,伦敦市民就援引《大宪章》第 13 条,声称国王的命令违反了有关伦敦市应保有其原有的一切自由权及自由风俗习惯的规定,坚持市民有权利选举自己的市长和郡长。[①]

当然,《大宪章》着意保障的权利,权利主体最初主要限于僧俗贵族和自由民,而当时自由民只占总人口的 14%。但是,在英国的历史上,自由民是一个动态的概念,当越来越多的农民摆脱了封建领主的束缚成为自由民时,他也就自动享有了自由民的权利。更重要的是,一旦以封建领主和骑士为主体的自由民的人权得到法律确认,其他社会各阶层也就有了争取享有同样的权利的政治诉求。其结果是,原先限定在自由民范围的权利逐步为全体民众所共享。正如爱德华·考文指出的:"《大宪章》还有非常优越的语言形式,贵族们起草《大宪章》是为了保证他们自己的利益,但它是以如此笼统的术语写成的,以至于后来的人可以把它解释成公民自由的一个总宪章。"[②]

再次,《大宪章》有关公民的生命、自由、财产非经过正当法律程序,任何人不得被剥夺的规定,确立了现代法治的正当程序原则。大宪章第 39 条规定:凡自由人除经其同等者依法判决或遵照王国法律的规定外,不得被处以扣留、监禁、没收其财产,或被处以放逐、伤害、搜查或逮捕。"第 40 条规定:"国王不得向任何人出售、拒绝或延搁其应享之权利与公正裁判。"这些法律程序的设定,客观上为王权侵害公民权益设置了有效障碍,为自由民维护自己的权利提供了重要屏障。到 1354 年,英国国会出台法令正式规定:"未经法律的正当程序进行答辩,对任何财产和身份的拥有者,一律不得剥夺其土地或住所,不得逮捕或监禁,不得剥夺其继承权或生存之权利。"这是正当程序一词首次正式出现在法令中。爱德华三世时,议会先后颁布了六个法令,将正当程序原则贯彻到普通法之中,极大地促进了英国法治的成长。这些法令进一步明确规定,任何人不能因受到违背《大宪章》或违背王国法律程序的指控而被起

---

①　程汉大:《〈大宪章〉与英国宪法的起源》,《南京大学法律评论》2002 年秋季号。
②　[美]斯科特·戈登:《控制国家——西方宪政的历史》,江苏人民出版社年 2001 年版,第 233 - 234 页。

诉,不得在审理之前作出剥夺其生命的判决,国王不得夺取其土地、采邑或其他财产;不得仅仅根据一个人或少数人的提议而拘捕任何人;如果未经适当的辩护,或者未按普通法的程序进行审理,不得剥夺任何人的财产。如果有违反这一规定的判决,要一律宣布无效并予以纠正。①

2. 宪政制度的发展

《大宪章》开启了英国宪政体制成长的历程,在《大宪章》限制王权、保障民权的法治精神的激励下,英国贵族、骑士、市民,以及近代的资产阶级轮番登场,同专制政治展开了持续不懈的斗争,不断巩固和扩大了限政的成果,并将这些成果体现在新的政治体制和一系列宪法性文件中。

在《大宪章》所昭示的控权理念和思路的指引下,限政逐步从政治原则演变成为新的政治制度建构,促成了现代议会的成长。1295 年,爱德华一世召开了由贵族、教士和自治城市的代表组成的大议会,史称“模范议会”。随后,两院制的议会构成了对王权的实质性限制,议会从此成为限制王权斗争的主战场。“议会是《大宪章》完整性和一致性的特定保护者。”②议会通过控制征税权、立法权和弹劾权,不仅有效地限制住了王权的扩张,而且一步一步地削弱甚至架空了王权。

与此同时,《大宪章》的法治精神通过不断重申、不断解释,其原则性的条款逐步演变为越来越具体的法律规范。就此而言,英国宪政的成长史,就一部宪法性文件不断完备的历史。《大宪章》之后,社会各阶层反抗王权的斗争,不断丰富了权利的内涵,扩大了权利主体的社会覆盖范围。斯图亚特王朝的查理一世上台以后,滥用监禁和征税权,强制推行借债政策,引起议会的强烈不满。1628 年 3 月,查理一世为解决财政问题召开议会。议员们提出了著名的《权利请愿书》。《权利请愿书》共有 8 条,列数了国王滥用权力的行为,重申了过去限制国王征税权利的法律,强调非经议会同意,国王不得强行征税和借债;重申了《大宪章》中有关保护公民自由和权利的内容,规定非经同级贵族的依法审判,任何人不得被逮捕、监禁、流放和剥夺财产及受到其他损害;规定海陆军队不得驻扎居民住宅,不得根据戒严令任意逮捕自由人等等。查理一世因急于议会批准其获取 35 万英镑款项的要求,不得已接受了《权利请愿书》。但查理接受《权利请愿书》只是权宜之计,议会批准其补助金要求后,1629 年查理一世下令解散议会,英国因此进入无国会的专制统治时期,《权利

---

① 程汉大:《〈大宪章〉与英国宪法的起源》,《南京大学法律评论》2002 年秋季号。
② [美]爱德华·考文:《美国宪法的“高级法”背景》,三联书店 1996 年版,第 29 页。

请愿书》也被抛弃。资产阶级革命胜利后,议会对《权利请愿书》进行了重新解释,并认定它为英国重要的宪法性文件。

从 1640 年革命爆发,到 1688 年结束,英国资产阶级革命经历了内战、克伦威尔军事独裁、斯图亚特王朝复辟和"光荣革命"四个阶段,最终确立了君主立宪制,形成了现代宪政体制的基本框架。资产阶级革命阶段英国宪政体制的完善,其成果主要体现在 1641 年和 1694 年的《三年法案》、1653 年的《施政条例》、1679 年的《人身保护法》、1689 年的《权利法案》、1701 年的《王位继承法》。这些宪法性文件不仅逐步确立了议会至上的政治原则,而且在不断扩大权利范围的基础上,形成了保障公民权利的一系列法律和政治制度。

查理一世解散国会后,英国经历了长达 11 年的"无国会"时期。查理的专制统治激化了国内矛盾。1638 年苏格兰爆发人民起义,查理不得不于 1640年 11 月重新召开议会,解决严重的财政危机。这届国会存在 13 年之久,被称为长期国会。议员们在国会中对查理蔑视议会的专制统治发动了攻势,由此形成的一项重要成果就是于 1641 年 5 月通过的《三年法案》。法案规定每三年必须召开一届议会,每届议会开幕后 50 天内,未经议会同意,不得强行解散议会或休会。"光荣革命"之后,1694 年议会又通过了一项《三年法案》,重申每三年必须召开一届议会,每届议会的最长任期不超过三年。两部《三年法案》剥夺了国王随意解散议会的权力,确立了议会不受侵犯的政治权力,它为"议会至上原则"的最终确立奠定了坚实的基础。

内战结束后,英国议会宣布废除君主制,和上院同时宣布英国为一院制共和国。虽然共和国的主要权力落入克伦威尔之手,但克伦威尔也不得不尊重革命的成果。1653 年克伦威尔就任护国主,颁布了《施政条例》。条例规定国家政府由一院制议会、护国主和国务会议组成,议会为最高权力机关,掌管立法权,行政权属于护国主和国务会议,护国主和国务会议成员均任职终身。同时,条例规定,每三年必须召开一届议会,议会开幕后五个月内不许解散,议会通过法案 20 天后无须经过护国主签署即可生效。护国主任命行政官员需经议会同意。《施政条例》是英国历史上惟一一部付诸实施的成文宪法,①它在坚持议会至上原则的基础上,明确了立法权与行政权分离的原则。

随后,护国主政体倒台,斯图亚特王朝复辟,查理二世登上了王位。虽然王朝复辟,但此时的议会早已不再像过去那样软弱,议员们为免受国王的迫害,于 1679 年 5 月起草了《人身保护法》,并在经过激烈的斗争之后,迫使国王批准了该法案。《人身保护法》顾名思义,是一部重在保护公民人身权利的

---

① 宗传军:《英国宪法形成过程》,《人大研究》2004 年第 4 期。

法案。法案规定:除叛国罪及遭遇战争或其他紧急情况下,若没有法院签发的写明理由的逮捕证,不得逮捕和羁押任何人;被逮捕的臣民及其亲友有权请求法院发给人身保护令状,要求限期将被捕者移交给审判机关;审判机关应尽快审核逮捕的理由,若理由不成立,则立即放人,若理由成立,则审判机关应决定保释或继续羁押,以待审判;不得以同一罪名再度逮捕已准予保释的人犯;英国臣民不得被送往海外领地拘禁等。这部法案奠定了英国人权保障的宪法基础。

1685 年詹姆士二世继位,其种种倒行逆施行为引起议会的强烈不满。1688 年"光荣革命"爆发,议会成功策划和实施了宫廷政变,詹姆士的女儿玛丽和女婿——荷兰执政威廉受邀继承英国王位,詹姆士二世仓皇出逃法国。由于议会在同国王的政治较量中占据了上风,在给予必要的妥协之后,最终迫使威廉于 1689 年 10 月 23 日签署了国会提出的《权利法案》。《权利法案》共有 13 个条款,其在英国宪政史的重要地位在于它确立了议会权力高于王权的原则。法案规定:未经议会同意,国王不得实施或终止任何法律;不得征收和支配税款;不得征集和维持常备军;不得设立宗教法院和特别法院;不得滥施酷刑和罚款;不得在判决前没收特定人的财产;臣民有向国王请愿的权利;议员享有参政议政的豁免权,在国会得自由发表言论而不受国会以外任何机关的询问等等。《权利法案》是英国资产阶级革命所取得的最重要的成果之一,它几乎将国家的主要权力都集中到了议会手中。

1701 年国会制定并由威廉国王签署生效的《王位继承法》,同样在英国宪政史占有重要地位。《王位继承法》详细规定了在位国王威廉去世以后英国王位的继承顺序,以防止威廉国王之后王权落入天主教徒之手。与此同时,《王位继承法》还进一步完善了《权利法案》的未竟事务,规定非出生于英国的人均不能担任国会议员和其他官员;凡在王室担任官职和领取薪俸者不得担任国会下议院议员;法官为终身制,只有国会有权解除其职务;国家的一切法律与条例非经国会通过、国王批准,均属无效。可以说,《王位继承法》进一步巩固和扩大的议会至上的权力,它意味着国会有权决定国王的继承人问题。

从《大宪章》到《王位继承法》,英国宪政体制的成长,历时近五个世纪,经历了无数的政治博弈、政治妥协,期间虽然有过曲折、反复,却经过长时期的积累,逐步建立起了宪政体制的基本制度框架。

三、议会主权与议会制度的健全

议会主权或者说议会至上,是英国宪政体制的另一重要支柱。英国议会的起源可以追溯到盎格鲁－撒克逊时期的"贤人会议"和诺曼征服后的大会议。需要指出的是,这种传统形式的议会制度并非英国的特例。中世纪中期,欧洲主要国家如法国、西班牙、德意志帝国、意大利诸王国在封建君主统治下,都出现过议会或等级会议。但到了绝对主义国家时期,随着君主集权的强化,这种等级会议不是被消灭就是被极大地削弱了。法国1615年最后一次召开三级会议后国家层面的三级会议再未召集。西班牙的22个王国到17世纪只有6个还保留着议会。葡萄牙在1697年召开了最后一次议会会议。在那不勒斯,1642年以后议会不再议事。① 17世纪的英国资产阶级革命,在政治上结束了封建制度,确立了议会的至上地位。在绝对主义国家时代,惟有英国的议会制度得以保留并在近代继承下来。就此而言,英国之所以率先建立现代宪政体制,的确不是偶然的。

1. 现代议会的诞生

英国之所能够保留"贤人会议"和大会议的政治协商传统,并完成向现代议会制度的转变,依然同《大宪章》有着重要的关系。《大宪章》14条规定,国王"如欲征收贡金与免役税,应以加盖印信之诏书致送各大主教、主教、住持、伯爵及显要男爵,指明时间地点召集会议,以期获得全国公意"。这就在尊重传统的政治协商惯例基础上,确认了大会议在税收征收上的特殊权力,使之前形同虚设的大会议向实权议会过渡提供了重要依据。后来议会权力的扩大就是沿着不断强化财政权和立法权的轨道上进行的。特别是12世纪以后,随着内政事务日益复杂,对外战争频繁发生,政府财政开支越来越大,国王越来越需要在财政上取得议会的支持,议会趁机有效地扩大和巩固了自身的权力,以及对王权的制约功能。与此同时,《大宪章》有关组建一个25人专门委员会来监督国王,有权采取"一切方法"矫正国王的违法行为,甚至武力废黜国王的条款,也为大会议演变为一个强大的权力主体提供了有力的支持。

在英国,"议会"一词1217年正式出现于文献中,1236年第一次出现于官方文件中。但就议会主权的现代议会制度的诞生而言,还是经历了相当复杂的政治博弈过程。

被迫签署了《大宪章》的约翰国王于1216年10月去世,年仅9岁的亨利三世继位。掌控实权的大法官先后以国王的名义颁发了大赦令,在一定程度上缓和了国内的紧张关系。1227年亨利亲政,在接受《大宪章》的基础上与贵族达成了新的和解协议。但是,身为国王,亨利内心同样不愿自己的权力受宪

---

① 沈汉:《英国近代国家是怎样形成的》,《贵州师范大学学报》2004年第5期。

章的约束,逐渐显露出专权的欲望,引起了贵族们的不满,贵族们甚至一度准备以战争来捍卫《大宪章》。1242 年,亨利三世计划远征法国,贵族们在大会议上明确提出,如果他们不清楚该计划,将拒绝为战争提供财力支持。亨利只好暂时作罢。1255 年这一幕历史再次重演。当亨利三世要求大会议为远征法国和苏格兰提供援助时,贵族和教士们表示只有当他们看到国王遵守《大宪章》的诚意,并了解远征计划的具体内容后,才会为国王提供捐助。亨利三世被迫妥协,重新颁布了《大宪章》,承诺将保证遵守《大宪章》的准则。在度过了一段相对平静的时光之后,不甘寂寞的亨利三世重新又变得傲慢起来,1258 年他在大会议上下令臣民交纳占财产价值 1/3 的货物税,为其儿子谋取西西里的王位筹集资金。国王与贵族的矛盾由此迅速激化。愤怒的贵族们以武力要挟国王,要求推动政治改革。6 月 11 日大会议移往牛津继续举行,会议完全为贵族们所控制,故王党称之为"疯狂的国会"。在牛津的大会议上,贵族们痛陈国王及其官员不遵守宪章条款、破坏宪章原则的种种非法行为,重申了宪章的有关条文,并胁迫国王制定了《牛津条例》。条例规定,为保障宪章的实行,建立一个 24 人委员会,负责任命大臣、大法官、司库及其他官员,并受理申冤状。同时还组成一个 15 人会议,24 人委员会中的国王一方和贵族一方(各 12 人)分别从对方中挑选 2 人,再由此 4 人挑选出人选组成 15 人会议。15 人会议名为辅助国王,实则是控制国王的专门机构,非经 15 人会议同意,国王几乎不能作出任何决定。

《牛津条例》颁布后,不甘心受贵族摆布的亨利三世千方百计利用贵族集团的内部矛盾进行分化瓦解。当时,地方骑士和城市市民登上了政治舞台,他们不满贵族的统治,提出了自己独立的政治要求。围绕对骑士和市民的态度,贵族集团出现了裂痕,从而一度形成了相当复杂的政治格局。1264 年法王路易九世以仲裁人身份发布"亚眠调解书",宣布废除《牛津条例》及其他有关文件。亨利随后召集国会,试图重新控制大会议。不料,以勒塞斯特伯爵西蒙·德·孟福尔为首的贵族反对派非常强硬,表示坚决捍卫《牛津条例》,不承认法王的调解宣言,内战由此爆发。5 月 14 日,贵族反对派取得决定性胜利,亨利三世父子及其主要支持者均被俘虏,战争宣告结束。随后,西蒙颁发宣召令,让每个郡推选出 4 名骑士进京会见国王,商讨国家大事。

1265 年 1 月,孟福尔以国王名义召集的扩大国会举行会议,每郡两名骑士代表、每市两名市民代表参加了会议,由于出席会议的代表均是西蒙的支持者,会议后来被称为"西蒙国会"。当了人质的国王不得不在会上承诺采用新的统治方式,并宣誓遵守《大宪章》和《牛津条例》,之前宣称解除效忠的人员也重新向国王宣誓。"西蒙国会"是英国贵族抗衡王权历史上的重要事件,它对议会制度的发展的重要影响在于:大会议第一次有骑士代表和市民代表按照郡、市镇的名额出席会议,大会议由此有了真正意义上的国会意义。因此,人们往往把 1265 年"西蒙国会"视为英国国会诞生的标志。

"西蒙国会"之后,国会对政治的控制依然很不稳定,国会的召集也还没有形成固定的制度。1265 年,在伊凡夏之战中西蒙战败被杀,亨利的王权得以恢复。但亨利也不敢轻易造次,1267 年 11 月召开的马尔伯罗国会几乎承认了 1258 年牛津会议作出的所有规定。

接下来继位的爱德华一世,是英国议会成长史上一位重要人物。由于连年的战争引发了严重的财政危机,1295 年爱德华一世召集了规模空前的类似"西蒙国会"的国会,出席会议的代表多达 400 多名,其中大主教 2 人,主教和教士 18 人,修道院长 66 人,教长 3 人,伯爵 7 人,男爵 41 人,骑士 63 人,市民 172 人。代表们分属于世俗贵族、教会贵族、平民三个等级。国王向各阶层提出不同数量的税款要求,各方代表经过讨论最终与国王达成了一致,会议取得了成功。这次国会是第一次由国王召集的社会各阶层参与的国会,不论会议代表的广泛性还是会议程式都为之后的国会树立了一个样板,故被称为"模范国会"。此后,骑士和市民代表成为国会的基本组成部分,由三个等级代表参加国会的做法也趋于定制化。

到爱德华三世(1327 - 1377 年在位)时期,英国议会从召集、举行到解散都形成了比较完整的程序。议会由国王召集,通常在开会前 40 天颁发宣召令,通知开会的时间和地点。宣召令分两类,一类为发给教俗贵族代表的私人特召令,一类为发给郡或市的一般宣召令,由地方官主持选出骑士和市民代表参加国会。会议开幕时,先由大法官或大主教致开幕词,解释开会的原因,说明会议的具体任务和议程,接着议员们向议会秘书呈递请愿状或陈情,然后转入讨论阶段,分别议定要解决的问题,最后再举行全体会议形成决议。[①]

在现代议会制度趋于成型的同时,议会也利用各种机会,不断巩固和扩大自身的权力,从而逐渐使议会从一个协商性机构演变成一个重要的权力机关。议会最初争取的权力是批准赋税的权力。《大宪章》有关任何赋税必须经"全国公意许可"的条款为议会确立自己的征税权提供了最重要的法律依据。之后,议会多次利用国王的财政饥渴心理,迫使国王一再确认《大宪章》的相关条款。特别是在 1297 年的议会上,议会代表迫使国王爱德华一世颁布了《大宪章确认书》,确认书在列举了过去两年一系列"非法"税收之后,明确规定"除了传统的封建捐税和协助税外,如果没有国内各阶级的同意,国王不得随

---

① 张世满:《封建时代英国议会的产生与发展》,《山西大学学报》2000 年第 4 期。

意征收羊毛税和其他赋税。"爱德华一世还明确许诺,过去两年中不合惯例的征税方式不得作为以后效仿的先例。这次会议事实上确立了赋税需经"国民同意"的原则,也就是即议会批准赋税的原则,标志着议会批准赋税权的正式确立。之后,议会进一步以提供拨款为筹码,不断巩固和扩大财税方面的权力。1340 年,议会宣布废除国王未经议会授权征收的一些税收。1348 年,议会宣布没有议会的授权和同意,国王不得征收任何税收。1340 年议会还以批准国王的税收要求为条件,迫使国王同意成立一个贵族委员会,负责审查政府的财政账目,并对失职的财政管理者给予惩罚。同时成立一个特别委员会,监督国王用于战争开支的所有收入。1351 年议会宣布国王征收间接税(关税)也必须向议会说明理由、提出申请,经议会批准后才能征收。大体上,到了 14 世纪中期,英国议会已牢牢掌握国家的税收大权,成为惟一有权批准赋税的权力机关。在此基础上,议会还逐步形成了下院提出议案,经上院同意,再由下院议长禀报国王的赋税批准程序。

立法权的争夺上,1258 年的《牛津条例》规定:国会法拥有最高权威,一切法令均不得与其相违背。大体上,在 14 世纪以前,国会只能通过呈送请愿书的方式表达其对立法和司法的意愿,而并没有立法权。当时立法的过程,基本上是先由宫廷会议起草法案,然后交给议会讨论通过,议会闭会期间,国王也常常通过昭令修改已颁布的法律。1322 年的约克国会通过一项法案,规定"凡是关系到国王及其后嗣的财产、王国和人民财产的任何法令,都应通过国王在国会内决定",这在一定程度上确立了议会的立法权。在此基础上,1353 年议会通过一项法律,否定以国王的诏令作为法律;1414 年议会迫使国王同意,在议会闭会期间,国王不得对议会颁布的法律作任何改动;15 世纪,议会的立法以提案制代替请愿制,法案的起草由议会本身进行;16 世纪,议会中又出现了专门负责补充、修改及起草议案的议案委员会,在立法过程中,一个议案可以在议会中反复宣读反复辩论。1534 年议会通过的《豁免法》明确规定:"最高贵之议会,可自行或授权他人制订、废除、增加或删改任何法律。"①至此,议会的最高立法权威得以真正确立。

在司法权和行政权的争夺上,1258 年的《牛津条例》使议会获得了受理申冤状的权力。在此基础上,议会开始争取弹劾不法大臣、干预大臣任免的权力,以及监督国王及政府的权力。1311 年议会颁布条例,规定国王的大臣应对议会负责,如果大臣行为不端,议会有权对其审判。1341 年议会颁布条例,规定大臣如有渎职行为,必须接受议会上院的审判。1342 年,爱德华三世颁

---

① 张世满:《封建时代英国议会的产生与发展》,《山西大学学报》2000 年第 4 期。

布敕令,宣布议会上院有权控告和审判国王的高级官吏。1376 年,由议会下院起诉、上院审判了国王的 5 个大臣,开创了议会弹劾大臣的先例。更值得一提的是,1327 年和 1399 年议会还分别通过了废黜爱德华二世和理查二世的决议案,并且拥立了新的国王。这意味着议会已经完全取得了对国王及其政府的监督权。同时,到 14 世纪,议会成为最高法庭,有权纠正各法庭的错判,并对有争议的司法问题做出权威性的解释。

大体上,到了 14 世纪,议会基本上取得了批准赋税、参与立法和司法、监督政府,甚至干预国王废立等权力。

2. 两院制的形成

英国不仅是现代议会制度的发源地,也是两院制的发明者。当然,这种发明,并不是一种人为的制度设计,而是多元政治主体互动博弈的最终结果。英国传统的议会,基本上由教俗贵族组成,"模范国会"召开之后,骑士和市民代表开始作为新生的政治力量进入议会。但是其后市民代表还没有成为每会必到的议会成员。从 1296 到 1307 年,爱德华一世共召集了 20 次议会,而市民代表只出席了 8 次。1311 年 8 月的议会上,贵族一手制定了"1311 年条例",平民虽然也被告知有权表达他们的意见,但实际上他们只是贵族行动的见证人而已。1311 年条例尽管规定议会每年召开一次,但并没有规定必须有平民参加。这说明在 1311 年以前,平民还不是议会必不可少的组成部分。这种情况在 1311 年以后发生了显著的变化,1311 年以后,爱德华二世共召开 25 届议会,平民代表参加了绝大多数的议会,只有两次例外。从 1325 年以后,尽管在平民代表散会回家之后议会仍可继续进行,但是,议会没有平民代表参加照开不误的时代终于一去不返了。从此,平民代表成为每届合法议会必不可少的成员,平民在议会中的位置最终固定下来了。①

市民及骑士代表参加议会,最初与高级教士、世俗贵族都是各自分头聚会的。1333 年 1 月,爱德华三世在约克召开议会。在这届议会上,有 6 名高级教士、2 名伯爵和 4 名男爵出席,其余的高级教士、伯爵和男爵等贵族在一起开会,骑士和市民代表在一起开会。在这届议会上,高级教士首次和世俗贵族一起开会,并且对于骑士和市民代表一起开会也有了明确的记载。②

1340 年 1 月,爱德华三世为应付英法百年战争爆发后日益严重的王室财政危机召开议会。这届议会开始第一次使用"上议院"和"下议院"这两个词

---

① 李金亮:《论英国议会两院制的产生》,《南京师大学报》1996 年第 4 期。
② 李金亮:《论英国议会两院制的产生》,《南京师大学报》1996 年第 4 期。

语。由于应对财政危机的税源主要来自市民阶层,主要由骑士和市民代表组成的下议院不仅政治诉求的独立性日益增强,而且话语权逐步扩大,开始利用批准赋税的权力同国王讨价还价。在1341年4月的议会上,爱德华三世急切地要求将议会以前批准的税款尽快收上来,议会再次利用时机提出了自己的要求,两院都单独向国王提出了自己的请愿书。

1343年4月在威斯敏斯特召开的议会,成为两院制发展的重要的分水岭。在这届议会上,高级教士与世俗贵族在白厅开会,骑士与市民代表在彩色厅堂开会,分别讨论国王派使者赴罗马教廷之事,贵族与平民由此正式分开开会。贵族代表和平民代表分厅议事由此形成定制,各自有其专用的开会场所,从而形成贵族院和平民院,即沿袭至今的上院和下院。

两院制的产生,是平民社会力量日益壮大的体现,标志着市民阶层已经有了同贵族分庭抗礼的实力。两院制的正式形成,反映了英国政治格局的重大变化,王权、上院贵族和下院平民三位一体,共享国家统治权。在以往,无论贵族与王权有怎样的矛盾,说到底还是同一个社会阶层,即封建社会的特权阶层的矛盾,而一旦平民阶层成为一种独立的政治力量在议会中发挥作用,并成为深陷财政危机的国王不得不倚重的力量,下院的权力就得到了不断扩展,并对英国的整个政治格局产生了重要影响力。

与此同时,以往的国会主要由贵族组成,其代表并不通过选举或推荐的程序。而骑代表和市民代表从一开始进入议会,就是以郡和市镇为单位推举的。两院制成为定制之后,特别是下议院的权力不断扩大以后,议员的选举制度也开始逐步发展起来,英国也由此率先创造代议制。反过来,一旦形成了比较成熟的下院议员的选举制度,下院就可以理所当然地打着全国人民"代表"的旗号,理直气壮地抵制国王滥用权力的专断行为。整个都铎王朝时期,英国议会制度发展的基本趋势,就是上院的衰落和下院日益强势。

1337年至1453年的百年战争,特别是1455年至1487年的玫瑰战争进一步改变了英国议会的格局。一方面,两大贵族集团的互相厮杀,造成两败俱伤,整个贵族势力受到极大削弱;另一方面,连年战争造成的王室财政危机,迫使王权不得不越来越倚重新兴资产阶级的支持。如亨利八世时成立的国王的咨询机关——枢密院,大部分成员都是资产阶级和新贵族,地方官吏也多由他们担任。1395年议会通过的税收法案规定"税收由下院制订、上院建议和同意",下院地至少在税收上掌握了主要权力。

从15世纪后期,英国议会开始实行议案制,两院议案不仅要在本院通过,而且必须得到另一院的赞同才能提交国王批准。至此,下院已同上院平起平坐。在宗教改革时期,亨利八世开创了议案先提交下院审议的先例,下院的主导作用更加突出。都铎王朝时期的下院,不仅获得和巩固了与上院平等的议案权,而且其提案在提案总数中所占比例越来越大。另外,在此期间,下院议员的两项特权,即豁免权和自由发言权得到了确认和维护。[①]

3. 议会至上原则的确立

都铎王朝时期(1485 年亨利七世获得王位至 1603 年伊丽莎白女王逝世)是国王与议会关系的转折点。期间王权与议会权力同时得到了扩展。一方面,都铎王朝利用贵族势力被玫瑰战争消耗殆尽,以及平民百姓普遍厌倦社会动荡、分裂,不断打压贵族政治势力,而亨利八世的宗教改革运动,又几乎将教会组织的世俗权力剥夺殆尽,从而将普遍王权推向了一个新的高峰。另一方面,毕竟议会已经掌握了相当大的实权,再加上王朝统治也离不开平民阶层的支撑,因而议会的权力也在不断扩大。所有重大立法都只能借助议会才能完成,国王在立法过程中只能利用、引导而不能绕开议会,国王的公告也不能与议会通过的法律相抵触,议会在国家政治生活中仍然起着重大作用。可以说,都铎王朝已经接受了与议会协商共同治理国家的现状。伊丽莎白一世在 1558 年 11 月就曾说过:"朕是上帝的创造物,注定要遵从上帝的任命,在目前我在的位置上成为上帝神圣意志的执行者。虽说根据上帝的旨意朕要统治整个国家,但朕只是一个普通的人,所以朕希望得到你们全体的帮助。……朕的意思是,你们通过良好的建议和协商指导朕的所有行为。"[②]

确立议会主权,意味着将国王的权力纳入议会的控制之下。从总体上讲,虽然"国王在议会"的概念早已出现,但直到 15 世纪还只是处于萌芽状态和早期发展阶段。从爱德华三世到亨利七世的 200 多年中,在大多数情况下,因王权常常凌驾于议会之上,国王和议会还是两个彼此分离的政治实体。根据当时的情况,所谓"国王在议会"(King in Parliament)的英式表述,实应理解为"君临议会"。[③]亨利八世的宗教改革之后,都铎王朝历代君主都不否认"国王在议会"的政治现实。亨利八世还形象地说过:"朕在任何时候都不如在议会时具有更高的为王身份,在这里,朕如首脑,你们议员如同躯干四肢,我们连在一起,组成国家。"到了此时,人们已较为普遍地认为:议会是由国王、上院和下院三部分联合组成,而非过去所说的僧侣、贵族和平民。都铎王朝通过宗教改革,使国王和议会的关系由"国王和议会"转变成了"国王在议会中"。[④]

---

①　刘新成:《英国都铎王朝议会研究》,首都师范大学出版社 1995 年版,第 244 页。

②　程汉大、于民:《在专制与法治之间——"都铎悖论"解析》,《世界历史》2002 年第 5 期。

③　阎照祥:《论英国都铎专制君主制的有限性》,《史学月刊》1999 年第 3 期。

④　阎照祥:《论英国都铎专制君主制的有限性》,《史学月刊》1999 年第 3 期。

"国王在议会中"虽然意味国王从凌驾于议会之上变成了议会的组成部分,国王的决定都要经过议会的同意,但国王在议会中还可以起到主导作用,议会并没有形成对王权的优势,两院通过的议案都必须经过国王的批准才能生效。因此,在立法方面,国王掌控着最终决定权。都铎王朝时期的议会并非每年举行例会,而是不定期地召开会议,因此很难成为实际决策者。如亨利七世在位27年,召开议会仅7次,伊丽莎白在位45年,召开议会仅10次。①

都铎王朝之后的斯图亚特王朝,不能接受"国王在议会中"的政治现实,大肆鼓吹君权神授、王权高于法律,导致王权与议会的冲突再次白热化,最终导致了资产阶级革命爆发。随着专制王权在革命中被推翻,没有国王的议会成为当时的最高权力机关。经过克伦威尔独裁、斯图亚特王朝复辟的反复之后,"光荣革命"建立起了君主立宪体制,英国的政治格局再次发生重大变化,"国王在议会中"由此也就演变为"议会至上"。

"光荣革命"之后1689年通过的《权利法案》和1701年通过《王位继承法》,塑造了全新的权力结构。"权利法案"确立了议会作为最高立法机关的地位,确立了议会权力高于王权的原则,并再次明确规定了必须定期召开议会。"权利法案"甚至还明确了议会对军权的控制。《权利法案》重新划分了国王和议会的权力,规定非经议会同意,国王无权停止法律的实施,无权废除法律,无权征税,无权在平时征募或维持常备军。《权利法案》的签署意味英国的公共权力完成了从国王到议会的重大转移。

需要指出的是,《权利法案》颁布后,国王尚未成为"虚君",事实上,此时国王依然掌握着相当大的权力。如法案规定,国王必须定期召开议会,但到底几年召开一次,法案并没有做出详细规定,国王依然拥有随意召开和解散议会的权力。法案虽然确立了议会在立法等方面的最高权力,但行政权还掌握在国王手里,国王依然可以通过其拥有的任免主要大臣及官吏的权力,直接控制议会,因而威廉入主英国后,国王与议会之间的权力斗争依然在继续。

斯图亚特王朝末期,议会在削弱王权方面还同国王展开了多轮较量。1689年议会通过了《兵变法》,该法案规定:"为确保国家安全以及捍卫新教信仰,在国家面临危险时,国王在议会授权的前提下,可以召集军队,但这支军队只能维持一年。"虽然国王依然可以统帅军队,但需要得到议会授权,且军队的维持每年都要得到议会的确认,国王的军事大权因此受到很大削弱。

针对国王可能故意不召开议会的问题,1694年议会以不批准战争拨款为要挟,通过了《三年法案》,强制性地规定议会至少每三年召开一次,每届议会

---

① 程汉大、于民:《在专制与法治之间——"都铎悖论"解析》,《世界历史》2002年第5期。

任期不超过三年。这就使议会成了一个常设性机构,以往发生过的无议会和长期议会现象由此不复存在。1701 年的《王位继承法》,更是议会取得对王权的压倒性优势的重要体现,它标志着议会事实上已经控制了王位继承,议会扼制住了王权的咽喉。该法案还规定,法官的任免权虽然属于国王,但要经过议会两院的认可;一切有关英国政府的事务,均应在枢密院中处理,所有决议均需要枢密院中的提议者和赞同者签字。这些都削弱了作为政府首脑的国王的行政权。

为防止国王利用官员任免权控制议会,1707 年议会通过了《任职法案》,规定:“凡从王室新近获得官职,或领取薪俸者,均不得当选议员并进入议会下院……凡已当选下院议员并在任职期间接受国王官职者,其议员资格将被宣布无效。”议会不受国王制约的独立性由此得到了提高。

随着一系列法案的出台,到 18 世纪初,国王在行政、立法、司法、军事等方面的权力受到了很大的削弱,议会主权作为宪政体制的重要原则得到逐步确立。议会主权或者议会至上意味着:“议会…有权制定或取消任何法律;并且英国法律不承认其他人或机构能够制定规章以压倒或损毁议会法律,或……在违反议会法律时得到法院执行。”①议会不仅拥有了立法权、财政决策权、王位继承决定权,控制了司法终审权,而且确立了自己作为国家最高权力机关的地位。正如詹宁思指出的那样:“大不列颠……的权力是由女王、议会、行政机构和法院行使的。但是这些权力并非源于任何根本法源。唯一的根本法便是议会至上,其他的法律或源于立法,或源于未被立法推翻的法官所创的法律。因此,严格而论,大不列颠根本不存在任何宪法性法律,所有的只是议会的专断权力。”②

四、内阁制度与政党制度的成型

“光荣革命”确立了议会至上的原则,议会在立法权上占据了优势,并拥有了财政拨款、征税、征兵等方面的决定权。但“光荣革命”并没有解决行政权与立法权的关系问题,君主作为国家元首和政府首脑,依然控制着行政权,控制着主要大臣的任命权。在公共事务日益增多的现代化进程中,行政权对社会实际生活的影响力往往比立法权更大,这显然是新贵族和工商资产阶级不愿意看到的。内阁制度和政党制度发展,正好解决了“光荣革命”未竟的政

① 张千帆:《西方宪政体系》上册,中国政法大学出版社 2004 年版,第 36 页。
② [英]詹宁斯:《法与宪法》,三联书店 1997 年版,第 45 页。

治课题。

英国内阁的起源可以一直追溯到16世纪上半叶都铎王朝设立的枢密院。当时的枢密院是国王的办事机构,负责为君主出谋划策并协助君主处理政务,由几十位地位显赫的教俗贵族、王室官员和国王私人顾问组成。到都铎王朝的中后期,枢密院定期开会,辅佐君主处理政务已成为惯例,枢密院也逐步成为一个常设机构,有关内政、战争、宗教、殖民、贸易等重大事务都在枢密院会议上讨论,作出决策,并加以实施。斯图亚特王朝建立后,枢密院规模进一步扩大,为便于召集会议,提高办事效率,詹姆士一世时期枢密院之下陆续设立了多个临时性的委员会和常设性委员会,负责处理某一方面的国家日常事务,其成员由君主从枢密院成员中挑选任命。枢密院各委员功能的发挥,逐步分割甚至架空了枢密院,获得了行政实权。由于当时外交事务具有特殊的重要性,枢密院常设的外交委员会的作用特别突出,最终演化成了后来的内阁。

1617年,为了处理英国与西班牙王室联姻问题,国王在枢密院之下设立了专门的"西班牙委员会",查理一世继位后将其改为"外交委员会"。到1640年内战爆发前夕,外交委员会已成为国王处理政务的主要机构,其职权也不限于外交事务,而是几乎囊括了所有重要国务。1660年查理二世复辟后,在恢复枢密院的同时,也重建了外交委员会。由于外交事务特有的机密性,外交委员会的会议地点放在王宫密室,参与的人也很少,因而当时被称作"密室会议"、"内阁会议"。英语内阁一词Cabinet,最初的含义就是"密室"。那些被国王挑选到密室里商讨国事的人也就称为"阁员"。因此,外交委员会可看作是英国内阁的前身。有意思的是,最初人们称"外交委员会"为"内阁"时,"内阁"和"阁员"的称谓还具有明显的贬义,它蕴含着人们对国王架空枢密院而依赖亲信来密议政务的不满。但到17世纪末"光荣革命"前夕,内阁逐渐处于半公开化状态,人们对"内阁"的认可程度也越来越高,其原先的贬义也逐步淡化,而"内阁"一词也越来越多地取代"外交委员会"而被人们普遍使用。①

"光荣革命"以后,政治体制的深刻变化为内阁走向公开化与合法化提供了契机。大体上,在斯图亚特王朝后期25年间(1689-1714年),即威廉三世和安妮女王两任君主任内,英国内阁完成了从私密的御用机构向公开的、合法的政治机构的过渡,内阁制度基本成型。威廉执政后,召开了有9位大臣参加的内阁会议。虽然威廉着意控制内阁会议,保持内阁的御用机构性质,但当时英国相继卷入欧洲大陆的多场战争,加之威廉还要兼顾荷兰事务,经常在国

---

① 刘金源:《论近代英国内阁制的形成》,《史学集刊》2011年第2期。

外,无法主持内阁会议,不得已,内阁会议往往在没有君主召集的情况下自行开会,商讨国务大事并做出决策。这种做法慢慢习以为常,内阁的独立性也就得到了逐步增强。安妮女王即位后,由于自身体弱多病,能力有所不逮,对内阁的操控远远比不上威廉,内阁的独立性由此得到了进一步扩展。内阁会议集体做出的决定,安妮女王一般都会表示认可。此后,由财政大臣取代国王主持召开内阁会议,讨论国务并做出决策,逐渐成为一种惯例,虽然内阁的决策都要呈报给君主,但实际权力已慢慢集中到内阁手里。与此同时,内阁成员的组成、内阁会议召开的时间、地点也逐步稳定下来,政务的讨论也逐渐公开化。内阁作为一个处理国家政务的常设性政治机构的地位和作用逐步得到了社会各界的认可。这时,英国政坛出现了一个与内阁有关的新术语,即“政府”。议会辩论中,“新政府”、“上届政府”、“现任政府”等常被议员们提及。[①] 而这里所谓的“政府”,实际上就是“内阁”,两者可以相互通用。这说明内阁已开始取代枢密院而转化为事实上的中央政府机构。

1714 年,54 岁的德国汉诺威选帝侯乔治·刘易斯到英国继承王位,成为汉诺威王朝(1714—1901)的乔治一世。乔治一世不通英语,在内阁会议上无法与阁员商讨,逐渐对参加内阁会议失去了兴趣,后来干脆很少出席内阁会议。于是,遇到大事,内阁大臣就自己开会,商定对策后再交国王定夺。1721 年,罗伯特·沃波尔成为英国第一任内阁首相,主持内阁会议,协调各部门的工作,内阁制正式形成。

英国内阁制成型时,与议会并没有固定的制度关联,政党制度的形成从根本上重塑了政党、议会、内阁之间的关系。可以说,只有到了政党制度逐步成熟以后,内阁的在英国政治生活中的重要作用才开始真正发挥出来。

英国是现代政党制度的发源地,其两大政党的起源,最早可以追溯到革命前夕的两大政治派别,即“骑士党”与“圆颅党”。1640 年,为筹措军费镇压苏格兰起义,查理一世召集已停开了 11 年的议会,议会成员围绕对国王政策的取向,形成了对立的两大派别:支持国王的国教信仰者称为“骑士党”,其成员大多为受到王室恩宠的大贵族;反对国王的非国教徒称为“圆颅党”,主要由新贵族、乡绅及工商业者组成。革命爆发后,保王派的骑士党人很自然地投入了国王阵营,而圆颅党人则成为议会的中坚力量。

1660 年斯图亚特王朝复辟,在查理二世召开的新一届议会中出现了两党的雏形,即所谓的“宫廷党”与“乡村党”。当时处于主导地位的是宫廷党,其成员与早先的“骑士党”类似,骨干成员是与王室关系密切的大贵族。由于

---

① 刘金源:《论近代英国内阁制的形成》,《史学集刊》2011 年第 2 期。

"宫廷党"长期把持议会和政府,受到排挤和压制的反对派议员逐渐联合起来,形成了一个政治阵营,由于他们处于政治边缘地位,被称为"乡村党"。"乡村党"成员主要来自新贵族、地方乡绅以及工商业者、专业人员,政策主张与原先的"圆颅党"比较接近,主张进一步限制王权,扩大议会权力,实行宗教宽容。"宫廷党"与"乡村党"已初步具备政党的某些特征,如拥有共同的领袖、政治纲领及参政目标,但从总体上讲依然只是传统的政治派别,还称不上是现代意义上的政党。

1679 年的英国议会的"排斥危机",直接促成了英国两大政党——辉格党与托利党的诞生。1678 年,有教士炮制了一起骇人听闻的"天主教阴谋案",声称天主教徒密谋行刺国王查理二世,准备在法国支持下扶持查理二世的兄弟、信奉天主教的约克公爵詹姆士为国王,要在英国恢复天主教并屠杀新教徒。"乡村党"对此事大加渲染,煽动起民众的不满情绪。1679 年 4 月,"乡村党"在议会中抛出《排斥法案》,要求剥夺身为天主教徒的詹姆士的王位继承权,引发了所谓的"排斥危机"。围绕《排斥法案》,议会公开分裂为两派:一派坚持宗教改革原则,反对天主教徒登上英国王位,试图剥夺詹姆士的王位继承权;一派则坚持王位世袭制原则,主张保留詹姆士的王位继承权。在相互攻讦中,两派都给对方起了充满敌意的绰号,法案的拥护者被称作"辉格党(Whig,即苏格兰马贼)",法案的反对者被称作"托利党"(Tory,即爱尔兰强盗)。随后,这两个称谓逐渐在议会辩论中流行起来。从两党产生的背景可以看出,辉格党大体上沿续了"乡村党"、"圆颅党"的脉络,而托利党则继承了"宫廷党"、"骑士党"的衣钵。

针对两党的纷争,查理二世公开支持托利党人,与托利党结成联盟。为打击辉格党,查理二世在 1679 – 1681 年间三次解散辉格党占据多数的议会,甚至在 1681 – 1685 年间不再召开议会。在国王和托利党人的共同打压下,辉格党很快便从议会多数党沦为在野党。1685 年詹姆士二世继承王位,继续奉行查理二世的政策。由于没有了辉格党的抵制,詹姆士二世开始为所欲为,不仅恢复了天主教,而且挑选天主教徒担任要职,引起了同样信仰国教的托利党人的不满。于是,基于反对天主教复辟的共同立场,1688 年两党联合发动"光荣革命",詹姆士被赶下台,信奉新教的詹姆士女婿、女儿,即荷兰执政威廉和玛丽被共同拥戴为英国国王。

威廉虽然是应两党之邀继承王位的,但继位后也很期望能够强化王权,不愿受议会及两党的摆布。其统治方针是组建由辉格党与托利党共同参与的混合政府,以便形成两党相互制衡而自己坐收渔利的局面。虽然威廉及其后的安妮对辉格党和托利党各有偏重,但两党组成混合政府是常态。在混合型政府中,两党共同参与执政,因而也就没有执政与在野之分,政党执政同议会选举尚未建立制度性的联系。由于两党无论是否在议会占据多数地位,其成员都有执政者和在野者。这样一来,在议会中,辉格党和托利党的议员实际上都分成了两部分:一部分是担任政府大臣、宫廷官吏等职务的执政议员,他们是政党活动的核心力量,在议会开会时往往坐在前排席位上,故称"前排议员"。由于他们与宫廷和政府关系密切,又被称为"宫廷党"。另一部分是不担任任何官职,实际上被排斥在政权核心之外的普通议员,他们在政治上相对消极,议会开会时经常坐在后排席位上,故被称为"后排议员"。由于这些人大多来自乡村地区,不满于自己的政治地位,经常会抨击时政,会在议会里唱反调,因而又被称为"乡村党"。这一时期的所谓"宫廷党"和"乡村党"并非查理二世时的"宫廷党"、"乡村党",而是辉格党和托利党内部的执政派和在野派。

威廉和安妮时期,虽然没有形成执政党与在野党之分,但两党成员已经取代过去的枢密院的大贵族,成为政府的主要组成人员,政府(内阁)基本上已经由政党控制。更重要的是,这一时期英国因卷入多起战争,几度形成了一党政府的局面,这就为后来议会多数党组阁开创了先例。如前所述,在斯图亚特王朝末期,英国君主不断控制着行政权力,这就很容易形成内阁与议会之间的分歧和冲突。特别是战争时期,内阁与议会的分歧悬而未决时,往往会造成严重的后果。1694 – 1697 年间,威廉为了推行他的战争政策,就罢免了内阁中反战的托利党人,建立起由辉格党"小集团"所组成的一党制内阁。同样的情况也曾出现在安妮女王统治时期,1710 – 1714 年间,为尽快结束长期的战争,安妮女王先后罢免了内阁中不愿停战的辉格党人,建立起托利党的一党制内阁。这种一党制内阁,避免了内阁在重大决策中可能出现的严重政治对立,无疑是提高效率的有效途径。这种战时的特殊内阁一旦出现,就为在内阁与议会之间建立起了制度性关联,提供了重要启示。

与此同时,英国政党制度也逐渐成熟起来,为建立内阁与议会的关联提供了有力支持。1760 年,乔治三世继位,为摆脱其先辈对辉格党的依傍,乔治三世从各政治派别中遴选"能人",组成了"国王之友"内阁。在这一过程中,以罗金汉为首的新生代辉格党人聚合起来,形成了英国议会史上第一代有组织的反对党。[①] 罗金汉辉格党人否定了旧辉格党为君主服务的传统立场,公开抨击君主政体。1769 年,罗金汉的密友柏克发表了《对当前不满原因的感想》一文,在英国历史上第一次从理论上系统地阐述了政党和政党政治的问题。柏克论证了政党存在的必要性,强调政党是以一致同意的特定原则来推进国

---

① 许洁明:《论近代英国政党制度的形成与特征》,《历史研究》1997 年第 4 期。

家利益的个人联合体,政党集体行为的价值高于以个体利益为目的的行为价值。他呼吁辉格党人通过法律手段去追求权力,并以共同行动来反对政府的违法行为,直到本党能够单独组织政府。此后,辉格党加强了自身的建设,通过公开的募捐设立了稳定的政党基金,建立了政党活动的基地,加强了在民众中的政治动员。就在辉格党逐渐走向成熟之际,法国大革命爆发,并引发英国工人运动的高涨,使英国统治阶层受到了极大震动。以福克斯为首的辉格党人称法国革命是世界历史上最伟大的事件,是英国 1688 年光荣革命的继续。而以柏克为首的辉格党右翼视法国革命为洪水猛兽,政治立场急剧转向保守,放弃了"政府反对派"立场,倒向了宫廷一边。辉格党人的几次分裂,使该党在下院的议员人数从 100 多人减少到 50 人左右。为此,以福克斯为首的辉格党人在继承罗金汉辉格党的传统政治观点的基础上,对该党的政策和主张进行了重新调整,进而提出了"自由主义"的价值观,并且把"推护社会公平"作为赢得民众支持的斗争手段,辉格党由此得以再次复兴。1806 年福克斯逝世后,辉格党人彻底摆脱了对王室成员的依赖,成为完全独立的现代政党。辉格党坚持"稳定的政党内阁应该是排外的,如果不是由辉格党一党主宰内阁",那就作为"在野党"继续斗争下去。1809 - 1812 年间,辉格党的领袖 4 次拒绝了以个人名义入阁的邀请。明确的政党政治立场标志着辉格党逐步走向成熟,1830 年,辉格党因倡导议会改革而在大选中获胜,堂而皇之地单独执政。[①]

托利党起初因与宫廷关系密切而淡化了作为一个独立政治派别的存在,后来又受辉格党寡头政治的挤压而苟延残喘。新的托利党(或称"第二托利党")在庇特时代(1783—1801、1804—1806 年任首相)开始隐约出现,经过法国大革命和拿破仑战争时期的聚合、发展,到利物浦时代(1812—1827)才形成了较为明晰的阵营。新托利党与旧托利党之间并没有多少传承关系,相反,其创始人庇特首相一度曾以"辉格党人"自居。从法国大革命爆发后,原辉格党右翼柏克提出的一整套"保守主义"理论,被托利党接受过来作为自己的理论基础。利物浦首相 1812 年执政时,托利党的政党意识和组织形态趋于成熟。

总体上,到 19 世纪 20 年代末,稳定的政党制度在英国已经建立。其主要标志是:一个稳定的、站在政府对立面的反对党的合法地位得到了宪法、民众和政府的承认;一党组阁执政的观念牢固地树立起来,并在实践中为党人所遵循;政府只能由政党组织,而不能由君主组织已经成为惯例。[②]

政党制度的成熟,促进了内阁制度的完善。1742 年,首相沃尔波因其政

---

① 许洁明:《论近代英国政党制度的形成与特征》,《历史研究》1997 年第 4 期。

② 许洁明:《论近代英国政党制度的形成与特征》,《历史研究》1997 年第 4 期。

策遭到国会反对,随即与他的内阁一起集体辞职,由此开创了一个重要先例:内阁对国会负责,内阁由议会下院中的多数党组成,内阁首相由多数党的领袖担任,如果内阁受到了下院多数议员的反对,内阁必须辞职。

1783 年,托利党的小威廉·庇特首相组阁时遭到下院多数党的反对,为此,庇特解散了下院,重新进行下院选举。结果,新选出的下院支持了他,庇特得以继续主持内阁长达 17 年。由此,又形成了一个重要惯例:内阁如不被国会信任时,首相有权解散下院,重新进行选举。如果新选出的下院对内阁表示信任,内阁可以继续执政;否则,内阁必须集体辞职,由新选出的下院中的多数党组成新的内阁。

在议会多数党组阁成为定制之后,辉格党和托利党开始把政党斗争的重点转向争取选民,赢得议会选举。在两党扩大自己的社会基础的过程中,政党性质也发生了许多变化。原先主要代表土地贵族利益,坚持信奉英国国教的托利党,逐渐转变为代表土地贵族和工商业资产阶级利益,并接受宗教宽容政策的现代保守党。而原先代表土地贵族和金融大资产阶级利益的辉格党,则转变成了一个代表资产阶级各阶层利益,并竭力将工人阶级拉入怀抱的现代自由党,进而因重视争取规模日益庞大的工人阶级而演变成现代工党。

第五章
多元博弈与现代政治规则的生成

　　同中国的历史传统形成鲜明对照的是,英国在整个历史进程中从未形成大统一的政治格局。多元政治主体相互之间错综复杂的政治博弈,始终是政治变革进程的基调。中世纪的英国,不仅存在着教会与王室、国王与诸侯、领主与陪臣间的各种政治较量,而且不断发生着农民与领主、市民与国王、市民与领主间的冲突。上下左右之间各方围绕着维护自己的权利或扩张自己的势力展开了无休止的政治斗争,各方之间时而密切合作,时而针锋相对,共同构织成一幅纷繁复杂的政治博弈画卷。尽管在不同的历史时期都会形成占据优势地位的一方,但几乎从来没有一方能够将其他政治力量彻底驯服,独霸天下,而且是始终维持了一种动态的平衡格局。而正是这种相对均衡的多元政治格局,使得各方在政治博弈过程中都会留有余地,不会致力于将其他各方赶尽杀绝,甚至不惜与对手同归于尽,而是宁可采取必要的政治妥协来实现自身利益的最大化。正如基佐所说的那样:"各主要阶级之间相互斗争和妥协让步的交替进行成为必要,相异的利益和追求,有征服之心而无独霸之力等等因素交织在一起,产生了欧洲文明发展中最强劲和丰富的动力。"①正是这种多元政治博弈与相对的政治均衡的互动关系,使各方在政治妥协,尊重彼此的权利的过程,共同推动英国形成了诸多现代政治规则及制度创新成果,孕育出了注重妥协退让、协商宽容、渐进改良的政治习俗。

---

　　① [法]基佐:《欧洲文明史———自罗马帝国败落到法国革命》,商务印书馆 1998 年版,第 25 页。

一、合作与冲突：王权与教权的纷争

中世纪的英国虽地处边陲，罗马教廷的控制力相对较弱，但同样属于天主教世界的组成部分，教会组织凭借发达的组织体系、雄厚的经济实力及垄断思想文化传播的优势，构成了英国政治格局中重要的一极。在建立封建王权和强化封建君主集权统治的过程中，教会组织及天主教的教权始终都是王权不得不首先正视的重要政治力量，王权与教权的合作与冲突，构成了中世纪英国政治变革的重要主题。大体上，在中世纪的前期，两者虽有纷争，但合作或者说相互利用是两者关系的基调。在世纪的后期，封建王权在建立中央集权统治的过程中同教权发生全面冲突，并将教会组织纳入了自己的统治体系。而资产阶级革命时期，英国教会内部的天主教与新教的冲突，又对政治变迁甚至资产阶级革命的具体方式都产生了深刻的影响。

1. 中世纪前期的王权与教权

在中世纪前期，特别是封建王权的建立过程中，英国王权与教会的关系从总体上讲，是既有合作，又有纷争。无论教会要扩大自己的影响，还是国王要强化王权，都离不开对方的支持，因而相互利用、互为援手的合作关系是主流。

基督教在 6 世纪末传入英格兰，当时英格兰正处于"七国时代"，王国之间的纷争，使王权迫切需要借助教会力量赋予自身权力某种神圣化的色彩，而处于艰难的开疆辟土阶段的教会组织也积极寻求世俗权力的支持。因而双方各取所需，形成了密切的合作关系。973 年，约克大主教在巴斯为威塞克斯国王埃德加施行涂油加冕，开创了主教为国王主持加冕典礼的先例。涂油加冕象征着国王从上帝那里接受了职位，获得了神授权力，国王因此成为"承蒙上帝恩典"来统治国家的"神命之王"，反对国王就是反对上帝，就要受到神的严惩。教会的贡献自然也得到了国王的回报，教会得到了大量的土地馈赠，教皇的宗教领袖地位得到了英王的认可。大约从 787 年起，英王就向教廷交纳什一税，不久又交纳彼得金年贡，并常遣使赴罗马拜会教皇。诺曼征服直接得到了教会组织的大力支持，威廉也表示了对教廷的效忠，并馈赠给教会大量土地。其后一段时期，王权与教权也保持了比较好的合作关系。1159 年，索尔兹伯里的教士约翰写成《论政府原理》，将王权神授理念加以系统化，强调"国王的权力来自上帝，王权是神权的一部分"。可以说，在教会神权政治文化传统的长期熏陶下，12 世纪时，英王作为神命的最高公共政治权威的形象，逐步在王国中牢固地树立起来,得到了社会各阶层的普遍认同与广泛崇拜。① 这一切无疑离不开教会给予的无可替代的帮助。

在建立封建王权的过程中,教会不仅为英王强化王权提供了强大的精神支持,而且为之输送了大量国家治理人才。在中世纪的早期,中高层教士既是拥有大量土地的封建贵族,又是最富有文化教养的社会精英阶层,是国王治理国家最需要的人才。当时,大主教、主教、修道院长乃至一些低级教士所扮演的主要政治角色之一,就是充任国王的政治顾问或朝臣,他们频频参加王廷会议,与国王共议国政,并署证王廷颁发的重大政令。教士往往在国王的朝臣中占有相当高的比例,这在亨利一世时期尤为突出。据史家统计,1100—1135年间的93名朝臣中,高级教士占29位,世俗大贵族反倒只有11位。当时出任朝廷枢密要职中书令的几乎都是教士朝臣,他们负责草拟令文、执掌玉玺。教士朝臣甚至还充任国王的摄政和宰相。著名的坎特伯雷大主教弗兰克曾任威廉一世的摄政,政绩斐然,亨利一世时的索尔兹伯尼主教罗吉尔曾任宰相20多年。王国的各种大小官员,如国库长、军事指挥官、施赈吏、王田监守、使节等,也常由教士朝臣充任。相当一部分王国法官也由教士朝臣及普通教士担任。如1179年国王将全国划分为东、西、北、中四大巡回区,除北区外,每区都有1名主教和1至2名教士充任巡回法官。②

尽管教会与国王有很密切的合作关系,但只要它作为一个政治实体存在,它就有着本能式的权力扩张欲望,并因此而必然与世俗权力发生各种矛盾纠纷。英国的国王虽然一直承诺服从教皇,但在罗马教廷的实际控制力还有所不逮的年代,英王利用"山高皇帝远"的优势保持着很大的对教会组织的实际控制权。诺曼征服得到了教会的很大支持,但威廉执政后基于自身利益并未将英国教权拱手交给教廷。教皇格利高里即位后立即指责英王违背诺言,并在1080年派代表赴英交涉。威廉强硬地拒绝了教皇的要求,并规定不经国王批准,英国教士与教廷人员均不得出入英国。为了控制教会组织,威廉还对教会进行改革,由国王亲自主持宗教会议,任命高级教职并举行授职仪式,任职者向国王宣誓效忠后国王才授予其象征圣职、教权的指环和权杖。

亨利二世创建安茹王朝后,国王与教会之间又爆发了以争夺司法权为焦点的冲突。公元1164年,围绕一起教士犯罪案件的处理问题,亨利二世与坎特伯雷大主教贝克特就教会司法权问题发生了激烈的争执。亨利发布了《克拉伦登宪章》,对贝克特发动猛烈攻击。贝克特则针锋相对,宣布将开除两位

---

① 孟广林:《中世纪前期的英国封建王权与基督教会》,《历史研究》2000年第2期。
② 孟广林:《中世纪前期的英国封建王权与基督教会》,《历史研究》2000年第2期。

《克拉伦登宪章》起草人的教籍。公元 1170 年贝克特又将主持亨利幼子加冕礼的约克大主教及有关人员开除教籍,并因此而招致杀身之祸。贝克特之死在整个基督教世界引起了前所未有的震动,一些教界人士认为这一事件的恶劣程度甚至超过了犹大对耶稣的出卖,亨利国王已完全失去了统治的资格。在教会强大的政治压力下,亨利被迫到坎特伯雷请罪,光着上身跪在贝克特墓前接受僧侣的鞭笞,英王的尊严遭受了前所未有的羞辱。

类似的事件后来又在约翰王身上重演。当时的教皇英诺森三世是罗马教廷史上非常强硬和能干的教皇,他上台后发表宣言,声称主交给彼得治理的不仅是整个教会,而且是整个世界。"世界上的一切都逃脱不了教皇的关注和控制。"①他强势的扩张方略,使教皇势力达到中世纪的鼎盛状态。1201 年坎特伯雷大主教沃尔特去世,即位不久的约翰王与坎特伯雷的僧侣在挑选继承人问题上发生矛盾。1205 年教会控制的牧师会不待王廷下达"准选状",提前选出了大主教。国王获悉后不予承认,并要牧师会选举王廷提出的候选人。各方争执不下,只得请教廷定夺。教皇英诺森三世否决各方要求,任命英籍红衣主教兰顿为坎特伯雷大主教。约翰王予以拒绝,致使兰顿此后在欧洲大陆滞留 8 年,不能赴英就职。为此,教皇于 1207 年宣布对英实施"禁教令",禁止在英举行有关宗教仪礼,两年后又将约翰王开除教籍,约翰王由此成为任何信徒都不得接触的人。在法王受教皇唆使准备入侵英国,北方世俗贵族也在蠢蠢欲动的情况下,孤立无援的约翰王被迫于 1213 年向教皇求和。事后双方达成协议,约翰王向教皇称臣纳贡,每年向教皇缴纳 1000 马克的贡金,同意兰顿大主教回英任职,赔偿英国教会在冲突期间所受的损失。次年约翰王颁布政令,承认教会选举自主。教皇随之取消"禁教令"等,并函告英国主教要维护王权与教会的和平。在经历了两次大的屈辱性事件之后,王权在与教权的较量中暂时处于弱势,不得不在表面上承认了教皇的权威。

2. 中世纪后期的王权与教权

14 世纪以来,随着王权的逐步增强,英国的国王们越来越难以容忍教会势力在社会生活各方面的扩张,特别是对建立统一王权的阻碍,开始寻找机会来扼制和打压教会的势力,王权与教权的关系也由此走向以冲突为主题的历史时期。经过亨利八世的宗教改革之后,英国的教俗权力之争,最终以王权胜利,教会组织被纳入王权统治体系而告终。

英王对教权的反抗,始于爱德华三世(1327 - 1377 年在位)。当时教会正

---

① [美]斯塔夫里阿诺斯:《全球通史》,上海社会科学院出版社 1988 年版,第 166 页。

处于阿维尼翁教皇时代,罗马教廷完全为法国人所控制。在教皇的红衣主教团成员 134 位提名者中,法国人占了 113 位。① 同时阿维尼翁教皇向英国教会派出了大量教职人员,试图加强控制和影响英国教会。这一切都引起了民族意识刚刚开始萌芽的英国人的强烈不满。爱德华三世就愤慨地指责教皇从英国取得了相当于王室 5 倍的收入。②

公元 1351 年,英国国会通过了第一个《圣职委任法》,法案规定不允许教皇干预英国的圣职选举。为防止有人上诉到教廷,1353 年又通过了《依仗教皇侵犯王权惩罚令》,禁止英国臣民把司法案件移交到罗马并严惩执行教皇命令者。公元 1366 年,教皇催促英国缴纳拖欠已久的贡金,更是激起了英国对教廷的愤怒。为此英国议会宣布:当年约翰未经国民同意而臣服于教皇是非法的,意在彻底改变约翰王 1213 年臣服于教皇,将英国沦为教廷的属国的局面。为削弱教会的权威,英王还直接支持反教权运动。当时牛津大学神学博士威克利夫公开谴责教皇对财富的贪欲,主张教会应由世俗君主统治,王权高于教权。威克利夫民族神学理论迎合了国王反抗罗马教廷的需要,得到了王室的庇护,其理论主张为日后英国反教权运动提供了重要的思想理论准备。

到了都铎王朝,英国王权的力量得到了极大的加强,在民族意识的策应下,英王对教权的反抗,走向了公开对立。"当时国民生活中有一个特点是显而易见的,它后来成为亨利得到支持的基础。这就是一种强烈的民族意识的发展———一种英格兰属于英格兰人的感情,要激发这种感情来抵制无论来自何处的一切外国侵略,实在是易如反掌。"③都铎王朝通过宗教改革,颠覆了"教皇权至尊"的观念,牢固地树立起了"王权至尊"观念,在与教权的冲突中确立了自己的压倒性优势,从而极大地改变了英国的政治格局。

1509 年都铎王朝的第二任君主亨利八世继位,很快,新君主就因为休妻而另娶新皇后而与罗马教廷反目。在当时社会各种因素的作用下,亨利八世坚决地走上了与罗马教廷决裂的道路,推动了大规模的宗教改革。1529 年,亨利八世召集议会,这次议会历时七年,共召开了 8 次会议,制定了一系列宗教改革法案,史称"宗教改革会议"。在亲信大臣托马斯·克伦威尔的精心策划下,宗教改革会议通过了一系列法令,废除了罗马教廷控制英国教会、干预英国政治生活的几乎所有渠道,全面否定了教皇在英国的权力。如 1529 年通过的《限制教职人士兼领圣俸与不居教区法令》规定:罗马教廷关于兼领圣俸

---

① [美]威尔·杜兰:《世界文明史·宗教改革》(上),东方出版社 1999 年版,第 10 页。
② 王鸿斌:《中世纪后期英国王权与教皇的关系》,《连云港师范高等专科学校学报》2003 年第 1 期。
③ [美]威利斯顿·沃尔克:《基督教会史》,中国社会科学出版社 1991 年版,第 454 页。

的特许无效,如有教士接受罗马教廷的特许而超量兼领圣俸,处以每月 20 英镑罚款,没收全部圣俸收入;罗马教廷关于不居教区的特许无效,如有教士接受罗马教廷的特许不居教区,处以每月 20 英镑罚款。法令完全剥夺了教皇向英国教职人士发放兼领圣俸、不居教区特许的权力。1533 年通过的《禁止向罗马教廷上诉法令》,规定涉及教会事务的一切诉讼均应在英格兰裁决,教皇及其他外国司法审判权不得在英格兰行使,改由国王统治下的教会法庭与世俗法庭审理,违犯者以"王权侵害罪"论处,这就等于否定了教皇对英格兰教会行使的一切司法审判权。1534 年通过的《停止向罗马教廷交纳岁贡法令》,否定了教皇向英国教职界征收岁贡,以及与此项税收相关联的发放教士任职敕书的权力。1534 年的《废除彼得便士与教皇赦免权法令》继而又废除了教皇向英格兰征收"彼得便士",以及发放赦免证书与许可证书的权力。[①]

以上述惊世骇俗的法令为基础,1534 年宗教改革会议推出了更为惊人的《王权至尊法令》,明确提出了"王权至尊"概念。法令称:"国王陛下、他的后嗣和继承者,这个王国的诸国王,应取得、接受和被称为那叫做安立甘教会的英格兰教会在尘世的唯一的最高首脑。"[②]法令明确肯定至尊王权对教会拥有的广泛的权力,包括巡查教区、规范布道、修订教会法、审判异端等等。此前的《禁止向罗马教廷上诉法令》也曾宣称:"英格兰是一个帝国……由最高首脑与国王实行统治,由各类、各等级臣民组合而成……划分为僧俗两界的国家理应臣服于仅次于上帝的……王权。""王权至尊"的实质,就是以国王为主权的象征,确立国王作为僧俗两界共同权威和唯一的臣服对象,将整个教会组织体系完全纳入王权的统治体系,从而将中世纪的二元化政治体制转变为王权的一元化政治体制。

为使"王权至尊"观念深入人心,1534 年,宗教改革会议通过了《教职界服从法令》,完全剥夺了教会独立的立法权。当时的教职会议是英国教省范围内的教职界代表会议,相当于教职界的议会。宗教改革前,坎特伯雷教省与约克教省的教职会议不仅享有相对独立的教会立法权,而且拥有批准教职界临时性税收的权力。在亨利的授意下,1532 年议会向国王呈交请愿书,向教职会议的立法权发难:坎特伯雷教省与约克教省的教职会议在制定法律时并没有告知国王或得到国王批准,也没有征求国王的世俗臣民"同意",无权制定用以约束教职人士和信徒的法律。迫于国王的压力,教职会议最终向国王提交《教职界服从书》,主动接受将教职会议的立法权置于王权的统治之下,承

---

① 刘城:《十六世纪英国"王权至尊"的确立与教皇权的衰落》,《历史研究》,2006 年 2 期。

② 蒋孟引主编:《英国史》,中国社会科学出版社 1988 年版,第 302 页。

诺未经国王许可不再制定、发布、实施任何新的法律或条令。1536 年亨利八世又要求英国全体主教签署一项声明,宣布放弃罗马教廷的一切权力,承认教皇权不是上帝授予的,而是人为设立的。同年亨利八世还以国教会"最高首脑"的名义发布《十条款》,对国教会奉行的宗教信条与礼拜仪式做出规定,行使了英国最高宗教领袖的职权。亨利八世还通过任命教职总代理与教会事务总代理,设立"宗教事务委员会"等机构,代表"最高首脑"对各个主教区实施管辖。① 可以说,亨利八世的宗教改革完全扭转了英国传统的王权与教权的关系,确立了王权凌驾于教权之上的权威。

在确立了自己在教俗两界的最高权威地位之后,亨利八世开始对教会组织令人垂涎的财产下手。经过长期的收刮经营,到 16 世纪,教会组织积聚的财富已经达到了令人难以置信的程度。一些历史学家估计,当时英国全部教会组织的年收入达近 40 万英镑,其中绝大部分是来自地产的收益,而当时英国王室每年地产收益才 4 万英镑。教会组织每年的总收入和拥有的地产总数均占全国总收入和地产总数的 1/3 左右。每当王室因为卷入战争而陷入财政困境时,教会积累的庞大财富及教士们奢侈的生活,就会极大地刺激着国王。因而当国王已经将教会组织纳入自己的羽翼之下时,亨利八世理所当然地开始大肆剥夺教会的财富以自肥。

1535 年,在宠臣托马斯·克伦威尔的精心策划和组织下,亨利八世对全国各地教会和修道院的地产及财产状况展开了全面调查,编制出了著名的《教产账簿》。之后,亨利八世按图索骥,一步步地把大量教会财产纳入王室口袋。国会先将收入在 200 镑以下的小修道院的财产划归国王,由国王任意支配,总计被解散的修道院 476 所。② 1539 年春,国会通过新的法令,封闭一切大修道院和残存的小修道院。到 1540 年 3 月 23 日,英国最后一所修道院被关闭,亨利八世共没收了 186 所大修道院的动产和不动产,为王室每年增加了 10 万英镑的收入。通过对教会地产的剥夺,都铎王朝在短时期内获得了极其庞大的地产。仅从修道院所掠得的地产就占全国地产总数的 1/5 至 1/4,再加上取自其他教会组织的地产,王室所拥有的地产数量更为惊人。一时间,都铎王室成为全国最大的地产所有者。③ 亨利八世病逝后,爱德华六世对教会财产继续进行掠夺,主教集团名下的财富、地产,教会机构的财富都成为盘剥的对象。宗教改革对教会财产的掠夺,给教会组织带来了经济上毁灭性的

① 刘城:《十六世纪英国"王权至尊"的确立与教皇权的衰落》,《历史研究》,2006 年 2 期。
② [美]威利斯顿·沃尔克:《基督教会史》,中国社会科学出版社 1991 年版,第 457 页。
③ 王晋新:《都铎王朝对教会地产的剥夺及其意义》,《历史研究》1991 年第 2 期。

打击。据统计,从 1536 年开始,教会手中大约 60% 的财产转移到王室,成为自诺曼征服以来规模最大的一次财产转移。[①]

　　教会组织的势力虽然在亨利八世时期遭受了严重的打压,但其社会影响力依然不可低估,一旦政治压力有所缓和,就可能形成反弹。年幼的爱德华六世在位期间,以萨默塞特公爵为首的摄政会和坎特伯雷大主教(英格兰教会的最高神职)克兰默都是新教支持和信奉者,在他们的推动下,天主教会在英国的影响进一步走向衰败,越来越多的英国人开始信奉国教新教。1553 年爱德华六世去世,玛丽女王继位。这位著名的"血腥的玛丽"在宗教问题上反先王之道而行,在其表兄神圣罗马帝国皇帝查理五世的支持之下,极力重建天主教在英格兰的统治地位,对新教势力进行了残酷的镇压,将 300 多名新教徒送上了火刑架。玛丽重新确认了教皇至高无上的地位,恢复了天主教信仰,废止了有利于新教传播的法令,英国人的宗教生活似乎又恢复到 1534 年"至尊法案"颁布之前的状况。[②] 但是,由于亨利八世时代没收的大部分地产,已经通过拍卖等方式流入了土地贵族和其他社会阶层,玛丽的倒行逆施触及到了这些宗教改革运动的既得利益群体的利益,他们的抵制在一定程度上消解了玛丽女王反宗教改革行为的实际效果。

　　1558 年玛丽去逝,其妹伊丽莎白一世继位。这位极具政治抱负的女王再度完成了对玛丽宗教立场的反拨。美国学者威利斯顿·沃尔克写道,伊丽莎白一世"没有真正的宗教感情,但她的出生,她母亲的婚姻不被罗马承认使她必然倒向新教。……伊丽莎白的感情是彻底英格兰人的,她深切关心英格兰民族的政治和经济抱负,这对她也大有好处。她的这种代表性使许多人跟她的政府和解,这些人若单从宗教信仰考虑本来会遭到排斥。她把英格兰的利益放在第一位,这是无可置疑的。"[③]为缓和国内的社会矛盾,伊丽莎白在宗教问题上采取了更加灵活的策略,实施了兼收并蓄的政策。1563 年国会制定了"三十九条教规",作为英国国教会的宪法,"三十九条教规"以宗教妥协和宗教宽容的方式,创造出了天主教与新教和平共处的局面。

　　伊丽莎白死后,由于都铎王朝绝嗣,斯图亚特家族的苏格兰王詹姆士一世继承了英格兰王位。詹姆士一世在位时在宗教上同样采取了调和政策,天主教与新教相安无事,教会与世俗王权的关系也比较正常。不料其子继位后,再度打乱了这种相对平静的局面,查理一世由于重新实施压制新教、扶持天主教

---

　　① 王鸿斌:《中世纪后期英国王权与教皇的关系》,《连云港师范高等专科学校学报》2003 年第 1 期。

　　② 赵林:《英国宗教改革与政治发展》,《学习与实践》2006 年第 7 期。

　　③ [美]威利斯顿·沃尔克:《基督教会史》,中国社会科学出版社 1991 年版,第 465 页。

复辟的政策,激怒了新教徒,并最终酿成了英国革命,国王本人也在 1649 年被克伦威尔领导的清教徒政府送上了断头台。

3. 资产阶级革命的宗教外衣

从总体上讲,英国在亨利八世的宗教改革之后,虽然经历了玛丽的反复,但罗马教廷基本上丧失了对英国宗教生活的控制。从 16 世纪中后期开始,新教在英国异军突起,由此引发了宗教内部天主教与新教之争,并给其后英国政治格局的变迁带来了深刻影响。

英国的清教源于 16 世纪中期传入的瑞士加尔文教。亨利八世的宗教改革,建立了以英王为首领的教会体系,但仍然保留了天主教的主教制及重要教义和宗教仪式。这种英国特色的天主教后来被称为英国国教,其教会组织则被称为英国国教会。16 世纪 60 年代以来,英国出现了一些不遵从国教的信徒,被称为"不从国教者"。这些人便是最早的清教徒。清教徒信奉加尔文派的教义,主张依此对国教组织、教义和仪式进行彻底改造。由于他们主张"纯洁"教会,从教会内部清除天主教的影响,故称"清教徒"。

英国清教的核心教义是接受加尔文教的"前定论",认为人无法自己改变自己的命运,上帝已经"预定"谁将得救,成为"选民",谁将永远沉沦,成为"弃民",并以现世的成功与失败、富贵与贫贱作为"选民"或"弃民"的标志。这一主张充分地反映了"当时资产阶级中最勇敢的人的要求"[1],"是当时资产阶级利益的真正的宗教外衣"。[2] 按照这种教义及其派生的新教伦理,人无论从事何种职业,只要在事业上获得成功,就能证明他是上帝的选民。这就完全打破了以往那些"富人想上天堂比骆驼穿过针眼还难"之类的歧视经商谋利行为的僵化道德观念。按照这种教义,一个商人财富积累得越多,越是以自己的行为体现了上帝的恩宠,证明了自己是上帝的选民。这无疑是最符合新兴的工商业资产阶级的价值诉求的。革命前英国信奉新教的人主要是是资产阶级、新贵族,以及小生产者、农民和城市平民。从某种意义上说,清教运动正是 17 世纪英国资本主义经济发展在宗教领域的反映。

清教教义的另一重要创新,是主张过简朴的生活,建立纯洁的教会。清教徒对国教中保留的天主教的繁文缛节非常不满,激烈地抨击教会僧侣的奢侈浪费和道德败坏行为。这些主张同样反映了原始积累时期资产阶级追求利润和注重积累资本的价值观念,并迎合了社会底层,特别是手工业者、农民和城

---

① 《马克思恩格斯全集》第 3 卷,人民出版社 1972 年版,第 391 页。
② 《马克思恩格斯选集》第 4 卷,人民出版社 1972 年版,第 252 页。

市平民对社会上层奢侈浮华的生活方式的嫉恨心理,以及促进宗教生活平民化的愿望。同时,清教提出的废除主教制代之以教徒选出的上层教徒治理教会的主张,也明显反映了新兴资产阶级追求平等、自由的政治倾向。

随着清教影响力的日益扩大,清教徒越来越强烈地表达了改革教会组织的要求。1569年清教著名领袖托马斯·卡特赖明确提出了教会组织改革的新主张:每一教区委任长老执行教规,牧师由会众选举,废除大主教、副主教等教职,一切教牧人员在本职上地位平等。[1] 这就是后来清教重要派别——长老派基本主张的重要由来。1572年清教徒向国会提出了改组教会的要求。另外一些清教徒甚至提出了更加激进的主张,要求各个地区教会、每个教堂独立自主,不设教务行政上的各级总机构,各教堂由教徒群众共同管理,以民主的方式选聘牧师领导礼拜和布道,同时主张教徒可以自由解释《圣经》,各教区可以自行决定礼仪等。[2] 这个群体后来发展成为资产阶级革命中另一个重要派别——独立派。

英国资产阶级革命的一个重要特征,是革命披上了宗教改革的外衣。在此,革命由清教徒反对国教触发,宗教之争成为革命的直接导火索,推动革命的主要力量是清教徒,甚至连革命的政治理念都是以宗教语言来表达的。正因为如此,这场革命也被称为"清教徒革命"。1637年,查理一世下令苏格兰长老会在祈祷时必须使用英国国教的祈祷文,引起了苏格兰清教徒的强烈不满。1638年众多苏格兰民众在贵族的领导下,组织武装,决心以武力捍卫自己的信仰。为筹措军费抵抗苏格兰人,查理一世不得不在1640年11月3日重新召开著名的"长期议会"。在"长期议会"内,新贵族和资产阶级的代表同国王展开了坚决的斗争,英国资产阶级革命正式开始。1642年8月22日查理一世对议会宣战。在内战中,资产阶级、新贵族、自耕农和城市平民,特别是他们中的清教徒纷纷参加议会军。议会军在清教徒著名代表人物克伦威尔的指挥下最终打败了王党军队。1649年1月30日,查理一世在白厅前被斩首,5月19日英国宣布为共和国。

克伦威尔的护国政府执政以后,在推广清教方面走上了极端主义,将清教徒的清规戒律提高到国家法律的高度,要求厉行禁欲主义的生活方式,甚至不惜用暴力来维系这些清规戒律,结果反而引起了人们的不满。1658年克伦威尔去世,斯图亚特王朝趁机复辟。在查理二世的支持下,英国的国教派组成了新的国会,制定了一系列排斥清教徒的法律。1661年,查理二世颁布"市镇团

---

① [美]威利斯顿·沃尔克:《基督教会史》,中国社会科学出版社1991年版,第510–511页。

② 马超群:《基督教二千年》,中国青年出版社1988年版,第187页。

体法",要求各城市公务人员必采用英国国教的圣餐仪式。1664 年又要求所有牧师必须承认国教的基本教义,并宣誓绝不反对国王和国教教会,国内的政治矛盾再次因为宗教冲突而白热化。

1685 年,身为天主教徒的詹姆士二世即位后试图在查理二世基础上全面恢复天主教信仰和君主专制统治,遭到了国会各派别的坚决反对。在政治妥协的过程中,议会中的清教支持者把期望放在了詹姆斯二世去逝后会把王位传给他信奉新教的女儿身上。不料,1688 年詹姆斯二世的第二个妻子,信奉天主教的玛丽生了一个儿子。议会中的反对派由此彻底绝望。于是,议会中代表工商业资产阶级利益的辉格党人开始与托利党人联手,通过宫廷政变迎请詹姆士二世的女婿、信仰清教的荷兰执政威廉入主英国。1688 年 11 月 5 日,威廉率领荷兰海军在英国登陆,詹姆斯二世被迫逃往法国。这就是著名的"光荣革命"。

"光荣革命"在政治上确立了君主立宪政体,在宗教问题上于 1689 年颁布了《宽容法》,开创了相对宽容的宗教气氛。"光荣革命"的妥协原则和宽容精神成为处理宗教争端的基本原则。1701 年,国会颁布《王位继承法》,明确规定政教分离,国王必须由新教徒担任,从而杜绝了天主教在英国复辟的可能性,宗教纷争及其对政治的干扰由此告一段落。

中世纪以来漫长的教权与王权的纷争,对英国内生型的政治变革道路以及现代宪政体制的确立,产生了深刻的影响。一方面,长期的二元政治主体格局客观上使教会组织不自觉地扮演了限政的重要角色,阻止了英国走向神权政治。同时二元政治主体的长期博弈,也充分地暴露出了不受制约的权力的危害性,有力地强化了人们对权力的戒备意识以及政治变革的限政取向。另一方面,教权与王权的纷争也为生活在其中的人们留下了种种自由的社会空隙,为确立不受政治权力控制的信仰自由提供了重要的社会基础。

二、抗争与制衡:贵族与王权的博弈

"国王与贵族间的斗争是西方政治历史的实质。"[1]在中世纪英国的政治舞台上,国王与贵族两大政治势力既合作又斗争的政治博弈,构成了政治变迁的历史主线,并在很大程度上铸就了宪政体制的基础。贵族群体基于自身的利益诉求,围绕封建体制下的封君与领主的隐性契约关系,就限制王权的扩张

---

① [美]斯塔夫里阿诺斯:《全球通史——1500 年以前的世界》,上海社会科学院出版社 1992 年版,第 455 页。

进行了长期不懈的斗争,客观上充当了英国宪政体制变革的第一行动集团。

1. 王权与贵族的合作基础

在中世纪的前期,贵族与王权之间虽然有纷繁复杂的利益纷争,但两者合作是主流,并在这种难以完全打破的合作关系基础上诞生了《大宪章》这样的限制王权的重要成果。到了都铎王朝时期,随着封建王权走向绝对主义国家,贵族与王权之间矛盾趋于激化,传统的封建贵族最终几乎成为封建君主扩张王权,建立统一的中央集权政治体制的牺牲品,但期间两者的冲突,特别是这些冲突积累的诸多协调性规则和先例,却对英国避免走上绝对专制主义的道路产生了重要影响。

应当说,英国贵族与王权的关系始终维持了一种合作关系,而没有走向彻底的决裂,是有着深刻的社会基础的。首先,在封建体制下,国王与贵族说到底是同一社会等级,同属于享有特权的统治集团。世俗贵族作为封臣,从一开始就是封建体制最大的既得利益群体,他们所拥有的土地及一切特权,从理论上讲都源自国王的分封。据史家估算,诺曼征服后世俗贵族一直是封建贵族的主体,在威廉王分封的 180 多名总封臣中,世俗贵族约有 150 名,其封地占全国耕地面积的 54% 左右,而主教区与宗教团体的封地加起来也才约占 26%。亨利一世时期,即便不包括王族,世俗贵族家族也有 273 家,而教会贵族仅有 61 家。① 因此,贵族与王权的纷争,无论如何激烈,始终是统治集团内部的纷争。贵族们即使进行武装反抗,也几乎没有推翻王权取而代之的不臣之心。只是在国王肆意侵夺贵族们的利益,违反了双方默认的政治规则,令贵族们难以容忍的情况下,贵族们才会联会起来,以各种手段重新将王权纳入传统规则的约束之下。

其次,贵族与国王相互依赖、互相支持的利益关联,为维系相互间的合作关系,提供了坚实的基础。就国王而言,贵族是实施政治统治不可缺少的依靠对象。作为国王的封臣,贵族拥有大量的领地,拥有自己的武装,而且经济实力强大,是国王政府征税的重要对象。国王政府要维持正常运作,地方秩序要得到有效维持,都离不开封建领主作为朝臣和地方官的支持。在整个封建统治时期,英国的贵族都参与了国王对国家事务的治理。他们是国王的重要朝臣和政治顾问,参与御前会议,与王共商国是,并以国王所颁发的令文的证人身份对文件加以署证,以示同意和支持。早期,能否成为这样的朝臣,是衡量一个贵族乃至其家族政治地位的重要标志。如 12 世纪时,《克拉伦敦宪章》

---

① 孟广林:《中古前期英国封建王权与世俗贵族的关系》,《历史研究》1997 年第 1 期。

的署证人中贵族就占 40%,《卡斯提尔—那瓦尔赦令》的署证人中贵族占约50%,《巴特牧师会员土地恩准令》署证人贵族则高达 60% 以上。① 14 世纪后,国会成为贵族参与国家事务的重要阵地,特别是国会的上院一直为大贵族把持,他们审理各种司法案件,向国王提供建议,参与制定条例。查理一世宫廷中的 33 名高级官员中,有 29 名是上院伯爵和他们的男性继承人。其余 4人中,有两个子爵,一个男爵,一个主教。1540 年的国王枢密院共有 19 人,其中有高级神职人员 3 人,上院世俗贵族 7 名,爵士 9 名。其余 2 人虽是平民身份,后来也得到了爵位或封号。② 贵族还充当国王政府的主要官员及地方封疆大吏、摄政、宰相,及国王政府的财政官员如国库长、司宫及其下属要吏,负责王室安全的警卫长,国王内府骑士的首领,中央法庭和地方郡法庭的法官,地区和要塞的镇守或监守,国王内府或王田的管理者,赴外使节等要职,基本上都是由贵族充任。③

而对于贵族来说,支持封建王权,也就是维护自身的特权地位。更何况,直接参与国王的政治、军事活动还可以直接带来可观的收益。如果能够得到国王的赏识,还可以获得爵位、官职、土地、年金及其他许多馈赠。自诺曼征服以来,英国一再卷入与法国争夺英王在法国的领地的战争,不少贵族同样在法国拥有自己的领地。为了维护在领地的权益,分享战争胜利带来的大宗赎金,贵族们不仅在国会上通过一项项支持战争的征税法令,而且直接参与国王的军事行动。在 1356 年的普瓦蒂埃战役中,法王约翰二世被擒,英国获得的赎金高达 500000 镑。④ 英王亨利五世的一系列战果,都让身居要职的显贵同王室一道发了战争财。即使在都铎王朝,对外征战和镇压国内叛乱,国王主要还是依靠贵族的力量。"在没有常备军的情况下都铎政府的地位是不牢靠的,它得依靠地方上的实力人物。"⑤"亨利八世的军队依然十分混杂,而且是临时七拼八凑而成的。在国内征召的旧式贵族家丁与从海外招募的雇佣军混杂在一起。"⑥1523 年,亨利八世手下的军队中有三分之一是贵族的军队。对"求恩巡礼"和瓦特起义等的镇压,都是由这样的军队去完成的。在宗教改革的时代,世俗贵族支持国王剥夺教会的土地和财富,最终相当一部分土地和财富也都落入了贵族的手中。共同的利益决定了贵族与王权之间的矛盾不是根本

① 马克垚:《中西封建社会比较研究》,学术出版社 1997 年版,第 351 页。
② 阎照祥:《英国贵族史》,人民出版社 2000 年版,第 181 页。
③ 孟广林:《中古前期英国封建王权与世俗贵族的关系》,《历史研究》1997 年第 1 期。
④ [英]肯尼思·摩根:《牛津英国通史》,商务印书馆 1993 年版,第 190 页。
⑤ [英]肯尼思·摩根:《牛津英国通史》,商务印书馆 1993 年版,第 251 页。
⑥ [英]佩里·安德森:《绝对主义国家的系谱》,上海人民出版社 2001 年版,第 128 页。

性的,合作才会让双方成为大赢家。贵族"对王权有较强的政治向心力。为了保住他们的既得利益,他们必须依赖和支持他们的政治总代表——王权,这是他们普遍具有的最基本的政治立场。"①

再次,封建体制下封君与封臣的契约关系,以及统治集团尊重历史惯例,推崇"王在法下"的习惯法的政治传统,也为维系贵族与国王之间的合作关系提供了重要的纽带。在封建体制下,国王与贵族的关系习惯上是由封建法来规范的。所谓封建法,指的是建立在土地分封基础上的领主——封臣之间的封建法权关系。这种关系不是一种单纯的绝对支配和服从关系,而是一种以互惠互利为前提的双向性封建契约关系,就像一种婚姻契约。② 在这种关系中,领主和封臣分别享有某些权利,同时又分别负有某些相对应的义务。这些权利和义务存在于习俗和惯例之中,为人们所熟知,实际上起着法律规范的约束作用。如果一方拒绝履行自己的义务,或者超越了自己的权利范围,另一方有权要求改正这种"违法"行为,或者拒绝履行自己的义务。国王虽然有权力要求封臣对其效忠,但贵族们也拥有在自己领地的统治权。"国王的真正地位只不过相当封建权贵的委员会的名誉主席的地位,而这些权贵们才是他们自己的主人并在他们自己的公国里像国王那样统治着。"③与此同时,受日尔曼传统的影响,英国很早就形成了"王在法下"的法治观念,因此哪怕国王处于强势地位,也不敢肆意践踏法律。即使是在都铎王朝时期,一些专制王权的支持者,也承认统治英国的是法律,而不是国王。这种法治观念,使得贵族与王权发生利益冲突时,双方首先都会尽可能在法律框架内寻求解决问题的出路。

最后,国王与贵族实力的相对均衡状态,也使得双方在发生冲突时会尽可能避免发生鱼死网破的对决。诺曼征服后,英国建立起了欧洲最强大的封建集权君主制,王权的实力虽然远远超过任何单一贵族,却没有强大到足以压倒贵族联合势力的地步,从而形成了一种强大王权和贵族联盟的相对均衡格局。强大的王权足以镇压单个贵族的反叛,却无法抵挡贵族们的联合反抗,于是,双方都不得不有所收敛,不敢一意孤行。

虽然贵族与国王之间有充分的合作基础,但任何一个政治主体基于自身的利益总是要竭力维护自己的权利,甚至想方设法扩张自己的权利。因此矛盾和冲突同样是不可避免的。正如国王总是期盼能够建立绝对专制统治一

---

① 马克垚:《中西封建社会比较研究》,学术出版社1997年版,第351页。
② [美]伯尔曼:《法律与革命》,中国大百科全书出版社1993年版,第373－374页。
③ 龙文:《西欧中世纪中期罗马教皇势力鼎盛及其成因》,《贵州师大学报》1994年第1期,

样,封建领主们也把地方利益看得比王国利益重要得多。正如斯塔夫里阿诺斯所说的那样,在中世纪的西欧,"大多数人首先认为自己是基督教徒,其次是某一地区如勃艮地或康沃尔的居民,只是最后如果实在要说的话——才是法兰西人或英吉利人。"①一旦贵族们认为自己的权利受到了国王的侵害,他们就会以各种方式阻止这种侵害,从抗议、请愿,直至武装对抗。虽然贵族的反抗毫无疑问是基于自身的利益,但客观地讲,正是这种抵抗,有效地制约了英国王权的扩张,阻止了英国走向东方式的绝对专制体制,也为宪政体制的确立奠定了重要的基础。

正如孟广林所分析指出的,诺曼征服后的百余年间,英国封建王权与世俗贵族在封建土地等级分授占有制的基础上形成了一种统一对立的矛盾关系。国王的封赐和庇护,是贵族封建权益的源头;而贵族的拥护和参与,则是王权勃兴和扩展的前提。国王是贵族的政治代表,而贵族则是王权的政治基础。基于共同的根本利益,王权与贵族在正常的情况下必然要相依为援,政治合作是这一时期双方关系的历史主流。这一时期贵族反叛固然与其封建离心倾向有关,但实际上主要是由王族的王位之争和某些贵族政治失意等因素促成的。贵族虽有封建离心倾向,但仍受到其政治向心力的制约,而一旦王位归属已成定局或王权从战乱中恢复了其"中心"的权威,贵族也就逐渐向王权归附。②

从诺曼王朝到斯图亚特王朝,整个英国封建王权统治历史,充满了各种各样的贵族与王权的政治博弈,国王不停地镇压贵族的反叛,贵族们也几番控制了英国政坛的实权。但基本上每一次激烈的冲突,都以政治妥协而告终。即使是王权最后控制住了局面,也往往不得不基于贵族反叛的教训,对贵族们的权利诉求有所让步。在不断冲突、妥协的政治博弈过程中,王权的边界始终明晰起来,一些各方都不可逾越的政治原则被确立起来,大量调节权利关系的历史惯例逐步积累起来,从而为最终建立限制王权、保障人权的宪政体制,提供了基于历史惯性的制度框架。

2. 贵族与王权的政治较量

在诺曼王朝,英国正处于封建体制的全面建设时期,贵族与王权利益的一致性较为明显,加上借助军事征服,王权形成了对贵族力量的较大优势,双方

① [美]斯塔夫里阿诺斯:《全球通史——1500年以后的世界》,上海社会科学院出版社1992年版,第246—247页。
② 孟广林:《中古前期英国封建王权与世俗贵族的关系》,《历史研究》1997年第1期。

的冲突并未激化,即使发生贵族反叛,其主旨也在于恢复参预国政的地位和荣誉,或确保既享的封建权益,而不是走向完全的分裂割据。①

诺曼王朝贵族与王权的冲突最初是因威廉一世去世而围绕王位的继承而展开的。因长子罗伯特与法王关系密切,且屡有夺位之意,威廉一世临终时选定次子鲁弗斯继承王位,并请坎特伯雷大主教辅佐,长子罗伯特则让其继位为诺曼底公爵。鲁弗斯加冕称王(威廉二世)后,"跨海而治"的英国面临着两权隔海对峙的局面。由于当时封建大贵族在英格兰和法国诺曼底等地都拥有大量地产和财富,按照封君封臣关系,罗伯特公爵成为一些贵族必须效忠的领主。威廉二世无法弥合由此产生的政治裂痕,1100 年在狩猎时为贵族暗害。威廉二世之弟即亨利一世被部分贵族和主教拥立为王。亨利一世即位之初同样面临乃兄的政治危机。1101 年诺曼底公爵罗伯特率众渡海争夺王位,那些政治上失宠的诺曼元老大贵族朝臣的后裔加入了反叛王权的队伍,成为坚定的"公爵派";而前朝的既得利益群体则成为支持国王的"王党"。战乱平息后,亨利王重新调整了王权与贵族的关系,加强了与贵族各阶层的政治合作。作为英国历史上雄才大略的君主,亨利一世力图重建英国"跨海而治"的统一局面,实施"擢新保旧、恩威并重"的治国方略,征服了诺曼底的分裂集团,加强了王权对地方的控制,保持了 30 多年相对稳定的统治局面。

诺曼王朝由于未能牢固地确立王位的嫡长子继承制,亨利一世死后王位之争再度爆发,进而演化成 1138—1154 年的英国内战。亨利一世生前在1127 年失去儿子,后曾强迫贵族向其女儿马蒂尔达立誓效忠,立她为王储。马蒂尔达原是德皇亨利五世的遗孀,在英国国内并无根基,而当时英国贵族尚不能接受女性为王。因此,亨利一世一死,一些贵族就拥立亨利的外甥布伦伯爵斯蒂芬继承王位。1138 年马蒂尔达与斯蒂芬两大集团展开了王位争夺战。王位争夺之战最终以妥协宣告结束,根据双方达成的协定,马蒂尔达之子于1154 年继承王位,是为亨利二世。因王朝在法国的安茹、诺曼底等地拥有大量领土,史称安茹王朝。

安茹王朝是一个贵族与王权冲突比较激烈的时代,主要原由是封建君主强化王权的改革,以及支持对外战争的繁重税收征侵害了贵族的权利。亨利二世为加强王权,在多个领域进行了改革。在司法领域,他将大批诉讼从贵族封建法庭收揽到国王法庭,大量提拔中产阶级和下级教士担任行政和司法长官,不仅违背了"同等人审判"的封建法规则,而且直接削弱了贵族的政治特权及从中可能得到的经济利益。在财政领域,亨利二世不但严格征收封建捐

---

① 孟广林:《中古前期英国封建王权与世俗贵族的关系》,《历史研究》1997 年第 1 期。

税,而且前所未有地开征了动产税,加重了贵族们的负担。到理查德一世时,贵族们的不满情绪进一步高涨。理查德一世以贵族不服兵役,使国王失去了骑士和指挥官为由向贵族们开征比兵役免除税数目更大的罚金。对法战争爆发之后,理查德一世又不断要求封臣提供超过正常期限的海外服役。1198年,在牛津举行的御前大会议上,理查德一世要求贵族应为在诺曼底的战争提供300名骑士,服役一年。贵族们当面拒绝这一"不正当的"的要求,认为封建法没有规定封臣有"到国外服役"的义务。理查德以上绞刑架来威胁贵族们,贵族们却毫不退让,冲突趋于公开化。[①] 到约翰时代,为筹措军费,国王横征暴敛、敲诈勒索更是达到了令贵族们难以忍受的地步。从1154年至1199年,国王很少谋求超过地产年收入两倍的继承金,但在约翰王时期,继承金增幅达到3倍,并持续攀升。为迫使贵族屈服,约翰国王甚至采用恐吓、酷刑等残暴手段,成为贵族心目中惨无人道的暴君。[②]

由于约翰王在对法战争中遭遇惨败,被法军赶出诺曼底,英王在法国的领地丧失殆尽,贵族利益也蒙受巨大损失。当时约翰王因为得罪教皇被开除了教籍,当他在1213年再度要求贵族随其远征法国时,北方贵族即以其被"革除教籍"为由拒绝出征。约翰王恢复教籍之后,北方贵族又以没有义务在海外服役为由再次拒绝约翰王。在约翰王咄咄逼人的逼迫下,忍无可忍的贵族们终于联合起来反制国王。贵族们的这次反抗受到了十字军东征时发生的一件事情的启发。1099年十字军东征夺取了耶路撒冷之后,当时的十字军领导人为加强耶路撒冷的治理,组织了一个耶路撒冷市政委员会,起草了《耶路撒冷判决书》,规定耶路撒冷各国王都要服从市政委员会的决议。英国的许多贵族都参加了这一历史事件,用一个规章来限制王权的思想开始在他们心中萌发。1213年8月4日坎特伯雷大主教兰顿主持召开了一次贵族会议,以国王的名义宣布将尽快恢复亨利一世的法律。在随后召开的一次会议上,兰顿大主教当众宣读了他亲自整理的亨利一世《加冕宪章》。这份《加冕宪章》是亨利一世即位时,为争取贵族支持而制定的。当时亨利一世为安抚深受威廉二世盘剥之苦的贵族,在约束国王的权力、保障封臣权利方面作了一些承诺,如封臣死后,其继承人只需交"公正与合法"数额的继承金就可继承封地;封臣的女儿出嫁,只要不与国王的敌人结婚,国王将批准;封臣(除反叛者)被罚没土地时,不必上交全部动产;禁止征收市镇和乡村的普通货币税等等。兰顿大主教宣读《加冕宪章》,不仅为贵族们的反抗行为找到了合法依据,而且为反

---

① 程汉大:《大宪章与英国宪法的起源南》,《南京大学法律评论》2002年秋季号。
② 程汉大:《大宪章与英国宪法的起源南》,《南京大学法律评论》2002年秋季号。

抗行动确立了政治目标,那就是用宪章约束国王的权力。后来制定的《大宪章》就是在《加冕宪章》的基础上扩充而成的。1214 年,贵族反对派以朝圣为借口,在圣埃德蒙教堂集聚,发誓如果国王再拖延恢复法律和自由,他们将收回对国王的忠诚,并与之战斗,直到他颁布包含各项让步的宪章为止。以兰顿大主教为首的中间派则居中恳请约翰王重新公布并遵守《加冕宪章》。约翰王被迫与反对派贵族进行和谈,并于 1215 年 6 月 15 日同意了反对派贵族提出的所有条款,4 天后国王正式颁布这些条款,这就是《大宪章》的由来。

1216 年,对《大宪章》的限政条款耿耿于怀的约翰王去世,9 岁的亨利三世继位。亨利三世亲政后同样走上了扩张王权的道路,再次引起贵族们的强烈不满。由于亨利三世本人及其母亲都同法国人结婚,王室大批法国姻亲来到英格兰,并获得了大量领地和特权,并在政府中排挤了原来的贵族。1258年,亨利三世召集贵族开会,要求贵族提供协助金帮助王室渡过财政危机。由于国王的胃口过大,愤怒的贵族们再次联合起来抵制国王的要求。1258 年 4月,七位贵族秘密订立反抗盟约,大批贵族和骑士很快也起誓加入了这一联盟。1258 年 4 月他们全副武装,围困威斯敏斯特宫,要求亨利三世将那些外国人解职,对着《圣经》起誓,承诺进行改革。国王和王子被迫答应了贵族的要求。1258 年 6 月,在牛津召开的"疯狂议会",贵族们掌握了政治主导权,亨利三世被迫同意由贵族和国王共同推出人选,组成 24 人委员会作为最高权力机构,再由他们推举出 15 人组成御前会议负责日常行政事务。亨利三世废除的宰相、中书令等政府要职重新恢复,并由贵族推举的人选担任。8 月 4 日,亨利三世宣布了 15 人委员会的权力,宣誓接受其决定,并诏令所有人遵守《牛津条例》。[①] 英国一度进入了贵族执政时期。

后来,不甘心退让的亨利三世又利用贵族间的矛盾,大肆培植自己的势力。1259 年 3 月,亨利三世颁布《贵族条例》,强调英格兰王国是一个整体,在王国内必须在王权之下遵守同一个规则,贵族的特权领地是王国的有机组成部分,而不是独立于国王政府之外的治外之地,贵族的官吏与国王的官吏应受到同样的约束。在亨利三世的努力下,1261 年 4 月教皇亚历山大四世宣布亨利三世与贵族所立的誓约无效。国王的反扑,激起了贵族们的再次反抗。1263 年国王与贵族再次发生武装冲突,最后双方邀请法王路易九世裁决。双方在亚眠的法庭接受法王的调查,各自举证,提出申诉。国王一方指控贵族选择委员会成员和政府官员的方式违背了国王的意愿,违背了他们效忠国王的誓言。贵族一方则重申了《牛津条例》,强调国王已经起誓遵守此条例。结果

---

① 蔺志强:《1258 年至 1267 年英国贵族改革运动》,《历史研究》2004 年第 6 期。

法王路易九世的裁决完全偏袒国王一方,激怒了贵族。以西蒙·孟福尔为首的强硬派贵族重新四处网罗反对国王的力量,进行武装对抗。在1264年5月14日的刘易斯之战中,贵族联军大获全胜,亨利三世和爱德华王子沦为俘虏。重新执掌政权后,孟福尔重新组织了一个由叛乱贵族首领构成的九人委员会,"挟天子以令天下",实施贵族寡头统治。次年8月,爱德华王子率领王军在伊夫夏姆大败贵族联军,西蒙·孟福尔战败被杀,多年的政治动荡再次以国王重新控制政权而告终。虽然国王发表宣言恢复了自己的全部权威,但《大宪章》的一些条款也得到重申,贵族反抗王权的一些成果也得到了尊重。

在度过了兰开斯特(1399-1464年)和约克王朝(1461-1486年)一段相对平静的时光之后,都铎王朝再次成为贵族与王权激烈较量的时代。1485年,亨利·都铎在三十年战争中获得最后胜利,建立了都铎王朝。都铎王朝是英国历史的重要转折点,在走向绝对主义国家的进程中,英国逐步建立起了近代民族国家,王权得到了前空的强化,中央集体体制的建立使国王成为国家主权的唯一代表,有力地促进了资本主义商品经济的发展和海外贸易的扩大。在与贵族的较量中,王权取得了绝对性胜利,英国的传统贵族逐步退出政治舞台。

经过绵延30年的内战,英国许多贵族身死家灭。在此基础上,都铎王朝的君主严格控制贵族的封授,贵族的数量出现了明显的下降。据记载,亨利七世在位期间贵族数量由1485年的55名减少到1509年的42名,以致"赏赐的数量与速度远远不能满足国王的臣仆与祈求者的希望,以至他们常常感到急不可耐,垂头丧气甚至不满。"[1]亨利八世在位时期,封授贵族的数量略有增加,到1529年贵族数量恢复到55名左右。伊丽莎白一世同样不愿轻易封授新贵族。"为了使爵位贵族这一社会等级的最高层次保持稳定,她在择选新的成员时严格筛选、格外慎重,竭力不使其总体规模无端地膨胀。从而使得爵位拥有者和乞求者都感知到爵位本身的尊贵与威严,成为等级制度的拥戴者和维护者。"[2]

与此同时,都铎王朝的君主还趁贵族势力整体下降之机,对残余贵族势力实行严厉打压。亨利七世在位时期,有9个贵族被剥夺了爵位,还有36个人(约占当时贵族的4/5)签署了保证书并交了保证金。[3]亨利八世和伊丽莎白时期也分别有12个和6个贵族被剥夺爵位。1487年到1504年,都铎王朝还实行了《取缔家兵法规》,取缔了按大贵族合同制所雇佣的家臣私兵,[4]禁止贵

---

① [英]肯尼思·摩根:《牛津英国通史》,商务印书馆1993年版,第250页。
② 王晋新:《试论英国女王伊丽莎白一世的封爵政策》,《东北师范大学学报》1997年第3期。
③ 姜德福:《论都铎王权与贵族》,《东北师范大学学报》2005年第2期。
④ 蒋孟引:《英国史》,中国社会科学出版社1988年版,第241页。

族兴建新的城堡,以防止贵族地方势力坐大,"王国的臣民中听命于贵族而非听命于国王的人数急剧减少"①。在贵族势力明显衰弱而新兴势力尚未崛起之际,英国几乎没有任何力量足以与王权相抗衡。

当然,需要指出的是,都铎王朝作为一个封建王朝,国王与贵族依然有着共同的利益,有着政治合作的基础。"无论双方冲突如何激烈,也不会发展到不可调和的地步,而总是以相互让步和妥协告终"②。除了对贵族的赏赐和分封,亨利七世也愿意让大贵族参与国家政权,担任中央或地方的行政、军事上的要职,如中书令、咨议官、司宫、城堡要塞镇守和法官等职位。亨利八世任命的法务大臣绝大多数是伯爵或伯爵以上的贵族,另外如掌礼大臣、大法官、王室总管、宫廷侍卫大臣等也完全或大多由贵族担任。为了加强对局势混乱地区的统治,亨利八世还任命各地贵族担任郡督一职。在伊丽莎白一世时期,在地方郡长兼首席治安官这样的要害官职,也逐渐成为各郡最显赫的贵族家族的世袭职务。③

都铎王朝对贵族实行的大棒加胡萝卜政策,主旨是将贵族势力纳入绝对王权体系,完成政治上的中央集权化过程。在都铎王朝之前,大贵族拥有在自己领地内召开特许法庭的特权,这些法庭独立行使司法权,甚至国王的令状也不能进入。经过一系强有力的司法改革,不仅大贵族的司法权被纳入了国家的法律体系,而且贵族自身也被置于严格的法律约束之下,从而结束了中世纪贵族在司法上与国王分庭抗礼的局面。

总体上,都铎王朝的政治体制是一种混合君主制,由国王、上院(贵族)、下院(平民)三部分组成,以国王为主导,即所谓的"国王在议会中"。当时的整个欧洲都处于封建王权走向绝对主义国家的时代,都铎王朝也利用国内外的有利形势,通过宗教改革及打压贵族势力极大地强化了王权,呈现出明显的专制主义趋向。但正如程汉大所指出的那样,与欧洲其他国家不同的地方在于,英国的议会制度历经几百年的持续发展后,到这时已经根深蒂固,都铎王权已无法逾越这个障碍去建立大陆式的绝对君主专制。他们只能因势利导,利用议会,而不能甩开议会。于是,便出现了"国王在议会中"的混合君主制。在混合君主制下,国王和议会一方面相互依存,谁也离不开谁,谁也吃不掉谁,另一方面又彼此冲突,谁都渴望在政治运作中发挥主导作用,甚至企图控制对方。但就16世纪的整体情况看,国王在混合政府结构中一直稳固地保持着核

① [英]阿萨·勃里格斯:《英国社会史》,中国人民大学出版社1991版,第127页。
② 孟广林:《英国封建王权论稿》,人民出版社2002年版,第390页。
③ 姜德福:《论都铎王权与贵族》,《东北师范大学学报》2005年第2期。

心地位,用亨利八世的话说就是,国王是"首脑",议会两院是"四肢","首脑"和"四肢"紧密结合一起,组成一个不可分割的"政治共同体"。①

都铎王朝之后,在王权的打压及社会阶级基础变革的共同作用下,英国传统的贵族势力趋于分化瓦解,已无法同王权形成分庭抗礼之势。幸运的是,随着英国社会结构的重大变化,资产阶级化的贵族和新兴的资产阶级逐步强大起来,逐步走向政治舞台,及时地填补了传统贵族衰落后留下的政治空白。新贵族与工商资产阶级的政治联盟,随之成为推动近代资产阶级革命,建立君主立宪体制的主要力量。

理论界对英国贵族群体在中世纪限制王权的作用都给予了重要的评价。陈晓枫、苏艾平认为,英格兰世俗贵族在社会等级制的阶梯上基本没有屈从于教会贵族而沦为次要的角色,而是一个富有政治凝聚力和创造性的社会群体。经过 1215 年的贵族反叛和大宪章的签订,封建贵族已不再仅仅把自己看作国王的"直属封臣",而是看作对处于统治地位的国王有天然发言权的国民的代言人。由于贵族与国王之间的权力义务关系,他们既是王权的追随者、屈从者、合作者和维护者,善于协调自身与王权和宫廷的关系;又是王权的对抗者、挑战者、监督者和制约者,必要时能够限制和约束君主和宫廷。世俗贵族最早创立了议会,成为议会的缔造者和基本组成部分,率先获取了从事合法斗争的权力,维护了自己的权益又匡正了王权。贵族集团与王权形成特殊的二元平衡结构,最易于发展为宪政形态,以致有人认为英国的宪制的主要特点无法应用到那些没有王室和贵族因素的国家。②

从专制走向宪政,是中世纪以来英国政治变迁的基本趋势,抵抗王权和限制王权则构成了宪政成长的第一步。正如钱乘旦和陈晓律指出的那样,在市民社会没有成长之前,这种争取自由的重任是由贵族来承担的。在英国的长时期历史中,国王和贵族始终不分上下,长期抗衡,英王的专制权力同欧洲其他王权相比较弱,这客观上为宪政的产生和发展创造了条件。英国贵族在"权利"的旗帜下"抵抗暴君",几乎是中世纪司空见惯的事。正因为如此,人们可以说,是英国的贵族开创了"自由"。③

三、纷争与妥协:贵族与平民的交替

"光荣革命"建立的君主立宪政体,是新贵族和新兴资产阶级与封建王权

---

① 程汉大:《17 世纪英国宪政革命的博弈分析》,《南京大学学报》2004 年第 1 期。
② 陈晓枫、苏艾平:《英国封建政治的特质与宪政的生成》,《法学评论》2007 年第 5 期。
③ 钱乘旦、陈晓律:《在传统与变革之间》,浙江人民出版社 1991 年版,第 37 - 40 页。

政治妥协的产物,也是资产阶级与新贵族妥协的结果,新贵族则成为国家政权的实际控制者,英国的历史也因此进入到贵族政治时代。其后,随着资本产义经济的快速发展,资产阶级越来越难以接受自己仅仅充当政治旁观者的角色,其与新贵族的矛盾不断加深。利用在英国政治舞台上占据日益重要地位的议会这一平台,逐步在政治上成熟起来的资产阶级步步进逼,通过掀动一连串的议会改革,逐渐将政权掌握在了自己手中。

1.　贵族政治时代

新贵族是整个资产阶级革命的主导性力量。这里所谓的新贵族,指的是商业化的大地主、资产阶级化的贵族,其中有的是先成为资产阶级,再通过购买土地等成为受封贵族;有的是把用于出租,从事资本主义经营,兼作工场主或商人。[①] 一般认为,英国区别于传统封建领主贵族的新贵族,最早产生于1455 - 1485 年红白玫瑰战争之际。当时,对垒的兰开斯特家族与约克家族虽然都是当权贵族,但双方的追随者却不完全一样。支持兰开斯特家族的大多是北方和西南地区相对落后、"野蛮"的贵族,即顽固保守的乡村贵族;约克家族在一定程度上得到了东南地区经济实力雄厚的进步贵族,即与资本主义经营方式联系密切的中小乡绅的支持。属于约克家族的都铎王朝建立后,这些所谓的进步贵族,就成了最早的新贵族。其所谓的"新"只是相对于旧的封建大诸侯而言,他们仍然属于封建贵族,只不过在经济上与刚刚破土而出的资本主义经济有较多的联系。

15 世纪末,英国开始了农业革命,轮作制的发展,沼泽地和排水系统的建立,新农作物的引进,使农业生产获得前所未有的增长,大批农牧产品进入了国内市场,农业经济逐步卷入资本主义经济体系。一部分英国贵族受"价格革命"的刺激,开始通过圈地运动,采用新的经营方式,谋求更高的地租和利润。一部分贵族甚至直接转而从事工商业和海外贸易,进行资本主义原始积累,其经济模式和生活方式越来越不同于传统的封建领主贵族。这是新贵族最重要的形成方式。

与此同时,16 世纪以后也有大批非贵族出身的人依靠自己拥有的大量土地而受封为新贵族。其中很多人就得益于1534 年英王亨利八世的宗教改革。宗教改革之际,王室没收了大量教会土地,成为全国最大的土地所有者。受16 世纪末以来的欧洲价格革命影响,王室的土地经营不善,不得不将大量土地以低廉的价格甚至赠送的方式转让给富裕的商人和乡绅,一大批非贵族商

① 程华:《传统与变革:英国宪政的成长之路》,《法学评论》2002 年第 4 期。

人、手工场主及部分富农因购买了大量土地而跻身于贵族行列。与此相类似，资产阶级革命爆发后，国王、主教、牧师以及王党分子的大批土地被没收，内战期间及战争结束后，国会又将这些没收来的土地分期分批拍卖，使它们落入投机商人和高级军官手中。这些人又凭借土地财富通过各种渠道，加入了新贵族的行列。

新贵族的成长事实上得到了王权的大力扶持。新贵族由于拥有较强的经济实力，越来越成为国王税收征取的主要对象。基于自身利益，新贵族期望建立统一的国内市场，积极支持王权扫荡封建割据势力的政治行动。因此，14世纪以来，封建君主都把新贵族作为削弱旧贵族势力，打压教会组织势力，建立强有力的中央集权政府的重要依靠力量。作为对这种支持的回报，国王也愿意为他们提供经营上的保护，废除封建领主的苛捐杂税。特别是到了16世纪以后，新贵族对国王财政支持作用益发明显，其获得强有力的政权保护以扩大经营的要求也日益迫切。因而，一旦王室因为战争或其他原因出现财政危机时，王权往往便与新贵族结成政治联盟。都铎王朝在经历了"血腥玛丽"的反复之后，受益于宗教改革的新贵族就成为支持宗教改革的重要社会基础。正如马克思所指出的："宗教改革使新兴大地主害怕天主教的恢复，因为天主教一旦恢复，他们当然得归还所有过去他们掠夺来得教会土地，这样一来，英国全部土地的十分之七都得易手；工商业资产阶级对天主教有所恐惧，因为天主教完全不利于他们的活动"[1]。伊丽莎白女王统治时期，是资产阶级化的新贵族与王权合作的蜜月期。"君主专制保护过工商业，同时以此鼓励过资产阶级上升，并且还曾把工商业看作使国家富强、使自己显赫的必要条件。"[2]王权不仅大力支持新贵族的圈地运动，而且还为他们从事海外掠夺保驾护航。女王甚至因此直接参与了新贵族海外掠夺的成果的分红。如1578－1580年，在智利、秘鲁沿海地区的海盗掠夺中，女王作为组织这次海盗掠夺的股份公司的股东之一，获得了263790英镑的红利。[3]

当然，新贵族与封建王朝也存在着深刻的内在矛盾，可以说新贵族越是资产阶级化，这种矛盾就是越是不可调和。冲突的焦点是新贵族不愿再受传统的封臣对领主的封建义务的束缚，渴望土地能够成为自己可以自由支配的私有财产。为了逃避这种封建义务，当时甚至有许多新贵族不愿接受骑士封号。在斯图亚特王朝因自身的财政危机不断加强对新贵族的盘剥的情况下，新贵

---

① 《马克思恩格斯全集》第7卷，人民出版社，第247页。
② 《马克思恩格斯选集》第1卷，人民出版社，第181页。
③ 樊元、宋则行：《外国经济史》第1卷，人民出版社1981年版，第58页。

族的利益越来越与新兴的工商业资产阶级相一致。因而,当资产阶级革命爆发时,新贵族从一开始就站到王权的对立面,同资产阶级结成了政治联盟,并利用自己的社会影响力和政治经验,主导着革命进程。当时革命派的主要领导人物,如国会军初期领导人埃色克斯伯爵、曼彻斯特伯爵、新模范军总司令费尔法克斯男爵、复辟王朝时期辉格党领袖莎弗里茨伯爵、发动 1688 年政变的七位领袖中的三位都是有爵位的新贵族。此外,乡绅身份的克伦威尔,也属于广义的新贵族。

新兴资产阶级无疑是革命最积极的响应者,他们迫切期望打破整个封建秩序,给资本主义经济的大发展提供新的政治环境。新兴资产阶级虽然经济实力较雄厚,但是社会地位并不高,而且普遍缺乏政治经验,他们真正关心的是自己的利益,因而如果有人愿意出面主持政治变革,好让他们专心于经营,也是巴不得的事情。因此,同新贵族的结盟,也是新兴资产阶级的真实愿望。他们从一开始就没有期望,也没有能力来主导这场革命。这样,资产阶级革命的政治果实就不可避免地为新贵族所掌控。

在特定的历史条件下,新贵族堂而皇之地登上了近代英国的政治舞台。从 1688 年政变到第一次议会改革,英国国家权力几乎全由新贵族把持,这段历史也因此被称作"贵族时代"、"贵族世纪"或"寡头政治时期"。恩格斯曾经写道:"在英国,资产阶级从来没有掌握过全权。甚至 1832 年的胜利,也还是让土地贵族几乎独占了政府所有的高级职位。"①在旧贵族早已离场,君主势力大为削弱,而资产阶级在政治上还处于稚嫩期的情况下,新贵族成功地填补了英国政坛的权力真空。"贵族时代"的出现,应当说充分体现了在传统社会向现代社会转变的过渡时期,新贵族调和性的政治取向在整合社会各方面利益诉求上的特殊作用。

首先,17 世纪资产阶级革命本身就是以阶级妥协而完成的,虽然君主的权力受到极大削弱,但君主制和贵族体制依然得到保留,这就为新贵族掌握国家权力提供了有利的政治条件。君主立宪体制将政治权力从君主手中转移到了议会下院,但下院选举却有着明确的土地财富资格条件,将工商业资产阶级,以及普通民众排除在了政治舞台之外,继续维持了精英政治的格局。托克维尔指出:"18 世纪的英国,尽管其中有若干重要的民主因素,但它实际上是一个贵族国家,因为它的法制和习惯向来是按照贵族的要求建立起来的,并随着时间的推移而逐渐占据了统治地位和依照自己的意志去指导公共事务。"②

① 《马克思恩格斯选集》第 3 卷,人民出版社 1972 年版,第 400 页。
② ［法］托克维尔:《论美国的民主》,商务印书馆 1988 年版,第 85 页。

其次,特定时期带有封建主义属性的资本主义土地制度,以及新贵族的资产阶级化,使新贵族占据了大量土地,拥有了支撑他们从事政治活动的足够财富。阎照祥指出,资产阶级革命前,曾有一些贵族家道中落,入不敷出,负债累累,可在革命后,英国却是无贵族不富,无贵族不是大地主,他们的地产占有量同旧贵族相比毫不逊色。据调查,17 世纪末,英格兰和威尔士贵族地主占有全国 15 – 20% 的地产。到了 1790 年,400 家大地主(其中多是上院权贵)的地产份额高达 20 – 25% 。而同期 10 万个中小农户的年收入只占全国农业总收入的 15 – 20% 。据 17 世纪末的保守性估算:1688 年 160 家世俗贵族的总收入是 44800 英镑,约占全国总收入的 1% 。每户贵族年平均收入约 2800 英镑。19 世纪初,英国年度总收入增加到 2.1 亿英镑,287 名上院贵族的总收入约 230 万英镑,在国民年收入中的份额基本未变,每户年平均收入达 8000 英镑。到了 19 世纪中后期,英国贵族占有全国土地的份额有所下降,但"一流地主"和"社会首富"的称号仍非他们莫属。如在 1873 年户占地产达 1 万英亩的 363 名大地主里,就有上院贵族 186 人,从男爵 58 人,共 244 名。家产过百万英镑的富翁中,半数以上是贵族地主。①

再次,新贵族的资产阶级化,以及工商业资产阶级分享革命成果的要求,也使得新贵族执掌政权之后,很自然地倾向于维护资产阶级的整体利益,采取了不少让步政策和改良措施,缓解了没有参与政权的其他阶级的不满情绪。如新政权废除了行会制度,取消了国内关卡和专卖制度,采取了一系列扶植本国工商业发展、鼓励出口和限制外国商品进口的措施,有力地促进了资本主义经济的发展,迎合了工商业资产阶级的要求。对此,恩格斯曾经作出深刻的分析,他指出:"英国的'贵族'不但不反对工业生产的发展,反而力图间接地从中取得利益;而且经常有这样一部分大地主,由于经济的或政治的原因,愿意同金融资产阶级和工业资产阶级的首脑人物合作。这样,1689 年的妥协很容易就达成了。'俸禄和官职'这些政治上的战利品留给了大地主家庭,其条件是充分照顾金融的、工业的和商业的中等阶级的经济利益。而这些经济利益在当时已经强大到足以决定国家的一般政策了。在细节问题上或许发生过争执,但是总的说来,贵族寡头非常清楚,他们本身的经济繁荣同工商业中等阶级的经济繁荣是有不可分割的联系。"②与此同时,英国新贵族集团本身具有一定的开放性,18 世纪末以来,他们逐步接纳了一些工商业、金融业资本家及其代表,这同样有助新贵族集团巩固自己的统治地位。

---

① 阎照祥:《"光荣革命"后英国贵族集团的若干特征》,《河南大学学报》1996 年第 6 期。
② 《马克思恩格斯选集》第 3 卷,人民出版社 1972 年版,第 393 页。

为了维护自己的统治地位,新贵族集团甚至发展出一套所谓父权主义宪政理论为自己辩护。这一理论强调,一个社会需要有一个能够对普通民众作表率,承担起社会教育、传承文化责任的精英阶层,才能保证社会秩序的和谐稳定,而贵族正是这样一个不可替代的阶层。父权主义宪政理论的重要代表人物,英国保守主义理论的开创者柏克指出:社会必须让"较有智慧的人、有较多知识的人和较富裕的人引导较弱的人、知识较少的人和财运较差的人,并通过引导来启发他们、保护他们。……如果广大民众不是处在这样的风尚之中,那么很难说他们正生活在文明的公共社会。"①

1688 年以后,英国新贵族的权力不断扩大,一直持续到 1832 年的议会改革。在 18 世纪,英国议会下院 2/3 的议员是土地所有者,1/5 的下院议员是爱尔兰贵族或英格兰和苏格兰贵族的儿子,其余的大部分也与贵族有亲缘关系。1761 年,下院议员中有 3/5 是贵族。② 另有数据表明,1701 年,在下院的 513 名议员中,代表和部分代表土地贵族利益的人有 400 多名,大致情况是:从事工商业和金融业的人有 61 人,军官 48 人,律师法官 62 人,国家文职人员和职业政客 113 人,土地贵族 270－350 人,同土地贵族有亲戚关系者约百余人。由于许多议员具有几种职业或身份,因而上述统计人数多于 513 人。贵族还控制了地方的选举。1702 年,贵族控制了 20 个自治市(选出 31 名议员)的议员选举;1713 年,这个数字上升到 28 个(45 名议员)。1715 年,贵族全部或部分控制的自治市有 48 个,从中选出 68 名议会议员;1747 年,这类议席上升到 167 席,1784 年末,超过 200 席。政府内阁同样也为贵族所把持。1744 年夏天组成的亨利·佩勒姆内阁有 6 名公爵,到 11 月又增加了 1 名公爵。1754 年纽卡斯尔公爵内阁的 20 名内阁成员中,仅有 3 名不具有贵族身份,1760 年政府核心内阁成员由 2 名公爵、4 名伯爵、2 名男爵和 1 名不具有贵族身份的人组成。18 世纪的 22 个财务大臣中有 16 个是贵族,4 个是贵族之子,另外两人一个是贵族的孙子,另一个在辞职时也被册封为伯爵。③

2. 平民的崛起

随着工业革命席卷而来,英国资本主义经济得到了迅猛发展,新兴资产阶级力量越来越强大,羽翼逐渐丰满的新兴资产阶级不再满足于跑龙套的角色,将维护和促进资本主义经济发展的期望寄托于新贵族,而是有了直接跳上政

---

① [英]伯克:《自由与传统》,商务印书馆 2001 年版,第 88 页。
② 欧志雄、舒小昀:《1688－1783 年英国贵族阶层分析》,《湖北师范学院学报》2003 年第 2 期。
③ 欧志雄、舒小昀:《1688－1783 年英国贵族阶层分析》,《湖北师范学院学报》2003 年第 2 期。

治舞台、充当政治主角的欲望。新兴资产阶级与新贵族在的社会角色由此逐渐翻倒过来,英国的政治权力随着一连串的议会改革,也逐步完成了从新贵族到新兴资产阶级的大转移。

英国工商业资产阶级的起源,可以追溯到中世纪晚期的城市市民阶级。11世纪以后,英国出现了大批新兴商业市镇,崛起了一个新的社会阶级,即从事手工业和商业经营的市民阶级。由于生产经营方式同封建庄园领主经济的不同,向往平等、追求自由,几乎是市民阶级的天性。他们以"宗教兄弟会"、"和平友谊会"等组织形式向封建体制挑战,并在"公共誓约"的基础上形成了城市或市镇"自治联盟"(亦称"公社")。"自治联盟"向封建权力提出在城市和市镇地域内享有各种权利的要求,包括立法和执法权利,要求有权主持正规市场,免缴各种过境税,并举办定期集市,让远方的商人不受阻碍地前来参加等。① 通过武装反抗和金钱赎买,市民阶级逐步从封建领主获得了城市自治权利。就此而言,资产阶级也有着悠久的追求自治的政治传统。在建立统一王权的过程中,市民阶级作为一个新生阶级逐步显示出了自己的社会影响力。在1295年爱德华一世召开的"模范议会"中,自治城市已经能够派出自己的代表参与会议。

16-17世纪,英国借助于圈地运动、技术革命及海外殖民扩张,工商业迅速发展起来,现代意义上的工商业资产阶级应运而生。18世纪的产业革命,更是使英国进入了资本主义经济空前发展的历史时期,社会结构也因此发生重大变化,工商业资产阶级的力量迅速壮大。18世纪中叶到19世纪中叶,英国人口翻了两番,平均收入翻了一番,农业从占全国产量的一半下降到不足五分之一,制造业和服务业发展起来。②

到了18世纪,英国政治格局不能适应经济社会发展的问题已经暴露得相当充分。虽然新兴资产阶级在经济生活和社会生活中的影响日益扩大,整个社会结构也发生了重大变化,但当时新贵族还控制着议会,整个英国仅有5%的成年男性具有选举权。工业革命后,英国大量人口向工业重镇集中,却无法推举在议会中的代理人。"1831年,人口在9万-18万之间的大城市谢菲尔德、利兹、伯明翰和曼彻斯特,竟然没有一个国会议员。因海水侵蚀只住着32人的邓威奇旧选区,却能向威斯特敏斯特选送两名议员。"③虽然当时英国工业技术大大领先于其他国家,但是新贵族为保障自己的土地利益,顽固地推行

---

① 雷勇:《西欧中世纪的城市自治——西方法治传统形成因素的社会学分析》,《现代法学》2006年第1期。

② 程华:《传统与变革:英国宪政的成长之路》,《法学评论》2002年第4期。

③ 钱乘旦:《20世纪英国政治制度的继承与变异》,《历史研究》1995年版,第2期。

重商主义政策,实施谷物法,大搞关税壁垒,导致国内市场原料价格上涨、工业成本增加,使工业资产阶级的利益受到了很大的损害,工商业资产阶级与新贵族的矛盾由此迅速激化。

从 18 世纪后期开始,议会改革思潮在英国快速发展,倡议者在大工业城市成立政治联盟,发表改革倡议。1789 年法国大革命爆发后,下层民众中也出现了激进主义的改革要求。在这一过程中,主流政治思想也出现了许多新的动向。1809 年,著名政治思想家边沁发表了第一部论述议会改革的著作《议会改革问答手册》,提出了以纳税人为主体的有财产条件限制的选举方案。1817 年,他又发表了《议会改革计划》,对 1809 年方案作了修改,取消了财产限制,明确主张"真正的普选权",成为在激进主义改革运动中广泛流传的议会改革纲领。与此同时,面对激进主义改革思潮的冲击,特别是中等阶级与工人阶级的政治联盟形成的改革压力,贵族内部的辉格党开始放弃父权主义宪政理论,主张有限度改革。后来甚至托利党人也不再反对议会改革。

从 1830 年 11 月到次年 3 月之间,议会下院就收到了 645 份呼吁改革的请愿书。① 在暴力冲突的局面看似一触即发的关键时刻,国王和贵族做出了重要让步,出台了《1832 年改革法案》,掀开了议会改革的大幕。《1832 年改革法案》是一部扩大下议院选民基础的法案,其主要内容有:一是重新分配议席,下议院议席分配中郡议员人数由 188 席增加至 253 席,市代表由 465 席减至 399 席,同时取消"衰败选区"(人口减少、经济落后地区),减少一些选区的议席,人口增加的选区议席增多,新兴工业城市取得较多议席。其具体规定是:人口不足 2000 人的 56 个城镇被取消了下院议席,人口在 2000 - 4000 人之间的 31 个城市保留一个议席。二是更改选举资格,降低选民的财产和身份要求,扩大选民范围,大大增加选民人数,工业资产阶级和富农得到选举权,从而以和平的方式削弱了贵族保守势力,使工业资产阶级获得了更多的分享政治权利。通过这一次改革,大约有 16% 的成年男子得到选举权,英国选民人数从 48.8 万增加到了 80.8 万,有选举权的人口占当时英国总人口的比率也从大约 2% 增加到 3.3%,但广大工人、雇农、妇女仍被排斥于政治之外,选举的身份资格限制虽被打破,但财产资格限制依然构成了对普通民众的歧视。1832 年的议会改革,打破了土地贵族和金融寡头对议会的把持,一定程度上满足了资产阶级的参政要求,虽然此后数十年间,代表土地贵族的议员在下院仍占优势,但工业资产阶级已经迈出了走向政坛的重要的第一步。

① 沈汉、刘新成:《英国议会政治史》,南京大学出版社 1991 年版,第 277 页。

　　1832 年的议会改革在一定程度上缓和了英国社会的阶级矛盾,以企业家、商人、租地农场主以及知识分子为主体的中等阶级的思想观念逐步占据主流地位。与此同时,宪章运动失败以后,工人阶级也逐步倾向于借助合法斗争获取经济利益,中等阶级与工人阶级逐渐摆脱了 30 年代宪章运动以来的那种互不信任的心态,现代自由主义思潮成为社会各界广泛认同的主流价值。正如温斯顿·丘吉尔评述的那样:"……在这些年里,激进主义在选民中没有市场,全国各地呈现出欣欣向荣的景象,激烈的政治波动也随之停止了。端庄和服从成为社会的时尚。绅士仍然受到敬仰,但白手起家的人也颇受尊敬。"①在这样的背景下,以罗素勋爵为首的一批自由党人开始探讨扩大选举权的问题,并屡次提出新改革议案。1867 年在保守党内阁的主导,英国实施了新的议会改革。

　　1867 年的改革法案对议席分配再次作出了调整,取消了 46 个"衰败选区",空出的 52 个议席分给大工业城市和较大的郡。法案还降低了选民的财产资格,在城市中拥有单独住宅的户主(不论其价值多少)和每年缴纳房租 10 镑以上的房客,只要在选区内居住一年以上都有选举权;在各郡,每年缴纳地租 12 镑以上的租佃者和每年收入 5 镑以上的土地所有者都有选举权。第二次议会改革使选民总数由 135 万增加到 225 万,小资产阶级和上层工人都获得了选举权,英国在政治民主化的道路上又向前迈出了一步,工业资产阶级从土地贵族和金融资本家手中夺取了更大的权力,之后内阁中非贵族成员大幅超过贵族成员,下院议员的阶层结构也发生了重大变化。1830 - 1865 年,代表地产者利益的议员占议员总数的 66% 下降为 44%,而工业资产阶级及其代表则由 24% 上升到 56%。

　　1884 年,自由党首相格莱斯顿促使议会通过了第三次改革法案。其中《人民代表制法》把城市中的"房主选举权"原则扩大到各郡区,使部分农业工人也获得了选举权。这样,城市和农村地区的选举资格基本统一起来,英国的选民总数又增加了 1 倍,达到了 450 万人。1885 年 1 月议会通过的《重新分配议席法》则取消了人口不满 1.5 万人的 72 个城市单独选派议员的权利,把它们并入所属各郡;人口在 1.5 万到 5 万人之间的 36 个城市取消 1 个议席,大体按照每 5.4 万人分配 1 个席位的标准,将全国统一划分为 617 个选区,除 22 个城市和牛津、剑桥两个大学选区仍保持两个议席外,其余选区均实行单一选区制,即 1 个选区只选 1 名代表。

　　经过三轮议会改革,工商业资产阶级基本上控制了议会,掌握了政治实

---

① ［英］温斯顿·丘吉尔:《英语国家史略》下册,新华出版社 1985 年版,第 387 页。

力,实现了从政治的旁观者到主导者的转变。到 1900 年,下院中地主利益的代表仅占 23%,而工商业的代表上升到 77%。① 进入 20 世纪以后,英国又进行了第四次和第五次议会改革。1918 年的改革法案授予年满 30 岁的妇女以选举权,1928 年又将妇女选举权的年龄限制降低为 21 岁。至此,成年公民普选权终于得以实现。

在推动议会下院改革,逐步从土地贵族和金融寡头手中夺取下院的控制权的同时,工商业资产阶级还实现了政治权力在议会内部的重要转移。1832 年的议会改革之后,上院仍拥有否决和修改下院通过的法案的权力。20 世纪初下院通过的 201 个议案中就有 18 个未能顺利成为法律。1909 年,当上院再次否决财政大臣劳埃德·乔治提出的对贵族不利的"人民的预算"时,阿斯奎斯首相在 3 天之内促使下院通过了一项决议,宣布上院的这一行动是对宪法的破坏、对下院权力的篡夺。随后又采取了一系列行动来限制上院的权力。经过两年的较量,最终于 1911 年通过了一项限制上院权力的法案。法案明确规定:下院拥有财政立法权,上院不得否决,只能延搁一个月,逾期仍可呈送女王批准;在其他公议案上,上院可延搁两年,但是如果连续三次在下院的任何会期中获得通过,以及在下院第一次会期的二读到第三次会期的三读之间满两年,则任何公议案即可获女王批准而成为法律,无须经上院同意。该法案使两院的法律关系得到了真正的重塑,议会下院成为了真正意义上的"第一院"。1949 年的议会法对 1911 年的议会法又作了进一步修改,规定财政议案只能由下院提出,上院不得对它进行修改和否定。这就进一步削弱了议会上院的权力。② 随着公共权力由上院向下院的转移,政府主要官员来源也逐渐从上院转移到了下院。1832 年议会改革之前,包括首相在内的政府官员主要从上院中任命。1911 年的议会改革之后,首相必须在下院中产生已经成为惯例,内阁中的贵族成员也随之逐步减少。

---

① 沈汉:《英国近代国家是怎样形成的》,《贵州师范大学学报》2004 年第 5 期。
② 参见陆明丽:《从公共权力的转移看英国的政治发展》,《重庆科技学院学报》2008 年第 11 期。

第六章
现代宪政文化的成长

英国的宪政体制是在社会多元主体错综复杂的政治博弈过程中,在制度变革与文化演进相互刺激、相互促进、相互转化的互动循环中完成的。特定的发展环境及独特的文化历史遗产,使英国既积淀了许多具有民族特色的政治思想观念和习俗惯例,也形成了某些区别于欧陆国家的政治发展的初始条件。这些思想观念和政治习俗不仅激励着英国社会各个阶层为追求自由权利而同强权激烈抗争,而且引导着他们在这种抗争中通过政治妥协、政治协商,进行试错性的制度创新。反过来,制度创新的成果一旦作为新的政治惯例和政治博弈规则确立下来,又极大地强化了与之相适应的政治观念和政治心态的演进,并逐步积累形成一整套宪政文化。如此循环往复,使得英国的政治变革,特别是建设现代宪政体制的原创性实践,始终得到了与之相适应的宪政文化的支撑。

宪政文化的核心是法律主治的信念,即依法限政、依法维权的价值信念和思维方式。依法限政意味着形成如下的政治共识:除非明确地违反法律,任何人都不应受到惩罚;无论何种等级的人,都无权居于正常的法律之上。依法维权意味着保障个人的基本权利,包括人身权利、财产权利及言论自由、结社自由,被牢固地确立为政治实践的根本目的,确立为政府合法性的根本依据。这是任何一个国家建立宪政体制并使之有效运作赖以支撑的宪政文化内核。作为最早建立宪政体制的英国,不仅最早也最为成熟地发展出了这样一套宪政文化体系,而且因为自身独特的文化历史传统,独特的地缘政治因素,以及罕见的持续性和自主性的政治变革历程,赋予了宪政文化浓厚的英国特色。

一、英国宪政文化的特色及其生成机制

　　宪政的基本主题是限政,限政的前提则是存在多元的政治主体。任何一种政治力量都有最大限度地获取和控制权力的欲望。"有权力的人们使用权力一直到遇有界限的地方才休止。"①只要有可能垄断权力,没有一个权力主体会愿意主动地同他人分享权力。因此,非均衡的政治格局总是导致你死我活、成王败寇、赢家通吃的博弈局面,其结果是任何一种政治变革都只能诉诸于激烈的暴力革命。这样,限政的现实可能性只能来自相对均衡的政治格局。英国之所以能够成为宪政的发源地,从根本上讲,就在于多元政治博弈所形成的相对均衡的权力格局,为政治妥协、政治改良提供了现实的空间。

　　一般认为,政治共同体只要满足了以下三个条件,就可以被认为是多元或者是多元化的:其一,在一个政治共同体内部,客观上有多个政治实体或者权力实体同时并存;其二,这些政治实体或者权力实体的存在是合法的;其三,这些政治实体或者权力实体相互之间形成了一种开放的竞争关系,也就是说,这些政治实体或者权力实体相互之间不再是闭关的、自守的,而是相互开放的。②法家历史学家基佐把自治市镇、封建制度、教会、王权并称为塑造欧洲文明的四大要素。③就此而言,中世纪欧洲政治基本上都具有多元化的规定性。也就是说,在现实的政治生活中,同时并存着多个政治实体,封建王权、教会组织,以及或多或少具有一定独立地位的公国、伯爵领地、自治城市、主教领地等,每个政治实体都有特定的管辖权和管辖范围,其存在都有法律依据或历史根据,而且相互之间往往互不统属,它们的权利和地位往往相互重叠,从而形成诸多的国中之国或政治"飞地"现象。这是欧洲同东方社会极为不同的一个重大历史现象。

　　中世纪欧洲的历史就是多元政治主体围绕权利争夺相互较量、博弈的历史,这其中,王室、贵族、教会是最重要的政治力量,形成了鼎足而立的三大政治势力。在这样一部"三国志"中,时而教会与王权结盟,以对抗贵族的分裂倾向;时而王权与贵族抱团共同对抗教会干预世俗政治;时而又有教俗贵族联合共同对抗王权的扩张。虽然各方在政治力量上存在明显的差异,但任何一种政治力量都无法垄断政治统治权力。这种相对均衡的政治格局,决定了没

① [法]孟德斯鸠:《论法的精神》,商务印书馆1982年版,第154页。
② 卢云豹:《多元政治与西方法律传统》,《现代法学》2001年第2期。
③ [法]基佐:《欧洲文明史》,商务印书馆1998年版,第116页。

有一种政治力量能够借助于自己超强的政治实力,形成赢家通吃的政治局面。也正是因为很少出现一种政治势力能够掌控全局的时机,政治的变革往往也就只能以妥协的方式实现,以兼顾各方的利益。

首先,拥有庞大的组织体系、厚实的经济资源,且垄断了思想文化传播的教会组织,客观上构成了限制王权的重要政治力量。"在古代的一元社会里,惟有国家能推行大规模的社会行动,人若有公共精神,其最高的责任便是参与国家事务;而基督教会的兴起,使这一切大大改变。现在,独立的教会组织开始挑战政府垄断公共事务的职能,并且向人们提供了另一个发挥社会抱负的工具。"①如果没有教会组织的抗衡作用,欧洲的封建王权同样可能走向东方国家那种绝对专制统治。教会组织与世俗政权争权夺利的政治较量,使其不自觉地发挥了制约王权的作用。美国宪政学者沃特金斯分析指出:"到中世纪之末,有似于基督教二元人性观的社会二元观,变成了西方政治生活的基础,除去少数异教徒和不信奉宗教者,人人自从降生便分属两大社会,它们又各有特定的公共责任范围。国家的功能,是以强制力量维持社会秩序并然的外在环境。国家以军队与警力维护社会秩序维护基督教徒的生活不受暴力侵扰。国民自应服从国家,为国家服务,以实现这些目标。不过,国家的活动固然重要,却只应旨在执行而制订政策;惟有教会,才决定人类生存的终极目的,并指导国家完成这些目的,作为其正常的社会职能,所有的信徒都应该帮助教会以执行这一职能,竭尽全力对国家施加有效的道德压力;在极端的情形下面,世俗统治者执意不听从教会的道德指导,则有良知的基督徒甚至得放弃对国家的忠诚,负起建立新政治秩序的革命责任。换言之,中世纪人民相信,国家并非道德目的,而乃是受社会大众的良心予以指导掌控的行政机构。这样将社会与政府明确分立,并赋予相对于政治组织的社会组织更高的道德权威,这种观念古代社会绝不曾出现过,而其出现,正代表着西方文明的确立。"②

王权与教王的合作和纷争,是英国中世纪政治生活的重要主题。在诺曼征服及其后的一段历史时期里,由于教会组织的实力还是非常强大,加上教会能够为王权提供宗教神权的保护伞,为其提供君权神授的合法性解释,并能够利用其在思想文化上的优势为国王的政治统治输送大批高素质的官僚,因而合作构成了两者关系的主流。随着王权与教权双方势力的增长,围绕着教职任命、司法管辖等问题,双方的矛盾趋于尖锐,酿成了教俗之间一系列的激烈斗争。1077 年双方就教职任命达成协议,主教由本教区的教士团体牧师会选

---

① [美]弗里德里希·沃特金斯:《西方政治传统》,吉林人民出版社 2001 年版,第 30 页。

② [美]弗里德里希·沃特金斯:《西方政治传统》,吉林人民出版社 2001 年版,第 35－36 页。

举,但选举须经国王同意,并由国王监督举行;国王则放弃对新主教的指环和权杖的授予权,但主教在教会受职之前仍须向国王行效忠礼。这种政治妥协标志着王权与教权正处于势均力敌的状态。随后,亨利二世在1172年对教皇权威的屈服,以及13世纪初罗马教皇宣布对英国实施"禁教令",并将约翰王开除教籍,反映了教权在两者的冲突中占据了优势。《大宪章》明确写入教会的权力,特别是对英国教会的自主权,包括高级教职的选举权、教会司法权及教士自由前往罗马的权利的申明,都反映了这样一种格局。直至都铎王朝以强大的王权为依托,并联合世俗贵族的力量进行宗教改革,将英国教会组织明确纳入统一王权的控制范围,并对教会的土地和财产进行大规模的剥夺,王权才在与教权的冲突中占据了上风。

教权与王权的对峙和冲突,既避免了因为教权一权独大,以及由此可能产生的神权政治,也阻止了王权一权独大,以及王权走向绝对专制的可能。拉吉罗在《欧洲自由主义史》中指出:"正是两大权力之间的这种冲突,有效地防止了个人遭受完全奴役的危险。如果西方人民成功地使自己避免了东方停滞的神权政体,那全赖教会与国家的长期竞争,最终植根于这样一个事实,即教会与国家都是独立自足的机构,事实上构成两种分离独立的国家。"[1]英国王权与教权冲突的一个显著特色,是因为英国地处边陲,罗马教廷的控制多少有些鞭长莫及。因而,即是在罗马教廷势力最强大的时代,也无法实现对英国教会的完全控制,国王一直保留了对教会的实际干预能力。这同欧陆国家如德国,教权在很长时期压倒世俗王权的局面是很不一样的。换言之,英国特定的地理环境,以及其他的一些因素决定了英国的王权与教权的对峙,最具有势力均衡的特点。

其次,贵族与王权既合作又对立的关系,同样构成了对王权扩张的有效制衡。东方诸文明社会发展到一定时期以后都毫无例外地建立了君主绝对专制体制。专制帝王利用土地国有制,直接向全国征收巨额赋税,即所谓的"普天之下,莫非王土,率土之滨,莫非王臣"。由此,专制帝王得以维持国家庞大的官僚机构和强大的常备军,全面掌控政治、经济、司法、军事大权。相形之下,西欧的封建体制客观上从一开始就决定了王权的相对有限性。

在中世纪欧洲封建体制下,国王即使是名义上的全国土地最高领主、全国土地的分封者,但逐级的分封体制,以及封君与封臣之间的契约关系,客观上使封建体制的政治权力陷于碎片化的境地。安德森指出,封建社会的一个重要的结构性特征,是"在整个封建依附等级制的顶点有着固有的模糊或动摇。

---

① ［意］圭多·拉吉罗:《欧洲自由主义史》,吉林人民出版社2001年版,第18页。

这个链条的'顶端'在某些重要的方面是它的最薄弱的环节。在原则上,在西欧任何既定领地上封建等级的最高级水平是必然不同的,其不同不是在于其性质,而是在于其程度,在于在其之下的领主的从属水平。换言之,君主是他封臣的一个封建宗主,他与他们以互惠的忠诚纽带约束在一起,而不是位居他臣属之上的最高君主。他的经济来源实际上全部来自他作为领主的个人领地,他对封臣的要求基本上是军事性质的。整体而言,他与人民没有直接的政治接触,因为对他们的司法是通过无数层的分封制而归附施行的。实际上他只是在他的领地是主人,在其他方面在很大程度上只是一个傀儡领袖。在这样一种正当实体的典型模式中,政治权力逐步分层下放是通过这样一种方式:它的顶端没有保留性质上的分别,或是任何绝对的权威,这种性质与权威在中世纪欧洲任何地方都没有存在过。因为在一个封建体系的顶端没有任何真正的整合机制……"①由于封建领主拥有在自己封地的司法权,封建君主享有的立法权和司法权是不完整的。"这样一种体系的结果是,政治主权从未集中在一个单一中心。国家的职能被分解为垂直向下配置的,在每一层水平上,政治与经济的关系在另一方面是整合的。"②可以说,封建领主相对独立的权力,事实上在很大程度上分割了封建君主的实际权力。在欧洲一些国家,甚至经常出现一个封臣的势力就足以抗衡封君的局面。由此,封建君主想建立绝对专制统治必然是困难重重的。

英国在封建体制上一个比较重要的特色是,是自诺曼征服以来,王权始终保持着相对强势。国王作为最大的封君,政治和经济实力远远超过任何单一领主,单个大贵族很难向王权提出挑战。这使英国的王权基本上能够控制住封建领主的离心倾向,使贵族们在一般情况下都能够保持对国王的政治效忠。因而在英国的历史上,基本上没有发生过贵族造反、自立为王的现象,封建王朝虽然会"换代",但却一直没有"改朝",王位转来转去基本还是控制在同一个王室手里。与此同时,英国王权即使再强大,依然也是封建体制下的王权,贵族的联合同样足以令蠢蠢欲动的王权退避三舍。就此而言,英国王权与贵族两大政治主体,实力同样也是比较均衡的。即使不考虑教权的制约,贵族的抵制也在很大程度上决定了王权无法轻易走向绝对专制。

再次,贵族集团的分化演变,城市平民以及后来的工商业资产阶级的崛起,在王权逐步压倒教权和贵族势力之际,及时地构成了限制王权的新的力

①　[英]佩里·安德森:《从古代到封建主义的过渡》,上海人民出版社 2001 年版,第 154 – 155 页。

②　佩里·安德森:《从古代到封建主义的过渡》,上海人民出版社 2001 年版,第 151 – 152 页。

量。在西欧，"由于封建的主权划分为特定的地带，并有着重叠的边界，并且没有一个全面的权力中心，因而总是能容许'异质的'合作实体在它的空隙中存在。"①这种异质性实体的一个重要表现形式就是自治城市的出现。西欧的自治城市培育出了一个有着完全不同的权利诉求的社会阶级，即从事手工业和商业的平民阶级。他们凭借自己的经济实力争取到了城市自治，是反抗封建领主体制的重要新生力量，同时，城市自治的实践也为后来的国家治理体系的创新提供了许多有益的启示。随后，在新兴城市发展起来的近代资本主义经济，不仅以经济利益诱使贵族集团发生重大分化，孕育出了资产阶级化的新贵族，而且逐步培育出了现代市民社会，形成了专制王权新的制衡力量。英国在这方面的特色，是资本主义经济孕育和发展相对较早，新贵族和新兴资产阶级的及时出现，填补了旧贵族势力衰败留下的政治抗衡缺口。基于自身的利益，新贵族和新兴资产阶级，接过了传统贵族抗衡王权的接力棒，使得封建君主在取得对于教权和旧贵族的政治优势之后，马上又面临着新贵族和新兴资产阶级的联合抵抗。

在整个中世纪，英国的教会、土地贵族、资产阶级化的新贵族和资产阶级，轮番上阵，在维护和争取自己权利的过程中，同有着强大的权力扩张本能的王权进行了不懈的斗争。毫无疑问，多元化的政治博弈，制造了许多社会混乱，给生活在其下的民众带来了很多灾难，但它却产生了一个非常重要的政治效果，那就是各种权力彼此独立，互相竞争，互相制约，共同阻止了垄断性权力的产生，使各种社会力量都获得了自己相对独立的生存空间。整个一部英国中世纪史就是这样一种多元政治博弈达致相对均衡的历程："没有一种旧因素彻底消亡，也没有一种新因素彻底胜利，或者某一种原则取得了独霸优势。各种力量总是在同时发展，多种利益和要求总是在折衷调和。即使是在君主制如日中天时，也会看到民主的原则、公众的力量在同时兴起和壮大。……不同因素的同时发展，毫无疑问，促使英国比任何大陆国家都更早到达一切社会的最终目标——建立一个既正规又自由的政府。政府的本质是关心各种利益和力量，调和它们之间的关系，使它们生活在一起，共存共荣。由于众多原因的巧合，英国社会的诸多因素正好在事先已经处于这样的安排和关系中。"②没有这样一种多元的政治博弈，以及由此形成的恰到好处的微妙的政治均衡，就不可能产生现代宪政体制。宪政体制的种种制度安排，实际上都是在冲突各方势均力敌，不得不以政治妥协方式来调整各方利益的过程中产生，并逐步演进成熟的。

---

① ［英］佩里·安德森：《从古代到封建主义的过渡》，上海人民出版社2001年版，第152页。

② ［法］基佐：《欧洲文明史》，商务印书馆1998年版，第218－219页。

多元化和均衡化的政治格局,不仅形成了大量宪政体制的制度安排,而且为宪政文化的孕育发展提供了适宜的土壤。首先,多元权力的长期对峙和冲突,极大地凸现了绝对权力危害性,催生了普遍的限政意识。在多元化的权力格局中,任何一方要避免自身的权利受到侵害,都会猛烈抨击占据优势或试图占据优势一方过于强大的权力带来暴虐统治的危害性。在相互间的攻击之中,人们逐步形成了一个基本共识,那就是任何一种失去控制的绝对权力,无论权力主体是谁,都不免会走向绝对腐败,都会给社会带来深重灾难。这在王权与教权的冲突中表现得尤为典型。在同世俗政权争权夺利的过程中,教会组织对世俗权力的卑微、污浊进行了猛烈攻击。教皇格利高里七世曾抨击指出:"谁不知道,正是由于对上帝的无知以及盲目的贪欲和不能容忍的专断,在这个世界的统治者,也就是魔鬼的煽动下,一些人凭借傲慢、暴力、邪念、谋杀以及几乎所有的罪行而与他们平等的人当中获得了统治的权力,这正是国家和统治者的起源。"在彻底否认世俗统治者道德尊严的同时,教皇还明确表示:"好的基督徒要比那些邪恶的君主更具有王者的资格。因为前者为了上帝的荣耀而对自己严加管束,而后者所追求的却不是上帝的而是他们自己的善,这种人甚至是他们自己的敌人,是别人的暴君。"①正是在教会组织的庇护和支持下,中世纪后期,英国有关抵抗暴政的权利的观念,即抵抗权观念开始广泛流行。教会组织的理论家们对抵抗暴君统治的合理性进行了全面论证,从中引伸出了大量有关限制和控制君主权力的绝对必要性的思想。当然,教会组织自身同样无法抑制权力扩张的本能,同样无法避免权力所滋生的腐败。透过文艺复兴时期的大量作品,人们都不难发现教会组织远不是像它自身所宣称的那样高尚、纯洁,同样也充满了令人不齿的污浊。正如汤普逊所指出的那样:"教会一旦尝着权力的甜味以后,再也不愿意离开那世俗的筵席了。"②世俗王权出于自身的利益当然也不会放过任何回击教会组织的机会,它们同样对教会组织的黑暗、腐化进行了猛烈攻击。这样,在教会组织与世俗王权长期争斗的过程中,双方的黑暗面都得到了充分的暴露。这无疑给近代思想家和知识分子提供了丰富而深刻的思想教益,那就是:任何不受限制和控制的权力都是不可信任的,都会带来无尽的罪恶。正是神权同世俗政权的长期对峙,强化了人们贬抑、怀疑、戒备绝对权力的意识。

其次,相对均衡的多元政治博弈,客观上造成了政治冲突更多地以妥协的方式了结的局面,强化了多元政治主体政治博弈的规则意识,凸显了法律高于

---

① 转引唐士其:《西方政治思想史》,北京大学出版社2002年版,第153页。
② [美]汤普逊:《中世纪经济社会史》上册,商务印书馆1984年版,第81页。

各个政治主体的地位。在多元且相对均衡的政治格局中,一个政治主体要强化自己的权利诉求,期望其他主体尊重这种权利主张,就不得不给予其他政治主体的权利必要的尊重。于是,在反复的政治妥协过程中,各方逐步形成了一些政治博弈的基本共识,这其中最重要的便是,各方都要尊重政治博弈的规则,要在规则或者说法律的框架内谋求冲突的解决之道。正如哈耶克指出的:"只有那些能够由正当行为规则加以决定的人之行动秩序的方面,才会产生有关正义问题。所谓正义,始终意味着某个人或某些人应当或不应当采取某种行动;而这种所谓的'应当',反过来又预设了对某些规则的承认,这些规则界定了一系列情势,而在这些情势中,某种特定的行为是被禁止的,或者是被要求采取的。"①宪政的实质,就是双方或多方比较一致地认可并共同遵守预先制定的程序或规则。规则意识正是法律主治观念的重要支撑。可以说,重复性的博弈与妥协,极大地强化了西方社会法律高于政治、高于所有政治主体的准则。"法律的历史性与法律具有高于政治权威的至高性这一概念相联系,""自12世纪起,所有西方国家,甚至在君主专制制度下,在某些重要的方面,法律高于政治这种思想一直并广泛讲述和经常得到承认。"②

　　英国社会有着极为悠久的尊重历史惯例的传统。积淀在习俗和惯例之中的习惯法所享有的权威,正是英国人规则意识的生动体现。在中世纪纷繁复杂的多元政治博弈中,各方往往首先都致力于寻找有利于自己的法律依据,想方设法运用以往的判例为自己的权利主张进行辩护。这种努力无形之中把法律抬高到超越各方之上的神圣地位。"如果教会应当具有各种不可侵犯的法律权利,那么国家就必须把这些权利作为对他自己的最高权力的一种合法限制来接受。同样,国家的各种权利也构成了对教会最高权力的一种合法限制。两种权力只有通过法治的共同承认,承认法律高于他们两者时,才能和平共存。"③到12－13世纪,英国通过将分散的习惯法进行整理,逐步形成了全国通用的习惯法,即普通法。由于普通法源于习惯法,在英国人的法律意识里,"法从远古就存在,且由法官发现和宣布"。换言之,法律的存在不以人们的意志为转移,它不是由某个国家机关来创造的。这种法律观念在潜意识中怀有对超越世俗政治秩序的更高一级的法律秩序的普遍认同。近代意义上的自然法思想,其实就是从这里来的。

---

　　① ［英］哈耶克《法律、立法与自由》第2、3卷,中国大百科全书出版社2000年版,第52页。

　　② ［美］伯尔曼:《法律与革命——西方法律传统的形成》,中国大百科全书出版社1993年版,第11页。

　　③ ［美］伯尔曼:《法律与革命——西方法律传统的形成》,中国大百科全书出版社1993年版,第356页。

再次，相对均衡的政治格局及根深蒂固的规则意识，是催生契约政治理念，形成现代宪政理论的重要基础。在中世纪早期，欧洲就形成了这样一种观念："统治者和被统治者之间的关系本质上是契约关系"，依据这种观念，"尽管王权自身有着神圣起源，但特定君主取得王权的基础是他与人民的双方契约"①。契约即合同，是具有平等地位的社会主体以自愿的方式，按照权利与义务相匹配的原则订立的约束各自行为的规则。显然，契约政治的流行，有两个基本前提，一是契约订立者的地位是相对平等的；二是契约的订立者相信契约立下的规则会得到双方的尊重。

契约观念的流行，同商品经济的发展有着重要的内在关联。早在古罗马时代，随着商品经济的发展，法学家们就提出了契约的概念和契约自由的原则，并发展出了一套详尽的以契约理念为核心的私法体系。近代资本主义经济发展起来以后，商品经济的平等交换与合意契约的观念开始渗透到政治领域，激活了隐含在封建法中的契约意识，启示人们以政治契约关系来理解和建构国家与人民关系。近代政治哲学的"国家学说的兴起，是与西方的契约文化传统，特别是与资本主义上升时期日益普遍的契约经济的发展有一定联系的。契约现象成为人们日常生活中一件最普遍、最基本的现象，它不仅成为构建新型社会关系和社会组织的一种可供借用的理论资源，而且使人们的思想发生了新的'格式化'，为人们普遍接受以契约解说各种关系——其中包括国家——创造了一个社会接受的条件"②。近代英国的资本主义经济发展领先于欧洲其他国家，因此，很自然地，是英国的思想家霍布斯、洛克以社会契约论创造了近代国家理论，奠定了宪政理论的思想基础。

综上所述，英国特殊的文化历史传统，特殊的政治博弈格局，使英国通过持续性的政治变革完成了政治体制的一次又一次的重大突破，催生出了一整套与宪政相适应的政治思想、政治心态，如自由主义的政治信念、协商主义的政治态度、经验主义的政治认知、精英主义的政治取向及渐进主义的政治艺术等等。就此而言，我们也可以说，英国宪政体制成熟的一个重要标志，是宪政文化的发达与成熟。

二、自由主义的政治信念

对自由权利的不懈追求，是宪政文化的灵魂。美国政治学家萨托利指出：

----

① ［英］戴维·赫尔德：《民主的模式》，中央编译出版社 1998 年版，第 91 页。

② 苏力：《从契约理论到社会契约理论——一种国家学说的知识考古学》，《中国社会科学》1996年第 3 期。

"无论过去和现在,宪政制度事实上就是自由主义制度。可以说,自由主义政治就是宪政——动态地看待自由的法律概念以求解决政治自由问题的宪政。"①各国的宪法无不把确认公众的自由权利作为核心内容。英国的宪政史就是一部高举自由旗帜,不断争取公民的基本权利的历史,其宪政文化同样鲜明地体现出了以自由主义的政治信念为核心的特点。

英国的宪政文化具有浓郁的保守主义气息,而在现代政治理论丛林中,保守主义往往被当作与自由主义相左的一种政治思潮。然而,英国宪政文化的一大特色恰恰在于自由主义与保守主义的水乳交融。英国是政治保守主义的大本营,保守主义是最具英国特色的一种政治思潮,它经历了300多年的发展演变历程,显示出了强大的政治生命力,是塑造英国政治文化风格最重要的精神要素。但与此同时,英国恰恰又是自由主义的重要发源地,霍布斯、洛克都是奠定自由主义基本理论框架的重要人物。作为一种政治思潮的保守主义,要保守的正是自由主义的传统。从保守主义发展演变的历程不难体会到,英国式的保守主义并不一概保守传统,更没有表现出一味拒绝变革的思想僵化,其真正要保守是英国在历史上逐步形成的,特别是1215年大宪章开创的源远流长的自由权利与宪政自由传统。柏克对英国宪政自由传统有过一段经典的表述:"从《大宪章》到《权利宣言》,在要求和主张我们的自由时,将自由当作祖先留给我们的而且会转交给我们后代的遗产。我们有世袭的王位,世袭的贵族,还有平民院以及从无数先辈那里继承的特权、公民权和自由权的人民。这一政策在我看来是深思熟虑的结果——更准确地说,是效法大自然的幸运之果,而大自然是没有思想又高于思想的智慧之源。"②从某种意义上说,保守主义之所以容易被认为是反自由主义的,原因在于它始终坚持要将自由纳入法治的秩序,将崇尚自由与尊重传统统一起来。在保守主义看来,自由只有在良好的社会秩序中,在法律制度得到有效运转的前提下才是可能的,一味地放纵自由,必然导致社会的混乱无序,导致自由的死亡。柏克指出:"我们政体的令人瞩目的部分就是自由。维护这种自由的不可侵犯性似乎是下院议员的专门职责和正当义务。但是,我所说的自由,唯一的自由,是那种与秩序紧密相联的自由——不仅依秩序和道德的存在而存在,而且随秩序和道德的消失而消失。自由按其本性只存在于善的和稳定的政府中,一如它存在于政府赖以存在的基础与根本原则中一样。"③秩序对自由而言绝不只是一种限制,更

---

① [美]萨托利:《民主新论》,东方出版社1998年版,第348页。
② [英]柏克:《法国革命论》,商务印书馆1999年版,第44-45页。
③ [英]柏克:《自由与传统》,商务印书馆2001年版,第95页。

是一种保护,一种防止自由变成一匹脱缰野马踏毁现存社会建制并最终危及自由本身的保护。

英国深厚的自由、权利理念,同样根植于多元化、均衡化的政治格局。一方面,多元主体之间相对均衡的博弈关系,决定了任何一方哪怕是相对强势的一方都无法完全漠视其他社会主体应有的权利,而必须以认可和尊重其他主体的权利来换取别人对自己权利的尊重。封建法权利与义务相匹配的契约关系,事实上也默认了任何一个社会阶层,都有与其承担的义务相匹配的权利。这种历史背景决定了英国,乃至欧洲世界在中古时期就有了很强的权利意识。正如侯建新所指出的:"主体权利观念是西方文明之魂,它是中世纪西欧法律和法律结构向近代变化的重要标志。"[1]

英国的自由和权利观念直接源于封建体制下贵族阶层的特权意识。按照封建法,贵族作为封建领主,既需要履行效忠上级领主的义务,同时也拥有一定的特权,这种特权也就是享有某种自由。贵族对王权扩张的抵抗,就是要捍卫他们心目中身为贵族所拥有的自由。在贵族自由权利的示范效应的作用下,社会各阶层纷纷形成了要求确认自己不受侵犯的自由权利的要求。自由和权利的观念由此自上而下全面扩散。公元 10 世纪,首先站出来争取这自由的是那些大大小小的领主和封臣们,1075 年,当格列高利七世发布《教皇敕令》,要求西方世界服从罗马教廷的时候,各地的君主们高呼"自由";12 和 13 世纪,各个城市高呼"自由";14 世纪,农民高呼"自由";16 世纪,贵族们高呼"自由"。自由是那个时代的主旋律,自由意味着免受他人的控制,自由意味着独立。[2]

另一方面,也正是多元且相对均衡的政治格局,使任何权力主体都无法实现对个体的绝对控制,各种权力彼此分割,互相交叠,反而给个体留下了一定的自由空隙。国王在行使权力时,既要照顾到资产阶级的利益,又要考虑到传统封建贵族的利益,这种权力平衡就使贵族和资产阶级都获得了一定自由和权利。正如恩格斯指出的那样:"那时期互相斗争的各阶级达到了这样势均力敌的地步,以致国家权力作为表面上的调停人而暂时得到了两个阶级的独立性。十七、十八世纪的专制君主制就是这样,它使得贵族和市民等级彼此保持平衡。"[3]在中世纪多元权力交叠的时代,一个社会个体往往既是教会的信徒,又是国王的臣民,更是某个领主的附庸,看起来遭受了多个权力主体的奴

---

① 侯建新:《"主体权利"文本解读及其对西欧史研究的意义》,《史学理论研究》2006 年第 1 期。
② 卢云豹:《多元政治与西方法律传统》,《现代法学》2001 年第 2 期。
③ 《马克思恩格斯选集》第 4 卷,人民出版社 1972 年版,第 168 页。

役,实际上却是形成了"一仆多主"的局面,聪明的仆人反而可以利用多个主人之间的矛盾,为自己赢得某些权利和自由。遭受教会组织迫害了,可以向国王、领主寻求庇护;受到世俗政权迫害了,又可以反过来跑到教会那里寻求庇护。

对英国人来说,追求自由就是摆脱强加在自己身上的束缚。自由乃是一种状态。"在此状态中,一些人对另一些人所施以的强制,在社会中被减至最小可能之限度","自由意味着始终存在着一个人按其自己的决定和计划行事的可能性……就是独立于他人的专断意志。"①在中世纪,这种专断意志来自扩张的王权和教权,也来自跋扈的领主权力。因此,争取自由的斗争,是限政实践的主题。限制王权与捍卫自由,是封建时代一个铜板的两面。英国历史学家马考莱在总结中世纪英国政治制度时说:"古老的英国政体属于有限君主制类型……(国王的)权力虽说很充分,却受三大宪政原则的限制,这些原则如此古老,没有人能说出它们起自何时,这些原则又如此有效,其顺乎自然的发展已持续了这许多代,产生出我们生活于其中的事物秩序。"这"三大原则"是:"其一,不经议会同意国王不得立法。其二,不经议会同意国王不得征税。其三,他必须按国家法律掌管行政,如果他违背法律,其谋臣及代办官员应负责任。"这三大原则产生的根源,其实就在于英国封建政治中权力的契约性属性。②

王权与教权的对峙,世俗物质生活世界与宗教精神世界的分离,意味着世俗权力从一开始就只与人的一部分生活有关,个人生活还有一部分是国家无权干预的。教会对精神世界的控制,客观上筑起了一道防止世俗权力入侵的堤坝。正如萨拜因所说:"如果伦理的和宗教的体制不曾被认为大体上独立于并在重要性方面超过国家和法律的实施,那就很难想象自由能起到它在欧洲政治思想中所起的作用了。"③如果没有中世纪宗教自治和宗教自由信念的"残存物","则关于个人私生活和自由的现代思想就几乎是无法理解的了"。④一旦宗教改革废除了教会组织对人的精神信仰的控制,信仰自由就为自由权利向社会生活的各个领域扩展打开了第一道闸门。当封建君主在宗教改革之后试图将原先由教会掌控的权力控制在自己手中时,马上就遭到了人们的激烈反抗。英国清教徒逃往北美寻求自由之地,以及作为资产阶级革命之发端的17世纪中叶清教徒造反,都深刻地表明,自由信仰已经深入人心。

① [英]哈耶克:《自由秩序原理》上册,三联书店1997年版,第1页、第2-3页。
② 钱乘旦、陈晓律:《英国文化模式溯源》,上海社会科学出版社2003年版,第33页。
③ [美]乔治·萨拜因:《政治学说史》上,商务印书馆1986年版,第228页。
④ [美]乔治·萨拜因:《政治学说史》,第239-240页。

　　密尔对英国人争取自由与反抗强权的内在统一关系作了很好的总结：
"自由与权威之间的斗争，这在我们所熟知的部分历史中，特别在希腊、罗马
和英国的历史中，就是最为显著的特色。但是在旧日，这个斗争乃是臣民或者
某些阶级的臣民与政府之间的斗争。那时所谓自由，是指对于政治统治者的
暴虐的防御。在人们意想中（除开在希腊时代一些平民政府中而外），统治者
必然处于与其所统治的人民相敌对的地位。……他们的权力被看作是必要
的，但也是危险的；……因此，爱国者的目标就在于，对于统治者所施用于群体
的权力要划定一些他所应当受到的限制；而这个限制就是他们所谓自由。谋
取这种限制之道有二。第一条途径是要取得对于某些特权即某些所谓政治自
由或政治权利的承认，这些自由或权利，统治者方面若加侵犯，便算背弃义务，
而当他果真有所侵犯时，那么个别的抗拒或者一般的造反就可以称为正当。
第二条途径，一般说来系一个比较晚出的方案，是要在宪法上建立一些制约，
借使管制权力方面比较重要的措施须以下列一点为必要条件：即必须得到群
体或某种团体的想来是代表其利益的同意。"①

　　自由的信念对于英国宪政文化的孕育和发展是至关重要的。柏克曾经充
满激情地讴歌了自由的理想和信念巨大的激励作用："自由的精神……经常
仿佛是在圣徒化了的祖先们的面前以一种令人畏惧的严厉方式而在受到锻
炼。自由的后裔这一观念，就以一种习惯性的、天然的尊严鼓舞了我们，……
我们的自由就成为了高贵的自由。它带有一种堂皇动人的面貌。它有一部家
谱和显赫的祖先们。它有它的支柱以及它的徽符。它有它的肖像画廊、它的
纪念铭文、它的记载、物证和勋衔。"②

　　现代自由主义就是在英国新兴资产阶级推动的反对封建专制、要求自由
权利的近代宪政运动中诞生的。17 世纪英国重要的政治学家霍布斯通过创
立社会契约论，发出了自由主义的先声。霍布斯论证了具有普遍意义的个人
自然权利，即自由权，强调"每个人都有使用自己的权力，按照本人的意愿保
卫自己本性的自由"③。17 世纪后期的洛克则为自由主义奠定了两大理论基
石，即个人自然权利理论和政府必须基于被统治者同意的理论。洛克认为，
"自然状态有一种为人人所应遵守的自然法对它起着支配作用；而理性，也就
是自然法，教导着有意遵从理性的全人类：人们既然都是平等和独立的，任何
人就不得侵害他人的生命、健康、自由或财产。""人的自由和依照他自己的意

---

　　① ［英］约翰·密尔：《论自由》，商务印书馆 1982 年版，第 1 - 2 页。
　　② ［英］柏克：《法国革命论》，商务印书馆柏克 1998 年版，第 45 - 46 页。
　　③ ［英］霍布斯：《利维坦》，商务印书馆 1996 年版，第 97 页。

志来行动的自由,是以他自己具有理性为基础的,理性能教导他了解他用以支配自己行动的法律,并使他知道他对自己的自由意志听从到什么程度。"①洛克认为,政府的权力来源于人们让渡的部分自然权利,政府存在的意义仅在于保护个人利益,包括"财产权、自由权和生命权"。显然,"人民最初将他们置于王权统治之下的目的,仅仅是为了保护他们的财产和人身,鉴于此,人民显然决不会同意绝对的权力。"②如果政府违背了人民的意愿,人们就有权推翻政府。

英国资产阶级革命及其建立的君主立宪体制的成功之处,就在于通过权力制衡,为自由的进一步生长打开了通道。英国学者安德鲁·甘布尔在《自由的铁笼:哈耶克传》中对此有很好的总结:"通过与斯图亚特王朝的国王查理一世、查理二世、詹姆斯二世的斗争,英国出现了一部混合式的宪法。在这部宪法中,不同的因素都得到了很好的平衡,独裁行为被压制到最低限度,而能够促进文明社会的发展和较大程度的个人自由、尤其是有产者的个人自由的普遍性原则框架得到了保证。"③

从霍布斯到洛克、休谟,英国宪政自由主义传统的理论基础,是从自然法和契约论出发论证人不可剥夺的天赋权利,论证公共权力的合法性来自对天赋权利的切实保护。18世纪英国首相老威廉·庇特在一次演讲中阐述的一个思想,成为这种权利观念的最为传神的写照:即使是最穷的人,在他的寒舍里也敢于对抗国王的权威。风可以吹进他的房子,雨可以打进他的房子,房子甚至在风雨中飘摇颤抖,但是国王不能随意踏进他的房子,国王的千军万马也不能踏进他那破旧不堪的房子。

在政治学家以自由主义为思想轴心,为政府的合法性建构一种全新的理论基础的同时,英国的经济学家也立足于市场主体的自由竞争,为市场体系的正当性和有效性呐喊。作为现代市场经济最重要的阐释者,亚当·斯密以霍布斯式的个人作为其理论出发点,认为个人利益是经济活动的原动力,个人最大限度地追求自己的利益不仅是正当的,而且是促进国民经济繁荣的根本动力。在《国富论》中,斯密第一次对个人谋求自身利益的动机和行为如何导致整个社会财富增长的内在机理进行了经济学证明,他有关"看不见的手"的比喻则成为自发秩序形成机制的重要象征:"他(市场主体)通常既不打算促进公共的利益,也不知道是在什么程度上促进那种利益……他只是盘算他自己

① [英]洛克:《政府论》下篇,商务印书馆1964年版,第6页、第39页。
② [美]爱德华·考文:《美国宪法的"高级法"背景》,三联书店1996年版,第21-22页。
③ [英]安德鲁·甘布尔:《自由的铁笼:哈耶克传》,江苏人民出版社2002年版,第173页。

的安全,由于他管理产业的方式目的在于使其生产物的价值能达到最大程度,他所盘算的也只是他自己的利益。在这场合,像在其他许多场合一样,他受着一只看不见的手的指导,去尽力达到一个并非他本意想要达到的目的。也并不因为事非出于本意,就对社会有害。他追求自己的利益往往使他能比在真正出于本意的情况下更有效地促进社会的利益。"①

三、经验主义的政治认知

只要我们简单地回顾、总结英国中世纪以来的政治变革历程,我们就能很清楚地认识到,英国的宪政体制不是通过毕其功于一役的突变方式创造出来的,更不是精心设计、人为建构的产物,而是在漫长的历史过程中通过不断的尝试或者说"试错",逐步积累和演变出来的。就此而言,英国开创了一条经验理性的立宪道路。② 英国宪政学者詹宁斯指出:"英国的宪政史表明它是一种为满足不断变化的文明的需要而对机构加以发展和修正的持续实验过程。……促使英国实行这种变化的并不是政治理论,而是政治经验、逻辑以及某些偶然事件。"③

英国式的具有深厚的保守主义气息的经验理性的立宪道路,有着深刻的哲学认识论基础。西欧近代哲学在认识论上形成了两大流派,即以英国哲学家为主的经验主义哲学与以欧陆哲学家为主的理性主义哲学。前者主张认识源自经验,感觉经验比理性知识更可靠;后者主张认识源自天赋观念,理性知识比感觉经验更可靠。不同的认识论基础使现代自由主义思潮也形成了两大阵营、两大传统,即英美式自由主义和德法式自由主义。哈耶克曾用"演进理性主义"(evolutionary rationalism)和"构建理性主义"(constructive rationalism)指称这两种自由主义。前者是经验主义的,后者是思辨性的、理性主义的;前者相信渐进的改良,相信社会的自发秩序,注重法治下的自由,后者则以构建理性为基础,认为社会和文化现象都是人为设计的产物,要求根据理性原则对整个社会进行自觉的重建。哈耶克认为,英国的休谟、斯密、佛格森、伯克以及法国自由主义者孟德斯鸠、贡斯当和托克维尔都是这种演进理性主义和自由主义的思想家。

演进论或进化论的理性主义坚持人类的"各种自由制度,如同自由所造

① [英]亚当·斯密:《国民财富的性质和原因的研究》下卷,商务印书馆1997年版,第27页。
② 李栋:《立基之本与发展之源:英国宪政中的经验理性》,《清华法学》2010年第6期。
③ [英]詹宁斯:《法与宪法》,三联书店1998年版,第7页。

就的所有其他事物一般,并不是人们在先已预见到这些制度所可能产生的益处以后方进行建构的",因此,"制度的源起并不在于构设或设计,而在于成功且存续下来的实践"。① 建构论的理性主义则认为:"人生来就具有智识和道德的禀赋,这使人能够根据审慎思考而形构文明",依据理性建构出一种可欲的社会秩序。"只要人类制度是为了实现人的目的而刻意设计出来的,那么它们就会有助益于人之目的的实现;这种观点还常常认为,一项制度之存在的事实,恰恰证明了它是为了实现某个目的而被创造出来的;同时它还始终如一地主张,我们应当重新设计社会及其制度,从而使我们的所有行动都完全受已知目的的指导。"②

英国经验理性的立宪道路深刻地根植于深厚的经验主义传统之中。经验主义认为可靠的知识之获得几乎是不可能完成的任务,因为一切知识的最终来源都是感性经验,而所有感性经验都不可能是绝对的,所以必然采取审慎的态度,注重试验或验证。英国是盛产经验主义思想家的国度,世界上最著名的经验主义哲学家几乎清一色是英国人。经验主义哲学的始祖是英国的弗兰西斯·培根,培根最早提出了知识和观念起源于对外物的感官知觉的观点,制定出了经验主义归纳法。培根还对经验主义与理性主义的差别做过一个生动的比喻:经验主义者就像蚂蚁,收集食物并使用它们;理性主义者就像蜘蛛,从自己肚中吐丝织网;而理性化的经验主义,就像蜜蜂,既采集有整理,在"采集"基础上"选择整理"。在培根的基础上,霍布斯提出,感觉影像的产生是外物的运动作用于人的感官并引起感官内部运动,进而通过神经将这一运动传到大脑和心脏的结果。虽然这种解释具有机械论的色彩,但却把经验论原则进一步系统化了。洛克是经验哲学的集大成者,他提出的著名的"白板说",强调人的心灵的原始状态是一块白板,人的一切知识都是从经验得来的。大卫·休谟则从经验主义走向了怀疑论和不可知论。休谟把人类理智的全部对象分为两类,即"观念的关系"和"事实"。他认为,对于前者,我们由直观或推证而发现其确然性;对于后者,我们只能通过感觉经验而得到慨然性的判断。因此,所有知识都不可能是绝对可靠的。休谟认为理性本身并不指挥行为方式,理性只是情感的奴隶,除了为情感服务并服从于情感之外,决不能冒称任何其他的功能。对于抽象理性原则的确实性,我们一无所知。

对于英国的经验主义传统,恩格斯曾从民族性高度作过深刻的论述,他指出:"英吉利民族的特性是存在着未解决的矛盾,是截然相反的东西的合一。

① [英]哈耶克:《自由秩序原理》上册,三联书店1997年版,第61页。
② [英]哈耶克:《法律、立法与自由》第1卷,中国大百科全书出版社2000年版,第2页。

英国人是世界上最信宗教的民族,同时又是最不信宗教的民族;他们无法解决矛盾这一点贯串着全部英国哲学,并促使它走向经验和怀疑论……英国哲学从一开始就只是在这种倾向的范围内兜圈子,在为解决矛盾而进行了一场徒劳的尝试后,英国哲学最终宣称矛盾是不可解决的,理性是不能胜任的,它不是求救于宗教信仰就是求救于经验……英国人的民族特性在本质上和德国人、法国人的民族特性都不相同;对消除对立丧失信心而完全听从经验,这是英国人的民族特性所固有的。"①正是这样一种注重经验和试验,对知识、真理、理性保持存疑、审慎的态度,为保守主义强调尊重传统、反对激进变革的倾向提供了重要的理论依据。

基于一切知识来自经验的哲学信念,英国式的保守主义坚持理性的有限性,认为理性只是人性的一部分,是同感觉、情绪等交织在一起的,试图完全通过抽象的理性来建构出一种完善的社会制度是非常危险的。柏克对法国大革命及其理性主义哲学基础进行了深刻的批判。柏克认为,用抽象的理论去指导具体的政治实践,很可能导致"理性的误用"。法国大革命"由于经常大量地和多方地任凭心血来潮的异想天开和赶浪潮而在毫无原则地轻易改变国家,整个国家的链锁和延续性就遭到了破坏,一个世代就不能与另一个世代相衔接了。人类就会变得不会比夏天的苍蝇好多少。"②柏克强调,政治及其变革是极其复杂的事情,"政府这门科学既然其本身是如此之实际,并且是着意于如此实用的目的,所以就是一个需要有丰富经验的问题,甚至于比任何一个人在整个一生中所能获得的都需要更多的经验"③。"如果制度出现故障,需要改革,那么在革新过程中的选择,必须从对历史的反思中寻求指导,因为那是汲取人类经验教训的正确途径。"④柏克感到庆幸的是,英国的"光荣革命"立足于丰富而成熟的政治经验,对变革采取了审慎的态度。"英格兰的人民并不要模仿他们所从未试验过的款式,也不会回到他们经过试验而发现是灾难性的款式。"⑤

英国式的经验主义的认知方式在法治上的体现,就是注重判例、习惯法和不成文宪法的经验主义法治传统。在世界法治发展史上,存在着两种相互并行的思想传统。一种是理性主义传统,倾向于认为凭借人的理性可以制定出完美无缺的法律制度,人可以为世界立法,可以通过自己的主观努力建构出一

---

① 《马克思恩格斯选集》第 1 卷,人民出版社 1995 年版,第 19 – 22 页。
② [英]柏克:《法国革命论》,商务印书馆 2003 年版,第 127 页。
③ [英]柏克:《法国革命论》,商务印书馆 1997 年版,第 80 页。
④ [英]柏克:《自由与传统》,商务印书馆 2001 年版,第 9 页。
⑤ [英]柏克:《法国革命论》,商务印书馆 2003 年版,第 34 页。

个理想的法治秩序来。另一种是经验主义传统,认为人的理性是极其有限的并且理性本身也是值得怀疑的,唯一可靠的就是人们世代累积下来的经验,因此必须充分尊重习惯法和判例。两种思想传统催生出了当今世界的大陆法系和英美法系。英国正是最为注重经验和习惯的法治国家。对于英国人来说,"习惯是一种不仅古老而且也是最普遍的法律渊源,它规定了因为经常的遵守而成为习惯性的行为,并宣布对背离行为的制裁"①。习惯是被人们普遍遵守的,所以它虽然没有法律上的强制力,但它具有事实上的制裁力,遵守习惯被视为一种理所当然的要求,一种"光荣的典章"。如果违背了人民普遍认同的习惯,就破坏了整个社会的预期,人们会感到无所适从,社会的和谐与稳定自然无从谈起。所以在英国,"习惯受着特别的尊敬,并且有一种倾向,认为在适应变动的时代的前提下,习惯最少变动。结果是对于陈旧的制度时时加以修补而不是进行改造,这是英国整个公务生活中表现得最显著的精神。"②

英国人对历史经验的高度重视,派生出了尊重传统和崇尚权威秩序的思想性格。在英国的保守主义者看来,历史与传统是人类世代相传的经验与实践智慧的积累,人类正是在尊重历史传统的过程中,通过适度的改良才使文明得到了进步。文明社会的制度体系,乃至整个社会秩序,不是人为设计的产物,而是自然演进的产物,人类不可能同传统决裂,不可能重新通过人为设计而创造出一种完善的社会秩序。

每个社会的秩序及其演变都深刻地植根于其特定的历史传统之中。传统是千百年来人们的理性、智慧和经验的积累,它不仅包括经受过时间检验的社会制度,而且包括为人们所熟悉并能产生安全感和归宿感的一切习俗和社会实践。保守主义认为,社会秩序的基础是传统与习俗而不是理性,仅靠理性不足以为人们的日常行为提供正确指导。③ 传统虽然不是人生和社会政治生活唯一的指南,但却是十分有益的指南。因此,在社会发展过程中,一定不能割断历史。柏克指出:"多亏了我们对变革的坚韧抗拒,多亏了我们冷峻持重的国民性,我们还保留着我们祖先的特征。"④柏克主张对传统采取一种尊敬态度,强调"永远也不要完全地、突然地脱离我们的古代传统。我们发现这些古老的体制,从总体上来说,是有利于道德和纪律的;而且我们认为它们可以加以修正,而同时并不改变其基础。我们认为它们是可以接受和改善的,并且首

① [美]埃尔曼:《比较法律文化》,三联书店 1990 年版,第 43 页。
② [美]罗威尔:《英国政府》,上海人民出版社 1959 年版,第 13 页
③ 陈晓律:《英国式保守主义的内涵及其现代解释》,《南京大学学报》2001 年第 3 期。
④ [英]柏克:《法国革命论》,商务印书馆 1999 年版,第 115 页。

先是可以保存科学和文学的各种遗产。"①正是借助于传统所凝聚的丰富经验和智慧,人类才得以超越个体理性的局限,形成人类的整体理性。柏克曾经不只一次指出:"个人是愚蠢的,一群人不假思索而率然行事也是愚蠢的,但整个人类是聪明的,而且如有时间进行思考,人类的行为就总是正确无误的。"②

传统不是空洞无物的东西,传统就体现在社会秩序之中。包括政治制度和社会习俗,都是传统自发演进的产物,凝结祖先的智慧和经验。人类只有在充分尊重并认真继承传统,并根据社会发展的需要进行必要的损益,才能逐步走向进步。"经历一个缓慢而维护良好的过程,每一个步骤的效果都被注意到了,每一步的成败就照亮着第二步,这样,我们就在整个的系列中安全地被引导着,从光明走向光明。"③基于对传统和秩序的崇敬,柏克把国家看作是一种神圣而神秘的有机延续体,反对流行的社会契约说,以及那种试图人为建构一种全新社会秩序的冲动。在他看来,国家不是一个只与地区幅员和个人短暂聚集有关的概念,而是一个在时间上、人数上和空间延伸的连续性概念。因而国家不是一天、一群人的选择结果,不是激愤、轻率的选择结果,而是若干世纪、若干代的慎重选择结果,是某种比宪法优越千百倍的东西造就的结果,是由独特的环境、时机、脾气、性情、以及长时间内才能显露出来的道德习惯、政治习惯和社会习惯造就的结果。柏克非常珍惜英国在长期的历史沿革过程中形成的政治传统,为唤醒人们对这种政治传统的敬畏心理,他不惜将它神圣化,提出"我们的政治体系是被置于与世界秩序、并与一个由各个短暂部分组成的永恒体所注定的生存方式恰好相符合并且相对称的状态;在这里,由于一个巨大智慧的安排,人类的伟大神秘的结合一旦铸成为一个整体,它便永远既无老年,也无中年或青年,而是处于一种不变的永恒状态,经历着永远的衰落、沦亡、新生与进步的不同进程而在前进着。"④

不列颠孤悬海岛,独特的不受外界干扰的生存条件,使英国形成了相对平稳的发展历程,英国人也因此形成了以稳健、审慎、谦卑、隐忍、克制等特质为核心的"岛国心态"。他们在政治上"容易安于现状,重视传统经验,不易受极端观念、理想主义和个人感情的支配,乐于遵循、服从某些古板陈旧的、约定俗成的习惯法和规定",久而久之,逐渐形成了念旧守成的群体心态。同时,相对独立安定的社会人文环境,又促使他们在政治上"注重保持自身特色,善辟

<hr>

① [英]柏克:《法国革命论》,商务印书馆1999年版,第45页。
② [加]麦克弗森:《伯克》,中国社会科学出版社1996年版,第73页。
③ [英]柏克:《法国革命论》,商务印书馆1999年版,第220
④ [英][柏克:《法国革命论》,商务印书馆1998年版,第45页。

蹊径,自成体系,在政治制度的建设中造就自己的风格特点"①。同后发展国家那种现代性主要来自别国,现代化的社会变革进程表现为与传统秩序的决裂的方式非常不同的是,英国作为内生型的早发国家,其现代性因素基本上都是在本国社会渐进的演变历程中生长出来的,是传统的延续和发展。因此,对于英国来说,传统从来不是社会发展的阻力和障碍,而是社会发展的现实背景和源泉。正因为如此,即使是资产阶级革命这种政治秩序的深刻变革,英国人也愿意把传统抬出来作为变革的重要依据。1689 年 1 月 28 日下院作出废黜国王的决议时,基本依据依然是:"国王詹姆士二世力图推翻本国的政治制度,他背弃国王与人民间的初始契约,在耶稣会士和其他邪恶之徒的指导下破坏基本法律,他自行离开本国,放弃政府,致使王位空缺……"②这样,"光荣革命"就被理解为是重新回归英国政治传统,是对传统政治秩序的捍卫。

对传统和秩序的尊重,在很大意义上是对权威的尊重。但对于保守主义者来说,这种权威并不仅仅是政府或国家的权威,更重要的是宗教、社会习俗、道德风尚所体现的社会权威。柏克非常重视宗教的作用,认为"从本性上讲,人是一种宗教性动物,""宗教精神"构成了"公民社会的基础,是万善万福之源"。③ 同样基于对社会权威的尊重,柏克还肯定了社会等级秩序,包括贵族制的合理性,认为"真正的合乎自然的贵族制在国家中并不代表个别的利益,或者说并不与国家相分离。它是任何公正地构成的社会大团体中的基本组成部分。这种真正的合乎自然的贵族制由一个法律所确认的合法的阶级构成,被认为是一种普遍的社会通则,必须被作为事实上的真理来接受"④。初看起来,这种保守倾向是违背平等的价值诉求的,但如果正视英国自古以来相对开放的社会结构,特别是贵族阶层在争取公民权利,反对专制统治,建立现代宪政体制上的积极角色,及其在弥合社会冲突的社会中轴作用,这种主张在当时依然有一定的合理成分。

四、精英主义的政治取向

由于贵族阶层在政治生活中长期扮演着重要的角色,英国的宪政文化也

---

① 阎照祥:《英国政治制度史》,人民出版社 1999 年版,第 2 页。
② 钱乘旦、陈晓律:《英国:在传统与变革之间》,四川人民出版社 2003 年版,第 75 页。
③ [英]柏克:《历史文化中的超越心灵——柏克保守主义哲学精选集》,商务印书馆 1998 年版,第 25 页。
④ [英]柏克:《历史文化中的超越心灵——柏克保守主义哲学精选集》,商务印书馆 1998 年版,第 115 页。

被烙上了鲜明的贵族文化烙印,呈现出精英主义的政治取向。贵族由其特定的社会地位决定,天生具有守中庸、重妥协的性格。一方面,贵族作为社会上层,拥有一系列特权,其利益同传统政治秩序有着密切的联系,因而贵族始终不愿意同传统政治秩序决裂;另一方面,贵族同国王的政治斗争横贯整个中世纪,贵族在捍卫自己权力,阻止国王的专制统治的过程中又表现出政治改良的意愿。英国政治文化深厚的保守主义、精英主义性格,都与贵族体制,以及贵族在政治变革进程中的角色有着密切的关系。

英国的"贵族"(aristocracy)概念有广义与狭义之分。从广义上说,社会地位高于自由持有农以上的全部土地所有者都可称为贵族。从狭义上说,英国只有上院爵位贵族才是贵族。准确地说,贵族是一个拥有特定法律意义的社会阶层,拥有法律上的特殊地位,其地位来自世袭或由国王授封而获得,不存在只因为在生活方式上趋同于贵族而成为贵族的事情。[①]

英国在诺曼征服后建立起了较为完整的封建制度,按照封建契约关系,国王和贵族各有自己的权利、义务。国王有权利享受其种种特权,但也要履行保护封臣权利,以及接受习惯法传统的义务。贵族在自己的领地形成了一个个相对独立的王国,他们把国家视为各个贵族王国的联邦。基于自己的利益和特权地位,贵族关心国家政治事务,有着较强的政治参与愿望。他们强大的经济实力、管理能力,使得他们能够通过群体的联合,同专制君主抗衡,成为遏制个人专制的重要力量。

同欧洲其他国家相比,由于爵位继承严格遵循长子继承制及贵族财产等级制,英国贵族集团人数始终很少,且相对稳定。1688年政变发生时,英格兰上院贵族约160名,连同从男爵、骑士不过千人左右。到1714年,上院共有世俗贵族180名,其中包括21名公爵、2名侯爵、66名伯爵、10名子爵和72名男爵,连同16名苏格兰贵族代表、2名大主教和24名主教,上院共有213名成员。与之形成鲜明对照的是,大革命前法国贵族多达40万人,仅出入宫廷的"佩剑贵族"就有4000家。同时期西班牙贵族更是占全国人口的5%。[②]

英国严格实行贵族财产等级制,要求爵位领有人必须拥有与其地位相当的土地。1688年政变时大贵族作用格外突出,其后有关贵族授爵财产条件的法律条文和习惯法不仅未被废除,反而一再得到重申。1701年,上院提出动议,规定子爵每年起码要有4000英镑的收入,男爵年收入不少于3000英镑。

---

① 姜德福:《16—18世纪英国贵族的成员流动》,《文史哲》2004年第5期。

② 阎照祥:《"光荣革命"后英国贵族集团的若干特征》,《河南大学学报》1999年第6期。

国王和内阁在敕封贵族时,也有意按照土地产权法和爵位领有的规章惯例行事,稍有违反便会受到指责。① 在 18 世纪,土地上的收益仍然是维持贵族生活方式的重要经济来源,贵族也可以通过涉足工商业来取得丰厚的收入,但贵族之为贵族,必须拥有足够的地产,否则便不成其为贵族。②

英国的贵族制度严格地遵循长子继承制。某贵族无嗣而终,其封号通常不得转让同族旁支和异姓亲友,也不得赠、售他人。据研究,16 – 17 世纪,英国能够以男性世系代代相传达百年之久的家族,在贵族总数中不到 60% ,而能按照长子世系传承的家族就更少了。1485 年的 55 名贵族中,到 1547 年有33% 没有男性继承人;1559 年的 61 名贵族中,到 1641 年只有 22 名是通过直系继承人延续下来的,20 名没有直系男性继承人,是通过旁系后代传承下来的,21 名完全断绝了男性世系,到 1659 年又有 26 家绝嗣。17 世纪,贵族家族绝嗣的比率仍然高达 40% 。18 世纪,贵族家族绝嗣的比例仍然很高,安妮女王授封的 45 名贵族中,到 1784 年之前有 13 家绝嗣。18 世纪 70 年代,埃塞克斯有 12 名贵族,到 1800 年有 6 名因没有直系男性后代而绝嗣。③ 另外,贵族还有可能因为得罪封建君主而被剥夺爵位。如亨利七世剥夺了 9 名贵族的爵位,其中有 3 名再未恢复爵位。亨利八世在位时期,有 12 名贵族被剥夺了爵位。④

在中世纪的英国,贵族是一个特权阶层,更是一个社会精英群体。特殊的社会地位加上优良的教养,使英国形成了独特的贵族观念、贵族精神。在近代社会转型中,俄国和普鲁士等国的贵族以寄生腐化、粗俗卑浅而臭名昭著,法国贵族恃强凌弱,蔑视工商业活动,耻于与商人为伍。英国贵族大多都"受过公学、大学和欧洲游学的三阶段教育,学习过外国语言和科学人文知识",而且长期参与政务活动,履行在地方的社会责任。因而英国贵族"没有骄横傲慢、媚上欺下的贵族通病,显得比较隐忍克制。长久的议会生涯使他们培养了政治独立性和民主意识,保守静谧的岛国生活养成了他们举世闻名的绅士风度。尽管他们内心中可能狭隘任性,骨子里傲慢自大,行为上却常常不显痕迹,不失矜持,不亏礼节"⑤。阎照祥对英国贵族的政治性格进行了很好的总结,认为英国贵族对待王室较少阿谀奉承,行为得体而不繁琐,不像当时欧洲封建贵族那样,以巴结王室和出入宫廷而得意。在文化修养方面,他们中的不少人受过系统的教育,学习过多种语言和科学人文知识,通晓诸般礼仪。在军

① 阎照祥:《"光荣革命"后英国贵族集团的若干特征》,《河南大学学报》1999 年第 6 期。
② 欧志雄、舒小昀:《1688 – 1783 年英国贵族阶层分析》,《湖北师范学院学报》2003 年第 2 期。
③ 姜德福:《16—18 世纪英国贵族的成员流动》,《文史哲》2004 年第 5 期。
④ 姜德福:《16—18 世纪英国贵族的成员流动》,《文史哲》2004 年第 5 期。
⑤ 阎照祥:《英国贵族史》,人民出版社 2000 年版,第 206 – 207 页。

事领域,在建立日不落殖民帝国和争霸世界的角逐中,素有尚武意识、尊王观念和帝国狂热的英国贵族也能发挥出过人能量。近代英国所涉入的大规模战争,多由他们筹划、领导和指挥。第一次世界大战中,竟有 20 名上院贵族、49 名上院贵族继承人和更多的贵族子弟战死。在以贵族子弟为核心的伊顿公学的 5687 名"参战生"中,伤亡率高达 45%,远远超过其他任何社会群体的参战率和伤亡率。[1] 这些的确反映出英国贵族不同于欧陆大国贵族的某些优良品格。

柏克基于英国贵族的教养及其在社会生活扮演的重要角色,曾经热情地讴歌了"自然的贵族制",认为贵族是社会秩序中一件优美的装饰品,贵族制就是一个优雅社会的科林多式建筑的雕花柱顶,"真正的合乎自然的贵族制在国家中并不代表个别的利益,或者说并不与国家相分离。它是任何公正地构成的社会大团体中的基本组成部分。这种真正的合乎自然的贵族制由一个法律所确认的合法的阶级构成,被认为是一种普遍的社会通则,必须被作为事实上的真理来接受"[2]。

在中世纪,每个贵族在自己的领地上建立起了独立王国,从事着领地内各种事务的治理。在他的领地里,他既是行政长官、司法官员,又是军事统帅。就此而言,贵族是天生的政治动物,对政治有天然的敏感性。与此同时,贵族是社会的特权阶级,国家的公共事务与他们有着直接的利益关联。因而出于自身利益贵族关心国家政治事务,并有着很强的政治参与愿望,即期望通过参与国家政治事务的治理来维护自己的利益。另外,贵族拥有强大的经济实力,有足够空闲时间从事政治活动。由于整个贵族集团人数较少,他们很容易联合起来,采取集体行动。因此,在中世纪,贵族的社会地位决定了他们是最活跃的政治力量,他们在长期的抵制王权扩张的历程中,也逐步增强了自己的政治责任感。一般来说,平民阶级由于自身的社会地位所决定,政治参与主要关切的是眼前的基本物质利益。相形之下,贵族的政治诉求更能摆脱、超越眼前较低层次的需求的束缚,他们的教养也使得他们更能够树立较为远大的政治目标,保持更加理性的政治态度。这样,贵族在长期参与政治生活的过程中,也逐步形成了作为社会精英群体所具有的特殊的政治和道德品格。这就是所谓的"贵族精神"、"贵族气质"。按照钱乘旦、陈晓律的研究,英国的贵族精神是一个含义相当广泛、内容十分复杂的概念。学术界一般认为,贵族精神的第

---

① 阎照祥:《"光荣革命"后英国贵族集团的若干特征》,《河南大学学报(社会科学版)》1999 年第 6 期。

② 柏克:《历史文化中的超越心灵——柏克保守主义哲学精选集》,商务印书馆 1998 年版,第 115 页。

一个特点是骑士精神,勇敢尚武是骑士精神的首要内容。第二个特点是一种强烈的自立精神和欲望。第三个特点是强烈的主人公意识和社会责任感。社会既然是一个贵族社会,贵族便天然是社会的主人,他们参预、干涉国家大事,处理社会和民众的平常事务,这除了增加自身的荣誉感之外,还养成一种强烈的社会责任感,对本阶级统治的社会尽责。①

英国贵族还有一个特色,是社会变迁的适应能力较强。中世纪的英国社会虽然是一个等级制社会,但社会结构相对开放,垂直向上流动的途径较多,社会各界的精英人士都有可能进入贵族的行列。贵族也没有在现实生活中将自己同大众隔离开来,实际生活中往往是"贵族、绅士与商人、农夫杂处。商人与修理机械的工人共同饮酒,贵族的幼子进入贸易圈,富有的工匠成为绅士"②。16 世纪以来,随着资本主义经济的兴起,从传统的旧贵族中又分化出了资产阶级化的新贵族。他们在建立君主立宪体制的过程中发挥了重要的主导作用,并将英国历史带入一个特殊的贵族时代。正如托克维尔指出的那样:"18 世纪的英国,尽管其中有若干重要的民主因素,但它实际上是一个贵族国家,因为它的法制和习惯向来是按照贵族的要求建立起来的,并随着时间的推移而逐渐占据了统治地位和依照自己的意志去指导公共事务。"③但是掌握了国家权力的贵族并没有转而把权力当作维护自己特殊利益的工具,阻碍社会的进步发展。他们虽然也维护某些传统特权,但还是能够顺应历史潮流,坚持"资本主义的国体",议会颁布的《权利法案》、《王位继承法》等,都是在他们的直接参与和主持下制定出来的。"对本国资本主义民主法律制度的认可,对不断变化的社会环境的适应,这种认可和适应又潜移默化地养成了他们所特有的心理素质、行为规范和外部形象,使他们区别于封建时代专制国家的贵族集团,能在不同的社会条件下求生图存。"④这一时期所谓父权主义宪政理论,就曾极力为贵族宪政的合理性辩护,强调贵族阶层应对普通民众负有榜样、教育的责任,以求得社会秩序的和谐。柏克就曾提出:让"较有智慧的人、有较多知识的人和较富裕的人引导较弱的人、知识较少的人和财运较差的人,并通过引导来启发他们、保护他们。……如果广大民众不是处在这样的风尚之中,那么很难说他们正生活在文明的公共社会。"⑤虽然父权主义宪政理论

---

① 钱乘旦、陈晓律:《在传统与变革之间——英国文化模式溯源》,浙江人民出版社 1996 年版。
② 钱乘旦、陈晓律:《在传统与变革之间——英国文化模式溯源》,浙江人民出版社 1996 年版,第 410 – 411 页。
③ [法]托克维尔:《论美国的民主》,商务印书馆 1988 年版,第 85 页。
④ 阎照祥:《英国贵族史》,人民出版社 2000 年版,第 200 – 206 页。
⑤ [英]柏克:《自由与传统》,商务印书馆 2001 年版,第 88 页。

过分夸大了贵族的作用,但不能否认,英国贵族的确在近代宪政体制的建构过程中发挥了决定性作用。到 19 世纪,英国贵族的开放性进一步增强,具有工商业资本家和律师背景的贵族日渐增多,部分成功的政治家也跻身贵族行列。20 世纪 20 年代以后,不少"自由职业者"也跨入了贵族行列。① 可以说,较强的社会流动性以及贵族集团本身较强的社会变迁的适应性,使得贵族阶层较少有门阀之见,普通民众也很少流露出对贵族阶层的憎恨心理,贵族阶层作为社会权威的象征,已经构成受人尊重的社会秩序的一部分。

从总体上讲,贵族优越的经济地位,良好的教养,丰富的参与政务的经验,贵族精神赋予他们的社会责任感,以及引领时代风尚的角色,使英国贵族成为事实上的政治精英群体,他们在英国政治体制的演变进程中发挥的作用是非常特殊的,甚至是关键性的。一方面,作为享有社会特权的阶层,贵族具有浓厚的权利意识,他们在维护自身权利的过程中同专制君主的斗争,客观上使贵族阶层扮演了争取自由权利,建立近代宪政体制的第一行动集团的角色。在努力将权力纳入法律框架的政治斗争实践中,英国贵族"多次扮演主要角色。是他们屡次使用保守主义画笔,铺设时代的图纸,描绘出颇有特色的历史长卷"②。从 1215 年大宪章的诞生,到"光荣革命",英国宪政体制的发展在很大意义上就是贵族阶层抵制、反抗专制君主独裁统治的产物。正因为如此,人们甚至可以说,是英国的贵族开创了"自由"。③

另一方面,贵族作为特权阶层,同传统政治秩序又有着千丝万缕的利益关联,基于自身的利益他们不可能与传统体制彻底决裂。沿续上千年的政治精英角色也使他们对平民政治,特别是法国大革命上演的那种"多数暴政",有着本能的惊恐和抵触心理。正是这样一种矛盾性格,使贵族发挥了政治变革的中轴作用,以政治妥协的方式成功地实现了政治变革。在与专制君主的斗争中,英国贵族们从来没有设想过杀掉国王,自己取而代之,而是借助政治博弈的智慧,迫使国王作出让步,达成政治妥协,建立宪政体制。与此同时,他们又通过制定各种法律,明确社会各阶层享有的权利,舒缓社会底层对政治的不满情绪,阻止和避免了暴力革命的发生。可以说,贵族特定的政治立场、政治经验和智慧,赋予了英国宪政体制成长温和、渐进的独特风格,赋予了英国政治思潮、政治心理的保守主义和精英主义的基调。

自中世纪以来,贵族就是英国社会的中轴力量,贵族在国家与平民之间的

① 姜德福:《16—18 世纪英国贵族的成员流动》,《文史哲》2004 年第 5 期。
② 阎照祥:《英国贵族史》,人民出版社 2000 年版,第 3 页。
③ 钱乘旦、陈晓律:《在传统与变革之间》,浙江人民出版社 1991 年版,第 37 页。

承上启下的地位,使他们较为充分地发挥了制约王权和庇护民众的作用,但也因此而导致平民阶层长期排除在政治舞台之外,使英国政治文化长期呈现出鲜明的精英主义色彩。英国虽然是最早建立立宪体制的,但其政治民主化进程却长期落后于许多欧美国家,这不能不说是一个重要原因。

五、协商主义的政治态度

英国宪政文化还有一个显著的特色,是注重协商和妥协,崇尚宽容和共识。这无疑是一种成熟的政治理性,是现代政治文明在政治立场上的反映。

协商主义的政治态度,同样与多元化、均衡化的政治格局有关。相对均衡的政治格局,使得任何一种政治势力都不得不正视其他政治力量的存在,都不得不给自己的政治斗争留点余地,避免将政治斗争拖进你死我活、两败俱伤的境地。即使一方获得了暂时的优势,也不得不对其他政治主体的利益给予一定照顾,作出一定让步。在英国,举凡重大政治制度的确立,几乎都是以政治妥协的方式完成的。由此,政治演变成了一种权力平衡的艺术,近代的宪政体制就是在这样的背景下逐步生成的。正如程汉大指出的那样:"大凡真正意义上的宪政,无一不具有妥协性、平衡性,其中包括国家权力与公民权利之间、权力与责任之间、权利与义务之间……等各个层面上的相互妥协与平衡。"[1]

如前所述,中世纪的英国,强大王权与贵族联盟之间形成了一种微妙的政治平衡。在这种力量对比条件下,国王不可能独断专行,而只能遵循封建法习惯,于每年的复活节、降灵节和圣诞节定期召开大会议,与贵族们一起商定国家大事,裁决纠纷。贵族们则利用大会议协商机会和封建法赋予自己的权利,批评政府政策,维护自身合法权益。在充当贵族自我保护工具的过程中,原本是属于私法范畴的封建法,被意外地赋予了某种公法(宪法)性质,原本是最高领主封建法庭的大会议,"不自觉地"充当了公共机构(中央政府)的角色。随着这种私法公法化进程的步步深入,封建法和大会议的封建胎记日趋淡化,其宪法和公权机构的性能越来越突出。结果,法治和协商决策传统得以延续下来。[2]

英国中世纪历史的特殊之处就在于,它不仅造就了一种多方政治主体对政治协商、政治妥协的需求,而且在传统习俗与政治格局的共同作用下,适时地形成了一种协商对话的机制。从贤人会议,到大会议,再到议会,政治协商

---

① 程汉大:《17 世纪英国宪政革命的博弈分析》,《南京大学学报》2004 年第 1 期。
② 程汉大:《英国宪政传统的历史成因》,《法制与社会发展》2005 年第 1 期。

的机制始终存在,并从咨询性的机构发展成为政治对话平台和协商决策平台。1215 年的《大宪章》将协商确立为国王必须遵守的基本政治原则。1256 年《牛津条约》则赋予了议会作为限制王权的协商对话机构的重要政治功能。1266 年的"西蒙国会"第一次让骑士代表和市民代表出席会议,使大会议的协商主体扩展到了社会各个阶层。此后,政治协商成为化解重大政治危机的基本途径,其功能和地位受到了各方的认可。1297 年,因国王擅自决定对私人财产征收重税,受到贵族们的联合抵制。国王随即召集议会,并邀请承担财产税的市民和骑士作为正式代表出席会议。贵族们在会议上重申《大宪章》有关不经同意国王不得征税的原则,力主国王征收财产税必须得到选民代表的同意。议会政治协商的权威性由此得到确立。1322 年,议会的宪法地位以《约克法令》肯定下来:"今后凡解决国王及其继承人之地位财产有关问题,或解决与王国、人民地位财产有关的问题,应由国王在议会中加以考虑、颁布和解决,并得到宗教显贵、伯爵、男爵和王国公众的同意……"①这里实际上确立了一个重要原则,一切重大国事都必须由国王在议会里加以处理,国王不能抛开议会而独断行事,不召开议会的决定就丧失了合法性,这就是所谓的"国王在议会"。显然,英国议会的成长史就是一部政治协商机制的发展史,政治协商平台的建构、协商会议政治功能及其权威性确立,直接推动了议会的持续性变革和完善。

英国现代思想家罗素曾经指出,英国人承袭了典型的喜欢妥协的传统,在社会问题上,他们考虑的是改良而不是革命。② 长期以来,各种极端主义思潮始终难以在英国掀起波澜,而英国政治进步总是以温和、渐进的方式完成,即是明显的例证。政治妥协之所以成为一种受人尊敬和珍视的政治艺术,就在于基于协商的政治妥协在英国的政治发展史上的确发挥了重要的作用。没有一个民族天生喜欢暴力征服或政治妥协,只有暴力征服受到均衡的政治格局的有效抑制,而政治妥协又能够在化解政治危机中真正发挥重要作用的前提下,才有可能逐步培育出对政治协商和政治妥协的特殊偏好,积累起丰富的政治妥协的经验和智慧。换言之,正是在长期的政治博弈过程中所积累的丰富的政治协商、政治妥协的成功案例及其政治经验,使英国各个政治主体"相信在协商与妥协之中,一切重要问题都能得到圆满解决。这种'共识'实在是英人政治传统所以能够产生以及所以能够发生制约效力的重要原因"③。

---

① 钱乘旦、陈晓律:《英国文化模式溯源》,上海社会科学出版社 2003 年版,第 25 页。
② [英]伯特兰·罗素:《西方的智慧》下册),文化艺术出版社 1997 年版,第 460－461 页。
③ 龚祥瑞:《比较宪法与行政法》,法律出版社 2003 年版,第 97 页。

正是因为有了这样一种注重协商、妥协的政治文化传统,英国才能以大妥协的方式完成资产阶级革命,创造出现代宪政体制。而"光荣革命"的巨大成功,及其产生的示范效应和激励作用,又进一步强化了英国的这一政治传统,并使之发展成为英国宪政文化的重要特色。

就政治变革取得的成就而言,"光荣革命"的积极意义足以同历史上任何暴力革命可能取得的成就相媲美。长达几十年的议会与王室的斗争,使英国最终瓦解了"专制王权",确立了议会主权,以君主立宪的方式开创了现代宪政体制的第一个成熟的制度框架。而《权利法案》和《王位继承法案》的制定,将法律高于一切,议会权力高于国王的权力,国王必须遵守议会颁布的法律等宪政原则以法律的形式固定下来,使英国完成了从"人治"向"法治"的实质性转变。然而,令人惊叹的是,这样一场意义深远的政治变革,却又是以极其温和的斗争方式实现的,整个过程处处表现出宽容、妥协、中庸、适可而止的特征,它完全改变了革命意味暴力,意味着千万个人头落地的刻板印象。这场革命没有颠覆社会秩序,打破旧的法律框架,也没有产生狂热的极端主义情绪,更没有斩尽杀绝的血腥气息。整个变革过程是相当克制的,并没有引发激烈的社会震荡,它以宽容和妥协的方式开创了和平变革的先例。"光荣革命""是在未经流血、没有复仇、不驱逐所有共犯、有关教义的限定是如此之少以至可以被接受的情况下完成的。"①更为特殊的是,"光荣革命"从某种意义上讲,并没有改变英国的政治制度,传统政治秩序中能保留的东西都保留下来了。它并没有推翻君主制度,也没有消灭王权,只是换了一个国王,并将国王的权力作了更加明确的限制。《权利法案》在一定意义也只是重申了英国人"自古就有的权利"。就像英国政治学家休·塞西尔所说的那样:"把政体结构的改变说成好像是维护和恢复某种更古老和更纯粹的传统,这种做法在我国的全部历史上一直保持不变。"②

"光荣革命"以宽容与妥协,完成了人类历史上最伟大的政治变革。马克思和恩格斯在比较英法两国的资产阶级革命时曾经指出,"在英国,革命以前的制度和革命以后的制度因袭相承,地主和资本家互相妥协,这表现在诉讼上仍然按前例行事,还虔诚地保留着一些封建的法律形式。在法国,革命同过去的传统完全决裂,扫清了封建制度的最后遗迹……③马克思和恩格斯虽然认为法国革命的表现形式更为激进和彻底,但并没有因此而否定英国革命的重

① [英]阿克顿:《自由的历史》,贵州人民出版社2002年版,第150页。
② [英]休·塞西尔:《保守主义》,商务印书馆1985年版,第13页。
③ 《马克思恩格斯选集》第3卷,人民出版社1995年版,第710页。

大意义。恩格斯就曾指出:"英国自上一世纪中叶以来经历了一次比其他任何国家经历的变革意义更重大的变革;这种变革越是不声不响地进行,它的影响也就越大;因此,这种变革很可能会比法国的政治革命或德国的哲学革命在实践上更快地达到目的。英国的革命是社会革命……社会革命才是真正的革命……"①"光荣革命"以政治妥协的方式,在维护传统与追求变革之间找到了一条适中的道路。它表明并非只有流血革命才能取得政治斗争的胜利,妥协同样也是实现政治进步的有效方式。毫无疑问,"光荣革命"以最小社会震荡取得最伟大的革命成果的实践,这一令英国人刻骨铭心的巨大成功,构成了最足以令英国人为之骄傲和自豪的历史经验。特别是在后来法国大革命上演的一幕幕血腥、残酷的景象的刺激下,"光荣革命"的意义更是得到了极大的彰显。

英国宪政革命的具体过程也充分体现了英国政治家的妥协艺术。② 1688年,在辉格党和托利党人的共同策划下,荷兰执政威廉应议会之邀,率军入主英伦,詹姆士二世仓皇逃亡法国。在随后的一年内,英国的各派政治力量汲取经验教训,通过相互妥协退让,就英国的政治体制达成了基本共识。当时主导英国政治局势的有三大政治势力,即威廉、辉格党和托利党,其中威廉控制着行政权,辉格党控制着下院,托利党控制着上院。政治博弈和政治妥协首先围绕王位的存废展开。辉格党控制的下院首先提出一份决议,宣布"詹姆士二世已背弃了国王和人民之间的原始契约,力图颠覆王国宪法,而且业已离国出走,自行退位,致使王位虚悬"。该决议马上遭到上院托利党人的普遍反对。托利党认为,詹姆士二世出走国外仅仅意味着他放弃了国王权力的行使权,但他的国王资格和头衔并未因此而丧失,即王位并未"虚悬","自行退位"之说缺乏法律依据,宣布"王位虚悬"的结果必将是由议会来填补虚空的王位,这将根本背离英国正统的王位世袭制原则。为此,上院要求修改决议,将"王位虚悬"一句话删掉,将"自行退位"(abdicated)改为"擅离职守"(deserted)。据此,托利党人还提出了一个自认为是"最接近法律的最佳办法",即实行摄政制。为消除分歧,求得一致,两院中的两党分别选派部分代表举行磋商会议,会上争论十分激烈。辉格党人援引1399年议会使用"自行退位"一词废黜理查德二世的先例,证明"自行退位"说的合法性,同时引用内战期间的事例,证明"擅离职守"说和摄政制暗示着国家统治方式只是"暂时的和可以随时解除

---

① 《马克思恩格斯全集》第3卷,人民出版社2002年版,第526页。
② 参见程汉大:《17世纪英国宪政革命的博弈分析》,《南京大学学报》2004年第1期;李栋:《立基之本与发展之源:英国宪政中的经验理性》,《清华法学》2010年第6期。

的",这势必给詹姆士二世的复辟提供法律依据。托利党也不愿看到詹姆士卷土重来的可怕后果,最后做出让步,同意将下院决议原文公布。

接下来的难题集中在由谁继承王位的问题上。针对王位继承问题,当时英国形成了四种政治主张。辉格党多数主张由威廉继承王位,但主张议会预先对王权规定某些明确的法律限制,作为拥戴他登基的先决条件;少数激进辉格党人则希望废除君主制,像 1649 年那样建立共和国;大部分托利党人主张由玛丽继承王位,认为既然詹姆士和享有优先继位权的小王子都已逃亡国外,那么,玛丽作为詹姆士的长女,就"自动地"继承了王位;少数托利党极端派主张,只要詹姆士答应作出让步,就邀请他回国继续当政,理由是根据正统主义原则,只有詹姆士才是惟一合法的国王。上述四派各执己见,使议会一度陷入僵局。后来,有人提出一个折中意见,这就是第五种方案:由玛丽和威廉共同继承王位。这个方案既符合正统主义原则,又能满足当时政治需要,所以被多数托利党和辉格党人所接受。

一个问题解决了,新问题又出现了,那就是威廉和玛丽应以谁为主?两党和两院仍然意见不一。下院辉格党人主张以威廉为主,上院托利党人主张以玛丽为主,威廉只能作为玛丽的配偶而行使王权。结果,威廉坚决反对上院的主张,他召见了部分贵族,明确告诉他们:"他决不会仅仅充当玛丽的代理人",并威胁说,"如果不给予他充分的王权",他将立即率军队回荷兰去,听任英国陷入动乱的旋涡。面对威廉的要挟,托利党人做了让步,同意玛丽为女王,威廉为国王,以威廉为主。这样,一种空前绝后的双王君主制就在英国出现了。这一结局是三种势力、五种意见相互斗争与妥协即合作博弈的结果,使博弈各方的利益和政治诉求都得到了一定程度上的满足。

辉格党和托利党的多数对于保留君主制,并由威廉和玛丽继位王位,都是有附加条件的,否则革命的成果就无法巩固。于是,在明确了王位继承人之后,在调整国王和议会权力关系的"宪法解决"中,议会选派代表有意识地把王冠和早已拟好的《权利宣言》一起呈现给威廉和玛丽。《权利宣言》明确规定了人民和议会享有的各种不可剥夺的权利,确立了议会主权原则。尽管当时议会没有明确要求新国王正式签署它,但把它和王冠一起呈献,并当面向新国王宣读,暗示着接受这个"契约"文件是接受王冠的先决条件,而威廉同时把二者收下,意味着已心领神会,默许了其中的法律规定。1689 年,议会通过了《权利法案》,将《权利宣言》上升为宪法性法律。1701 年,议会又通过《王位继承法案》,对王权又规定了许多新的限制。对于这两个至关重要的宪法文件,威廉都一一予以签署。威廉与议会各派的合作态度使长达近一个世纪的宪法冲突得以圆满解决,国王的法律中止权、豁免权被废除,国王随意任免法官的权力被取消,司法独立制度确立起来,军权被置于议会手中,国王独立于议会之外的一切财政来源均被剥夺。与此同时,"宪法解决"又给国王保留了决策权、行政管理权、大臣任免权等,从而为国王有效治理国家提供了基本保证。当然,这些保留的权力必须在议会和法律明确的限制范围内行使。这样,通过合作博弈,国家权力的配置结构得到重要而适度的调整,现代宪政体制由此得以确立起来。虽然最终的结局与各方期望都不完全吻合,却兼容了各方的基本要求。英国学者米勒指出,"革命解决"有一个"伟大的优点",那就是"几乎没有一个人是完全不能接受它的"。这一优点正是"光荣革命"成功的奥秘和"光荣"称号的根据所在。①

"光荣革命"不仅以协商和妥协开创了和平变革的政治先例,而且树立了在革命历程中最大限度地实现政治宽容的政治范例。正如阿克顿指出的那样,"光荣革命""是在未经流血、没有复仇、不驱逐所有共犯、有关教义的限定是如此之少以至可以被接受的情况下完成的"。正是这种建立在宽容基础上的"妥协将辉格党与圆颅党、成功者与失败者、文明世界的政治学之师与把自己的脑袋丢到坦普尔栅门的人区别开来"②。

"宽容"(tolerance)一词是在革命时期出现的用以表示宗教自由的专用术语。克伦威尔执政时期虽然因为处于革命最激烈的状态而难免在政治和军事斗争中存在种种残酷现象,但在宗教事务上,克伦威尔仍然奉行了宽容政策。意大利学者拉吉罗评价说:"克伦威尔的主要优点,是他以极大的热情支持少数派清教徒的良心自由以反对占压倒多数的正统派。"③克伦威尔主张给予各种基督教团体自由,以解决国内的宗教问题,除了天主教和英国主教派之外,所有的宗教信仰都可以自由选择。在他统治之下并未发生大规模的宗教迫害,纯粹的宗教迫害也很少发生,所有弱小的新教教派都视他为保护人。在政治事务上,虽然他控制出版、迫害保皇派、清洗解散议会、实行地方军政长官统治、排挤和镇压平等派及掘地派,但几乎没有人因政治罪被处以死刑,也没有人未经审讯就被长期监禁。私人财产受到保护,对保皇派的惩罚也依法进行,一般采取罚款以及罚没地产的做法。④

与此相对应,斯图亚特王朝的君主们,基于惨痛的历史教训也在王朝复辟之际表现出了非常难得的宽容之心。查理一世是被革命者送上断头台的,按照一般人的政治经验,查理二世复辟,必然要反攻倒算,为他的父亲复仇。然

① 程汉大:《17世纪英国宪政革命的博弈分析》,《南京大学学报》2004年第1期。
② [英]阿克顿:《自由的历史》,贵州人民出版社2002年版,第150-153页。
③ [意]拉吉罗:《欧洲自由主义史》,吉林人民出版社2001年版,第14页。
④ 牛笑风:《光荣革命:宽容挟革命与反动共进》,《浙江师范大学学报》2008年第3期。

而,耐人寻味的是,查理二世复辟后却说:"我对杀人感到厌烦。"①由于国王竭力克制暴行,王政复辟后的报复性惩罚是非常有节制的。1660 年 8 月 29 日,国王批准《赦免与保护法案》,对 1637 年以来犯叛国罪的重罪者(即革命者)实行大赦。真正受到惩罚只是那些直接参与判处查理一世死刑的人,这些人共 57 名,其中 1/3 已经死去,1/3 逃往异乡,剩下的仅 19 人。当"保皇派国会"有人提出残暴的惩罚主张时,查理二世坚决抵制了忠于他的议会,主张宽待杀害他父亲的凶手,尽量减少死刑。最后只有 9 人被判逆君罪而处死。②诗人约翰·弥尔顿追随克伦威尔,当年在讨论如何处理查理一世时曾力排众议,坚决主张处死国王,并写下檄文《为英国人民声辩》为此鼓吹。王政复辟后,弥尔顿依然以革命为荣。结果复辟王朝对他的惩罚只是象征性地销毁了他的两本书、把他关押了一段时间、没收了他大部分财产而已,甚至还允许他保留 100 英镑以下的年收入,以供其日常所需。克伦威尔的长子、第二任护国公理查德·克伦威尔,按常理也应是斩草除根的灭族对象,但王政复辟后,他却根据一纸协议,得以平安离开英国,1680 年又返回家乡颐享天年。美国学者鲁宾斯坦深有感慨地指出:"查理二世本人是通情达理的,没有报复之心,具有反对杀害知名人物的健全天性。由于某些原因,他的方针是很温和的。"③的确,"光荣革命"在世界各民族的革命史上都是极为罕见。它之所以得以出现,同英国独特的政治文化传统是密不可分的。而只要有了这样一个伟大的范例,就足以给政治文明的演进树立一个重要标杆,启示着人们,革命也可以是温和、宽容的。

应当说,英国注重政治协商和妥协的政治文化,对于培育现代文明的基本共识,培育理性宽容的政治智慧的影响是极为深刻的。在利益格局和价值观念高度多元化的现代社会,冲突是社会互动的基本形式,是社会生活的常态。人类政治生活要走出暴力对决、成王败寇的野蛮状态,从根本上讲,就必须形成共容、共存、共赢的理念,并建构以协商、妥协的和平方式化解冲突的有效途径。英国学者达仁道夫指出:"在现实的世界上总有不同的观点,因此就有冲突和演变。实际上,冲突和演变就是我们的自由;没有它们就不可能有自由。"④在现代政治文明中,政治说到底就是一门妥协的艺术。衡量一个国家政治文明水平高低的一个重要尺度,是它能够在何种程度上实现政治冲突化解的和平化、规则化、公开化。阿克顿曾明确指出:"妥协是政治的灵魂——如果说

① [英]温斯顿·丘吉尔:《英语国家史略》,新华出版社 1983 年版,第 722 页。
② 牛笑风:《光荣革命:宽容挟革命与反动共进》,《浙江师范大学学报》2008 年第 3 期。
③ 鲁宾斯坦:《从莎士比亚到奥斯丁》,上海译文出版社 1987 年版,第 170 页。
④ [英]拉尔夫·达仁道夫:《现代社会冲突》,中国社会科学出版社 2000 年版,第 115 页。

不是其全部的话。"①美国学者科恩甚至认为,妥协的办法就是民主的办法,"真正的妥协就是综合对立的势力,并把双方(或几种)观点中的精彩部分以不完整形式保留下来。妥协不是披上伪装的有条件的投降,它的过程是积极的,因为促进了各方参与的兴致。它过程也是合乎理性的。只有各方准备把自己要求中的各个部分区别开来,在某些部分上让步,以换取另一部分上的满足,才有可能达成彼此满意的协议。"②没有协商、妥协、包容、共赢等公共理性的支撑,现代社会日益频繁、多元的社会冲突将会直接威胁社会的正常运转,威胁到社会共同体的存在。只有彻底摆脱打天下者坐天下、赢家通吃的霸道逻辑,学会以协商、妥协、共赢的方式化解冲突,才能使政治真正走上文明的轨道。

综上所述,在特定的历史背景下形成的尊重历史、尊重各方利益的协商传统,富有弹性的社会结构和相对均衡的政治格局,使英国人更愿意以协商、妥协的方式来解决政治冲突。反过来,在长期的多元政治博弈过程中所积累的丰富的政治协商、政治妥协经验,历史上大量政治妥协的成功事例,又使协商、妥协、保守、渐进、改良等成为英国人最为珍视的政治遗产。

六、渐进主义的政治策略

无论是相对均衡的政治格局创造的以协商、妥协的方式推进政治改良的现实可能性,还是经验主义的认知方式,都使英国的政治家乃至普通民众很难认同激烈的、全盘性的政治变革,而对渐进改良的政治策略表现出了特殊的偏好。这正是政治保守主义诞生在英国的重要背景。既然历史进程中的大量事例告诉人们,完全有可能通过政治协商、政治妥协来实现政治变革的目的,那么,以血腥、暴烈的方式进行大决裂式的变革就是毫无必要甚至无法容忍的;既然现存的社会秩序、政治体系,凝结着深厚的历史经验和人类整体智慧,具有存在的历史合理性和现实合理性,那么,本着抽象的政治理念和乌托邦冲动,试图对现有政治秩序进行全盘性的变革,自然就是不可接受的,甚至愚蠢的。

英国是保守主义思潮的大本营,"光荣革命"之后,保守主义逐步从一种注重协商、妥协和审慎变革的政治实践经验,发展成为一种具有一套完整的价值体系的政治思潮。"英国人从来不需要标新立异,他们最大的长处就是固

---

① [英]阿克顿:《自由史论》,译林出版社2001年版,第181页。
② [美]科恩:《论民主》,商务印书馆1994年版,第186-187页。

守祖宗的传统。"①早在16世纪末,英国思想家理查德·胡克就在《论教会体制的法则》中提出了保守主义的主要信念。18世纪英国著名政治家埃德蒙·柏克系统地阐述了保守主义的思想原则,奠定了保守主义基本政治性格。

从柏克对保守主义思想的张扬方式来看,保守主义在很大意义上就是对法国大革命的英国式反应。柏克总是一边猛烈抨击法国大革命那种急风暴雨式的颠覆性政治革命,一边津津乐道于英国审慎、中庸的政治智慧。在柏克看来,法国大革命用抽象的理论去指导具体的政治实践,导致了"理性的误用"。柏克感到庆幸的是,英国的"光荣革命"立足于丰富而成熟的政治经验,对变革采取了审慎的态度。"英格兰的人民并不要模仿他们所从未试验过的款式,也不会回到他们经过试验而发现是灾难性的款式。"②

柏克阐述的保守主义思想随后成为托利党的指导思想,"托利党"随后也更名为"保守党"。存续时间已达300多年的保守党,相继同自由党和工党相抗衡,一直是英国最重要的执政力量。从柏克到19世纪末至20世纪早期的迪斯雷里主义、二战后同工党形成的"共识政治"的保守主义,再到70年代末和80年代以撒切尔主义为代表的新保守主义,在长期的政治实践中,保守党不断顺应时代的变革,吸收新鲜养分,赋予保守主义新的内涵和表现形式,形成了英国最重要的政治思想传统。经过几个世纪的演变,保守主义不仅成为英国最具持久生命力的政治思想传统,奠定了英国政治文化的重要风格,而且成为现代最重要的政治思潮,同自由主义、社会主义形成了三足鼎立之势。保守主义作为一种政治思潮,虽然在不同的时代有不同的表现形式,但其内在的思想逻辑却是一以贯之的。

必须指出,保守主义并不一概固执传统,更没有表现出一味拒绝变革的思想僵化。严格地讲,保守主义并不完全拒绝变革,更不是一味主张开倒车。它坚持的是,任何变革都必须有足够的理由,只有在现有政治体系确实暴露出了严重弊端的情况下,才有对它进行适度变革的依据。即使要变革,变革的力度也必须有节制,变革的方式也要尽可能地温和。简单地说,能不变的尽可能不变,能小变就不大变,非变不可的,也要采取"有保留地变革"的慎重态度。在保守主义者看来,顽固僵化地维持一种政治秩序,拒绝任何变革,是非常危险的。"一个国家没有某种改变的办法,也就没有保全它自身的办法。"但是,任何变革都不应当将整个政治秩序加以彻底摧毁,"不能引起整个公民群体和

---

① 钱乘旦、陈晓律:《在传统与变革之间——英国文化模式溯源》,浙江人民出版社1991年版,第184页。

② [英]柏克:《法国革命论》,商务印书馆2003年版,第34页。

政治群体的解体",人们只能"要从社会的原始因素中衍生出一种新的公民秩序来"。①

柏克并不一味地否定革命,甚至也没有绝对地否定诉诸武力。"如果某一政府确实邪恶而专横,且无法对其加以改革(有时会出现此种情形),那么,就应该将其换掉,必要的话,也不妨诉诸武力。"②但只有在万不得已,且符合道德和社会正义的前提下,才有理由诉诸暴力。无论如何,"一场革命都是有思想的和善良的人们的最后不得已的办法"③。柏克强烈反对法国大革命所采取的激进手段,主张"温和的改革"。在他看来,"温和的改革具有持续性,还因为它具备一种生长的原则。不论何时进行改进,都能为后来的进一步改进留有余地,这无疑是正确的做法"④。

柏克为代表的英国式保守主义反对法国式的激进革命的理由是多种多样的。首先,基于演进论的历史观,保守主义认为,现存的制度是人类千百年来试错的产物,凝结着历代祖先们在漫长的生活实践积累的丰富的经验和智慧。人们应当对这种历史遗产保持必要的敬意。"保存现存事物的意向再加上改进它的能力,这就是我对一个政治家提出的标准。此外的一切,在理论上是庸俗的,在实践上都是危险的。"⑤

其次,在保守主义者看来,人类社会秩序的变迁,是极其复杂的,各种因素都有可能参与历史的塑造,历史进程是人们无法完全认知的。从英国历史来看,许多偶发性的因素的确对历史进程产生了重大的影响。对此,陈晓律曾经做了大量分析。如近代初期,尽管地理大发现给地处大西洋航道的英国提供了很难得的发展机遇,但同时也使它面临着欧洲大陆上的两个强国,即西班牙和法国更为直接的挑战。同时国内教派纷争,各种社会力量相互较劲,新生的民族国家能否在凶险的国际和国内环境中站住脚,是一件谁也无法预料的事情。在英国的总体实力不如法国和西班牙的形势下,英国君主的个人品质和能力,对于国家能否平安度过危机,就起到了决定性的作用。正是在这样一个关键的时期,伊丽莎白女王的表现没有令自己的国民失望。在自己的婚姻问题上,女王一次又一次地以国家和民族的利益为重,没有将自己轻易地嫁出去。在国外,她嫁给任何一个国家的王公都会开罪另一些国家,从而使自己的民族陷入危难之中;在国内,如果她嫁给清教徒,则会使天主教和国教徒们不

① [英]柏克:《法国革命论》,商务印书馆 2003 年版,第 28 页、第 219 页。
② [英]柏克:《自由与传统——柏克政论文选》,商务印书馆 2001 年版,第 142—143 页。
③ [英]柏克:《法国革命论》,何兆武等译,商务印书馆 2003 年版,第 40 页。
④ [英]柏克:《自由与传统——柏克政论文选》,商务印书馆 2001 年版,第 140 页。
⑤ [英]柏克:《法国革命论》,商务印书馆 2003 年版,第 205 页。

满,反过来也是如此,结果女王聪明地采取了谁都不拒绝,然而谁都无法俘获其芳心的策略。她最终没有嫁给任何人,只能以独身的状态去世。她的牺牲却给英国换来了难得的几十年和平喘息时机。又比如,17 世纪以来,在英国国内矛盾日益深刻的重要历史时期,英国通过大规模的海外移民,成功地转嫁了社会矛盾。美国立国和工业革命以后,英国向外移民逐渐成为很常见的事。据统计,英国向北美和澳大利亚的移民,1871 – 1880 年为 157 万人,1881 – 1890 年为 238 万人,1891 – 1900 年为 146 万人,1901 – 1910 年为 231 万人,1911 – 1914 年为 130 万人。可以想象,假如这些民众在国内找不到自己满意的工作,将会对社会构成何等压力。通过移民,英国不仅能够及时缓解人口压力,还把对社会不满的成员,以及各种犯罪人员统统从本土驱赶出去,这对本国社会的相对安定,以及能够较为平和地解决民主化过程中的矛盾,都是极为有利的。① 正视这样的事实,人们应当对人类无法驾驭,甚至无法完全认知的历史发展进程保持一种顺应之心,而不能轻易地废除现有的法律和制度,更不能试图摧毁现有的社会秩序。柏克指出:"当我们进行一切变革时,我们绝不全然守旧,也不全然图新。要有足够的旧东西以保存先人的原则和政策,保存议会的法律和惯例,不致传统的链条因之断裂;同时,要从人民大众中吸取清新空气,要有足够的新东西激发我们的活力,使我们的品性能真正地呈现出来。"②"不论某种理论如何貌似有理,我也极不情愿根据这一理论去协助摧毁任何传统的政府制度。"③柏克被保守主义者奉为经典的名言就是:"我决不排除另一种可以采用的方法,但是,即使我改变主张,我也应该有所保留。"④

再次,现有的社会制度和社会秩序都是在长期的"试错"性尝试中逐步积累形成的,而不是人为地、一次性建构出来的。对于保守主义者来说,全盘性社会改造和政治革命是不可接受的。政治秩序的形成及其运作是极其复杂的,"建设一个国家或者复兴它或者改革它的那种科学,就像其他的每一种社会科学一样,并不是先天地就可以教给人们的,也不是一次简短的实验,在那种实用科学里就能教会我们"⑤。试图通过一次激烈的变革来建立一种完美的秩序,只可能导致灾难性的后果。合理的政治变革只能在尽可能保存原有的政治秩序的基础上,对其中的不适当之处进行变革,而不是全盘推翻。

基于"温和的改革"的政治取向,保守主义极力倡导审慎(谨慎)、中庸的

---

① 陈晓律:《关于英国式民主的若干思考》,《南京大学学报》2002 年第 3 期。
② [英]柏克:《自由与传统——柏克政治论文选》,商务印书馆 2001 年版,第 121 页。
③ [英]埃德蒙·柏克:《自由与传统》,商务印书馆,2001 年,第 120 页。
④ [英]休·塞西尔:《保守主义》,商务印书馆 1986 年版,第 40 – 41 页。
⑤ [英]柏克:《法国革命论》,何兆武等译,商务印书馆 2003 年版,第 80 页。

政治品德。柏克一再强调:"审慎,在所有事务中都堪称美德,在政治领域中则是首要的美德。审慎将领导我们去默许某些有限的计划而不会引导我们去大力推行无限完美的计划(要实现这些计划就必须打碎整个社会结构)。"①柏克还用周详、深思熟虑等词语,来表达他对从事政治变革事业的政治家的特殊品质要求,认为"暴怒和疯狂在半小时之内可以毁掉的东西,要比审慎、深思熟虑和远见在一百年之中才能建立起来的东西还多得多。"②在保守主义看来,在政治变革实践中,不走极端,保持克制,兼顾保守传统与纠正时弊,想方设法通过政治调停,以中庸的方式使冲突的各方达成妥协,是政治家可贵的品德,是政治勇气和智慧的体现。

应当说,英国式的保守主义之所以特别钟情于渐进改良,是得到了本国历史经验的有力支撑的。英国多元均衡的政治博弈格局,既阻止了绝对一元政治秩序的出现,避免了以激烈的暴力革命全盘摧毁旧的政治格局的政治变革方式,同时又为各方在法律的框架内谋求政治妥协,实现政治改良提供了可能。历史进程中的大量成功案例都证明了妥协中的渐进改良,是社会破坏最小,推进步伐最稳健,实际效果也最理想的变革路径。换言之,正是英国政治格局和政治体制一直处于渐进性的变革之中,才避免了发生法国式的大革命的可能性。在持续性的政治改良中,保障自由和人权的宪政理念得到不断重申,限制公共权力的制度得到不断完善,以致 1688 年革命也没有提出什么新的东西,革命所完成的不过是将早就重复过上百次的东西,用法律和制度将它巩固下来而已。而在"光荣革命"确立了议会至上的原则之后,英国就再也没有发生过哪怕是 1640 年这样的规模相对有限的革命,其民主化进程,从 19 世纪初仅有 40 万人拥有选举权,到 1918 年全体成年公民享有选举权,都是通过多轮的议会改革完成的。

与此同时,英国有着悠久的法治思想传统,参与政治角逐的各方由于无法通过强制手段实现自己的政治目标,都想方设法寻找有利于自己的法律依据,试图在法律的框架内维护自己的利益,这种努力在无形之中,抬高了法律的地位,使法律成为政治博弈的共同规则。17 世纪的资产阶级革命进一步塑造了英国人在法治的框架内寻求政治冲突的解决办法的品格。查理一世因对外战争的需要,企图通过议会征收补助金,由此引起与议会的冲突。1628 年议会通过了《权利请愿书》,对国王的行为"约法三章",试图用法律手段解决问题。因查理一世一意孤行,强迫征税,议会才号召人民拒绝纳税,随后因查理一世宣布解散

---

① [英]柏克:《自由与传统——柏克政治论文选》,商务印书馆 2001 年版,第 304 页。
② [英]柏克:《法国革命论》,何兆武等译,商务印书馆 2003 年版,第 218 页。

议会,才导致革命的发生。虽然经历了两次内战,但英国却并没有发生像法国大革命和俄国十月革命那样大规模的、持续不断的流血冲突。"英国革命不像法国那样是一场巨大的社会和经济动荡,而只是一场有关最终控制政府权力的争端。"①更重要的是,"光荣革命"的成果由此得以以法律的形式巩固下来。这种政治博弈方式客观形成了法治传统不断强化的趋势,进而反过来又规定并影响着政治斗争的可能方式,"使国内各类政治行为能够逐渐公开化、合法化和比较温和地进行,较少诉诸暴力和阴谋行为,常常能以较少的社会代价赢得较多的社会进步,同时又加强了英国政治制度的渐进性、连续性和灵活性特点"②。

总之,英国的宪政体制是在多元的政治主体的复杂的博弈过程中,在制度创新与观念变革的互动中逐步演化出来的。在这一过程中,从来没有人试图去设计出一条通往宪政体制的最佳"路线图",甚至政治变革的蓝图也不存在。参与政治博弈的各方只是在相对均衡的政治格局中逐步形成了一些基本政治共识,确立了一些政治博弈的基本规则。当政治博弈陷入僵局后,各方通过借鉴历史经验,在彼此尊重对方利益的前提下,相互退让,达成政治妥协,找到打破僵局的办法,并用法律将这些政治妥协成果巩固下来。英国的宪政制度如议会制度、责任内阁制度、政党制度等,都是在这样一种相对平静的政治历程中逐步生成、演进,自然而然生长出来的。詹宁斯将这种宪政制度比作是随着岁月增长"一直生长着的房子,不断地增扩、修缮和部分地重建,使它在世代相传中不断更新,却从未被夷为平地,在新的地基上去重建"③。这样一种宪政体制的发展历程,正是渐进主义的政治策略在英国被当作一种重要的政治智慧和弥足珍贵的历史经验的重要原因。柏克对此作了生动的描述:英国的政制"是被置于与世界秩序、并与一个由各个短暂部分组成的永恒体所注定的生存方式恰好相符合并且相对称的状态;在这里,由于一种巨大智慧的安排,人类的伟大神秘的结合一旦铸成为一个整体,它便永远既无老年,也无中年或青年,而是处于一种不变的永恒状态,经历着永远的衰落、沦亡、新生与进步的不同历程而在前进着",它"是顺其自然的幸福结果……自然乃是不假思索而又超乎思索之上的智慧"。④

---

① [爱尔兰]凯利:《西方法律思想史》,法律出版社 2002 年版,第 197 页。

② 阎照祥:《英国政治制度史》,人民出版社 1999 年版,第 5 页。

③ [英]詹宁斯:《法与宪法》,三联书店 1997 年版,第 6 页。

④ [英]柏克:《法国革命论》,商务印书馆 2003 年版,第 44–45 页。

结　　语

　　英国是现代宪政体制的发源地,中世纪以来社会各阶层在追求自由、捍卫自身权利的过程中,同专制强权展开的不懈斗争,构成了英国宪政体制的发展史。特别值得注意的是,英国是在没有任何政治参照系的情况下,通过各种政治力量错综复杂的政治博弈实现政治体制的渐进式演进,走出一条典型的内生型的政治发展道路的。在此,既没有既定的政治发展蓝图规划,更没有政治变革的具体路线图,宪政体制的各种制度安排都经历了长期的生成和演变历程。虽然政治变革持续了较为漫长的过程,但整个发展历程却相对平稳,其政治变革经验在早发国家中独树一帜。

　　更为特殊的是,英国作为一个岛国,有着相对独立的政治发展环境,政治变革历程受外部影响相对较小,其现代议会制度、政党制度、内阁制度、司法制度,以及整个宪政体制,总体上都是自生自发的过程中形成的,这就为人们观察、总结宪政体制成长的规律性现象,提供了一个极具典型意义的研究案例,为发展中国家的政治现代化建设提供了有益的启示。

　　英国的宪政发展史,是一部制度创新与观念变革相互支撑、相互催化的良性互动过程。民族成长过程中积累的一整套独特的政治观念和政治习俗,为政治变革提供了重要的观念预设,并激励着政治变革沿着限制王权、保障人权,以及法律主治的方向发展。反过来,一系列在政治博弈过程中形成的政治原则以及处理多元政治主体关系的事例,在逐步演变成为制度化的成果的同时,也极大地强化了限制王权、保障人权的政治理念,并逐步派生出一整套与宪政体制运作密切相关的宪政观念,催生出了现代宪政文化体系。正如程汉大指出的那样,世界上绝大多数国家的宪政都是通过近代初期的资产阶级革命或政治改革,在摧毁君主专制制度后的废墟上,按照启蒙思想家们的理论设计,首先制定一部成文宪法,然后"照着食谱做布丁"自觉建立起来的。与此不同,英国的立宪进程则是和自身的政治文明史同时起步的。它分为前后两个不可分割的阶段:首先是在中世纪君主制的母体中,通过日积月累逐步生成一定规模的宪政传统,然后通过一次宪政革命,建立起成熟稳固的现代宪政制度。整个过程恰似一个有机生命的孕生工程,先是"十月怀胎",后是"一朝分娩"。①

英国的发展模式及其历史经验,对当今世界具有重要的启示意义。

首先,现代政治制度和政府秩序的建设必然是一个持续而渐进的探索过程。如果以 1215 年颁布《自由大宪章》为起点,英国现代政治体系的发育、演进迄今已经历了 8 个世纪的历程,即使是截至 1688 年"光荣革命",也经历了四百余年。可以说,构成英国现代政体的每项重要政治制度都经历了持续而渐进的演进历程。议会主权可以追溯到盎格鲁－撒克逊时期"贤人会议"和诺曼征服后的大会议,法律主治的原则上可以追溯到日尔曼人的原始民主的政治习俗。尽管后发展国家通过借鉴发达国家经验,一定程度可缩短发展进程,但现代民主政治制度和政治秩序的形成,毕竟还是需要一个较长的历史过程,需要有一个逐步积累相应的支撑条件的过程。任何民主都是建立在一定的社会经济、文化基础上的,民主政治建设不可能超越社会发展阶段,不能急于求成,不能脱离实际。正如英国学者劳伦斯·怀特海指出的那样,民主化是一个长期的、复杂的、动态的社会建构过程。在这一过程中,每个国家都可以进行自己的民主探索和民主实践,都将为丰富和发展民主思想做出自己独特的贡献。如果说民主是一幢雄伟的大厦,那么民主化就是一个不断添砖加瓦的过程;如果说民主是一台精致的机器,那么民主化就是组装零件与不断磨合的过程。② 因此,我们既要有加快民主政治建设的紧迫感,又要始终保持清醒的政治头脑,对现代民主政治体制的成长保持足够的耐心。

英国内生型的政治发展道路的形成,同英国特有的一系列政治条件和文化历史传统有着密切的关系,在很大意义上是一个不断试错,或者说摸着石头过河的过程。试错性的探索意味着无法对宪政体制的具体成长历程进行精确的规划和设计。卡尔·波普认为,人的理性能力只能承担"局部地"改造、设计社会制度的任务,而无法承担对社会的"整体设计",那种期望对社会制度

---

① 程汉大:《英国宪政传统的历史成因》,《法制与社会发展》2005 年第 1 期。
② 郭定平:《制度积累与渐进替代:中国民主政治发展机制解析》,《学习与实践》2008 年第 11 期。

进行全盘性设计和改造的建构理性主义冲动必然导致灾难性的后果。"渐进的技术师或工程师认识到,只有少数的社会建构是人们有意识地设计出来的,而绝大多数的社会建构只是'生长'出来的,是人类活动的未设计的结果。"①哈耶克更是强调,"自发社会秩序"所遵循的规则系统是进化而非设计的产物,这种进化过程乃是一种竞争和试错的过程。"那些被长期证明对人类福利意义重大的社会制度,虽然都是人类行为的产物,但绝对不是人类设计的产物,因而也就不能以演绎推理暗示出的任何方式来加重新建构。"②人类无数改造社会的宏大工程都深刻地警示我们,在体制创新的过程中,需要保持高度的审慎态度,坚决防止那种将人类生活纳入某种精心设计的"最优"制度之中的"致命的自负"。正如哈耶克指出的那样:"如果我们要进步,我们就必须为此后的发展所要求的对我们当下的观念及理想进行不断修正留出空间,因为随着经验的增多,其间所产生的各种偏差现象必然要求我们对这些观念及理想做出不断的修正。"③

其次,根据本国国情,选择适宜的民主政治建设道路,是实现民主政治理想的必由之路。民主已经成为普适的现代政治理念,但民主的实现形式是多样化的,民主的发展道路更是受到国情的深刻制约。塞谬尔·亨廷顿曾经指出,西方催生民主政治的许多要素,如古代遗产、天主教和新教、欧洲语言、精神权威与世俗权威的分离、法制、社会多元主义、代议机构、个人主义等等。"几乎没有一个是西方独有的。然而,所有这些因素的结合却是西方独有的,是它们赋予了西方独特性。"④西方的自由民主政体是西方社会诸多经济、社会、文化与政治要素共同作用的产物,其成熟性和有效性是建立在几百年的试错性经历,以及一系列特定的社会支撑条件基础上的。英国现代政治体系的发展历程充分地表明,民主政治的实现方式,必然会受到国家经济条件、社会条件和文化历史传统的深刻影响。根源于盎格鲁-撒克逊民族的政治协商传统和尊重习惯法的传统,独特的封建制度,相对均衡的政治格局,以及珍视历史经验、尊重传统秩序、注重政治妥协的保守主义政治智慧,都曾对英国的政治发展模式产生过极为深刻的影响。

再次,培育注重协商、妥协、包容、共赢意识,是政治文化建设的重要课题。一部英国政治史,就是一部政治妥协史。英国的实践证明,妥协不仅有助于达成共识,化解政治冲突,而且往往是社会代价较小的政治变革之路。柏克非常

---

① [英]波普:《历史决定论的贫困》,华夏出版社1987年版,第51页。
② [美]霍伊:《自由主义政治哲学——哈耶克的政治思想》,三联书店1992年版,第6页。
③ [英]哈耶克:《自由秩序原理》上卷,三联书店1997年版,第21页。
④ [美]亨廷顿:《文明的冲突与世界秩序的重建》,新华出版社1998年版,第60-63页。

明确地指出:"在国家发生的所有变革中,中庸是一种美德,这种美德不仅和平友善,并且强大有力。这是一种精心选择的、调停纠纷、妥协互让、促进和谐的美德。这种美德显然不同于胆小怯懦与寡断优柔。中庸是一种只有智慧之人才拥有的美德。"①更重要的是,政治妥协有利于培养政治主体相互尊重、相互包容、互利共赢的政治智慧,有利于塑造政治主体基于最基本的政治共识,以及在法治的框架寻求政治问题的解决的政治心态,它对于实现政治实践的文明化,是十分重要的。美国学者科恩对政治妥协在民主政治建设中的重要性作了深刻的阐述,他指出:"民主国家的公民必须以乐于以妥协办法解决他们的分歧。民主的所有条件中,这是最重要的,因为没有妥协就没有民主,而有关各方如果不愿妥协,即无达成妥协的可能。"②"真正的妥协就是综合对立的势力,并把双方(或几种)观点中的精彩部分以不完整形式保留下来。妥协不是披上伪装的有条件的投降,它的过程是积极的,因为促进了各方参与的兴致。它过程也是合乎理性的。只有各方准备把自己要求中的各个部分区别开来,在某些部分上让步,以换取另一部分上的满足,才有可能达成彼此满意的协议。"③

在努力实现政治稳定与政治发展的有机统一的过程中,妥协的政治智慧具有十分重要的价值。随着社会利益的分化,不同的社会群体基于不同的利益诉求形成不同的政治立场,并在公共政策的决策过程中表现出不同的取向,是十分正常的。应当说有政治分歧并不可怕,关键是政治参与主体需要养成尊重他人的合法权利的意识,养成通过政治协商和政治妥协实现利益兼顾、多方共赢的政治心态。现代政治文明最重要的特征之一,就是最大限度地避免暴力,避免你死我活的零和政治博弈。美国学者希尔斯曼认为,现代政治过程的基本作用就是为非暴力的社会、经济和政治改革充当助产婆,"凡是稳定的国家总是有大致令人满意的程序来完成价值观方面的政治和社会变革,而不是通过有组织的暴力。这些多少令人满意的进行变革的程序加在一起,就是我们已经说过的政治制度。政府或政治制度的主要作用之一可能就是'保证国内安宁'。它之所以能起到这样的作用并不是因为使用'霍布斯铁拳',更多地是由于它提供了这样一种完成社会与政治变革的手段,这种手段至少可使暴力减少到最低程度,如果行之有效的话,则可以避免任何战争或内战这类大规模、有组织的暴力行为"④。要走向现代政治文明,就必须摆脱暴力政治

---

① [英]柏克:《自由与传统》,商务印书馆2001年版,第303-304页。
② [美]科恩:《论民主》,商务印书馆1988年版,第183页。
③ [美]科恩:《论民主》,商务印书馆1988年版,第186-187页。
④ [美]希尔斯曼:《美国是如何治理的》,商务印书馆1986年版,第27页。

的恶性循环：以暴力手段夺取和控制权力，必须会"鼓励"反对自己的势力以暴力为解决问题的唯一手段，而对潜在的暴力威胁的担忧又促使统治集团用最残酷的暴力手段来镇压可能出现的暴力抵抗。因此，要处理好政治稳定与政治发展关系，不仅需要建立健全各群体的利益表达和协商机制，而且需要大力倡导合作共赢的政治理性，学会运用协商妥协的政治智慧。

最后，建立健全法律秩序，形成政治博弈的稳定框架是推进民主政治有序发展的关键。将民主纳入法治的轨道，是现代政治文明建设的一个重要问题。借鉴英国的政治发展经验，法治相对民主，具有历史与逻辑相统一的优先性。英国之所以能够在保持政治局势基本稳定的前提下实现现代民主政体的逐步发育，最重要的支撑条件正在于悠久而牢固的法治传统。正是根深蒂固的"法律至上"的法治观念和尊重习惯法的政治传统，使多元政治主体在政治博弈的基本规则上达成了基本共识，将政治冲突纳入了法律的框架之内。英国有着举世罕见的悠久的习惯法传统，它在英国社会各阶层中较早树立起了"王在法下"、"法律至上"的信仰。从盎格鲁－撒克逊王国遵循的习惯法传统，到诺曼征服后形成的封建法权和普通法体系；从大宪章到资产阶级革命后确立的完整的宪政体系，英国的法治传统始终没有因为外来政治势力的介入或内部政治冲突被打断，相反，各种政治势力在政治博弈过程中都争先恐后地把法律作为捍卫自己权利的主要武器，并因此而不断地提高了法律的至上地位。作为现代宪政体制的发源地，英国政治变革的一个重要轨迹，是法治先于民主。在建立竞争式的政党制度和现代选举制度之前，限制王权、保障公民权利的不成文宪法，以及规范社会行为的普通法体系已经相当完备，公权力的运作必须严格地限制在法律的框架内等现代法治理念早已深入人心。这就为建立现代民主政体并使之得到有效运作，奠定了坚实的基础。

www.ingramcontent.com/pod-product-compliance
Lightning Source LLC
Chambersburg PA
CBHW080645270326
41928CB00017B/3196